权威·前沿·原创

皮书系列为
“十二五”国家重点图书出版规划项目

客车蓝皮书

BLUE BOOK OF
BUS INDUSTRY

中国客车产业发展报告（2014~2015）

REPORT ON CHINA'S BUS INDUSTRY DEVELOPMENT (2014-2015)

主　编／姚　蔚

社会科学文献出版社
SOCIAL SCIENCES ACADEMIC PRESS (CHINA)

图书在版编目（CIP）数据

中国客车产业发展报告. 2014～2015/姚蔚主编. —北京：社会科学文献出版社，2015.2（2015.5 重印）
（客车蓝皮书）
ISBN 978-7-5097-7100-6

Ⅰ.①中… Ⅱ.①姚… Ⅲ.①客车-汽车工业-产业发展-研究报告-中国-2014～2015 Ⅳ.①F426.471

中国版本图书馆 CIP 数据核字（2015）第 028229 号

客车蓝皮书
中国客车产业发展报告（2014～2015）

主　　编／姚　蔚

出 版 人／谢寿光
项目统筹／周　丽　王玉山
责任编辑／王玉山

出　　版／社会科学文献出版社·经济与管理出版分社（010）59367226
地址：北京市北三环中路甲 29 号院华龙大厦　邮编：100029
网址：www.ssap.com.cn
发　　行／市场营销中心（010）59367081　59367090
读者服务中心（010）59367028
印　　装／北京京华虎彩印刷有限公司

规　　格／开 本：787mm×1092mm　1/16
印 张：23.5　字 数：356 千字
版　　次／2015 年 2 月第 1 版　2015 年 5 月第 2 次印刷
书　　号／ISBN 978-7-5097-7100-6
定　　价／85.00 元

皮书序列号／B-2013-328

客车蓝皮书编委会

主要编撰者简介

姚　蔚　经济学硕士，理学学士，中国注册会计师协会和中国数量经济学会会员。师从经济学家、中国工程院院士、中国社会科学院学部委员李京文。

姚蔚曾任中国汽车报社《商用汽车新闻》和中国汽车报网总编辑。现任方得网总编辑。

姚明德　中国道路运输协会名誉会长，研究员，道路运输装备及安全节能工委燃气汽车推广应用专家组组长。曾任交通运输部办公厅主任、中国道路运输协会会长。

胡剑平　工学博士，高级工程师，中国道路运输协会城市客运分会常务副理事长。曾任深圳市政府运输局建设处副处长、人事处处长、局长助理，深圳市地铁有限公司常务副总经理，深圳巴士集团股份有限公司总经理、董事长、党委书记，中国交通运输协会副秘书长。

谢光耀　经济学硕士，法学学士。师从中国人民大学郑水泉教授。

谢光耀曾任中国汽车报社《商用汽车新闻》执行主编、《中国汽车报》商用车专刊主编，现任第一商用车网总编辑，同时还是美国格理集团专家团成员和多家投资银行及证券机构特约专家顾问。

摘　要

《中国客车蓝皮书（2014～2015）》是方得网组织国内客车行业专家与学者，编写的有关中国客车行业2014～2015年的年度研究报告，本年度报告关注客车行业的发展全貌，同时重点聚焦新能源客车领域。

全书采取总分报告形式，对2014～2015年中国客车行业、客车企业、各个客车细分市场尤其是节能与新能源客车市场的现状进行了翔实分析，同时站在经济学和消费者需求理论的高度，从国内外新能源汽车（客车）产业发展对比、技术路线更替、产业环境的变化与挑战、企业竞争力体系构建等角度，为读者提供了一个观察我国新能源汽车（客车）行业的全新视野。

总报告站在市场经济的立场，从消费者需求的角度，在回顾历史、对照国内外发展现状的基础上，对中国新能源汽车（客车）行业的发展现状和当前困境作了比较全面的梳理和审视，分析总结了中国新能源汽车（客车）产业发展中存在的主要问题，提出了解决对策。

总报告涉及的新能源汽车（客车）行业是当前我国正在重点发展和培育的一个新兴产业，该产业是否能健康和可持续发展，事关我国能源安全战略和汽车工业转型升级的成败。然而，由于现行的国家新能源汽车扶持政策未能以市场为导向，也没有以消费者愿意购买为最终目标，因此，政策实际执行结果与规划目标之间始终相差甚远。本书通过我国新能源汽车产业发展政策执行结果与目标的对比、国内外新能源汽车产业管理政策的比较，来说明以满足消费者需求为政策出发点、“让市场在资源配置中起基础性作用”对于培养我国新能源汽车产业竞争力所起的关键作用。

分报告从中国客车业节能减排的探索和发展、中国新能源客车的总体环境与挑战、2014～2015年客车市场分析与预测、国外新能源客车的发展现状及趋势、中国推广应用天然气客车的现状和前景、双源无轨纯电动公交车的发展现状及趋势、各地纯电动公交车实际运行情况、各地混合动力客车实际运行情况、新能源客车企业竞争力分析等方面，进行了详尽的分析，不仅全面总结了中国节能与新能源客车行业各方面的成绩与问题，更为新能源客车政策制定和客车企业决策提供了重要的研究工具和手段。

分报告还专设了国内重点企业研究，分别对新能源客车领域的典型企业进行了剖析。宇通客车、恒通电动、中通客车、福田欧辉等国内主要新能源客车企业的发展历程、发展特征、经验教训等都在本书中得到体现。这些生动真实的企业案例，为新能源汽车市场的后来者提供了非常珍贵的研究样本和资料。

本书是一本系统阐述和研究中国新能源汽车（客车）产业发展的权威之作。书中既有翔实的数据资料，又有理性的客观分析，是读者快速了解中国新能源汽车（客车）行业的必要参考书。

Abstract

China Bus Bluebook (2014 - 2015) is an annual research report on China bus industry (2014 - 2015) compiled by experts and scholars of the industry. The compilation was organized by find800. cn. The annual Bluebook covers the overall development of China bus industry and focuses on new energy bus sector.

The Bluebook analyzes China bus industry, bus enterprises, different bus segments in detail, as well as the energy-saving and new energy bus market of 2014 to 2015 in a general-particular pattern. The Bluebook also provides a brand new perspective in researching China's new energy bus industry by comparing the development of China and overseas new energy vehicle (bus) industry, technical route alternation, change and challenges of industry environment, construction of enterprise competitiveness system based on economics and customer demand.

The general report analyses the development and current challenges of China new energy vehicle (bus) industry by reviewing history and comparing new energy vehicle (bus) development home and abroad based on market economy and perspective of customer demand and summarizes the major problems and solutions of China new energy vehicle (bus) industry development. New energy bus industry is an emerging industry which is developed and cultivated by the country with great emphasis. The healthy and sustainable development of the industry determines the success of China's energy safety strategy and transformation and upgrading of the automobile industry. However, the policy implementation is not as smooth as it was planned since the current new energy vehicle supporting policy was not guided by market or customer demand. The Bluebook illustrates the key role of satisfying customer demand and letting the market play a fundamental role in the allocation of resources in cultivating the industry competitiveness of China's new energy vehicle industry by comparing the implementation result and target of the country's NEV industry developing policy and differences between domestic and overseas NEV management policies.

The subject report analyses and summarizes various issues of the industry, including the exploration and development of energy-saving and emission reduction of China bus industry, overall environment and challenge of China new energy bus industry, analysis and prediction of 2014 - 2015 China bus industry, current development and tendency of overseas new energy bus industry, status quo and prospective of the promotion of natural gas bus in china, current development and tendency of dual-source trackless pure electric bus, currently development and prospective of pure electric bus in China, promotion progress and status quo of China hybrid bus, and competitiveness analysis of new energy bus makers in China. The report not only highlights achievements and problems in different aspects of China energy-saving and new energy bus industry, but also provides essential research tools and measures for new energy bus policymaking and decision of bus makers.

The subject report also studies key enterprises in China and illustrates the developing progress, features, experiences, and lessons of major new energy bus makers such as Yutong Bus, Hengtong Bus, Zhongtong Bus, and Foton AUV Bus. Enterprise case studies provide valuable research samples for successors of the NEV market.

China Bus Bluebook (2014 - 2015) is an base line research that systematically illustrates and studies the development of China new energy vehicle (bus) industry with detailed statistics and reasonable and objective analysis. It is an essential reference book for readers to know China new energy vehicle (bus) industry.

序

展现在读者面前的这本《中国客车产业发展报告（2014～2015）》，是方得网组织国内客车行业专家与学者，编写的有关中国客车行业2014～2015年的年度研究报告，本年度报告关注客车行业的发展全貌，同时重点聚焦新能源客车领域。

全书采取总分报告形式，对2014～2015年中国客车行业、客车企业、各个客车细分市场尤其是节能与新能源客车市场的现状进行了详尽的分析，同时从经济学和市场经济生产、供给与需求关系，从国内外新能源汽车（客车）产业发展与技术路线对比、产业环境的变化与挑战、企业竞争力体系构建等角度，为读者提供了一个观察我国新能源汽车（客车）行业发展趋势的全新视野。

总报告站在市场经济的立场，回顾了我国新能源汽车（客车）的产业化发展历程，并对照了国内外发展现状，着重对中国新能源汽车（客车）行业的当前困境作了较为全面的梳理和审视，指出了中国新能源汽车（客车）产业发展中存在的主要问题，进而提出了对策和建议。

此外，我还要特别指出的是，本书在深入分析我国新能源汽车（客车）的现状后，还对我国新能源汽车（客车）的发展提出了两点重要意见。第一，发展新能源客车应以市场为导向。本书指出：中国新能源汽车在国家大力推广、给予大力支持和高补贴的情况下，所获成果仍然不理想的原因，不在于发展指标太高，也不是政策不给力、补贴不够多，而是决策过程过多地从研发和制造角度来考虑，即沿袭了计划经济时期的生产（供方）来定市场和消费，“我生产什么，你就得消费什么”的做法，没有以消费者的需求和意愿为决策依据。本书建议，决策者在制定产业政策、补贴政策时应更多地考虑消费者的需求和意愿，让市场在资源配置中真正起“决定性”作用。第二，制定各类新能源汽车（客车）的扶持政策和确定各项补贴，应以其对节能减排的实际贡献为依据，而不应由政府做出行政上的规定，或者单纯以“技术先进性”为依据。

总报告论述的新能源汽车（客车）行业是当前我国正在重点发展和培育的一个新兴产业，该产业的健康和可持续发展，对于我国能源安全战略和汽车工业转型升级有重大影响。报告明确指出，由于现行的国家新能源汽车扶持政策未能以市场为导向，也没有以消费者愿意购买为最终目标，因此，政策实际执行结果与规划目标之间始终相差甚远。本书通过对我国新能源汽车产业发展政策的制定与执行结果的对比分析以及对国内外新能源汽车产业管理政策的比较，说明了以满足消费者需求为政策出发点、“让市场在资源配置中起决定性作用”的改革方针对于培养我国新能源汽车产业的竞争力是何等重要！

本蓝皮书的各个分报告从中国客车业节能减排的探索和发展、中国新能源客车的总体环境与挑战、2014～2015 年客车市场的分析与预测、国外新能源客车的发展历程、现状及趋势、中国推广应用天然气客车的现状和前景、双源无轨纯电动公交车的发展现状及趋势、各地纯电动公交车实际运行情况、各地混合动力客车实际运行情况、国内主流新能源客车企业竞争力分析等方面，进行了深入的调查研究和详尽的分析，并以翔实的数据全面展示了中国节能与新能源客车行业各方面的成绩与问题，这就为我国新能源客车政策和客车企业决策提供了重要的参考依据。

分报告还专设了国内重点企业研究，分别对新能源客车领域的典型企业进行了剖析。宇通客车、恒通电动、中通客车、福田欧辉等国内主要新能源客车企业的发展历程、发展特征、经验教训等都在本书中得到体现。这些生动真实的企业案例，为新能源汽车市场的后来者提供了珍贵的研究样本。

本书是一本系统阐述和研究中国新能源汽车（客车）产业发展的重要著作。书中既有翔实的数据资料，又有理性的客观分析，是读者快速了解中国新能源汽车（客车）行业发展情况的必要参考书。

当然，由于新能源汽车（客车）产业在中国发展时间还不太长，加上技术经济、社会环境比较复杂，许多问题目前还未完全显露，看得也未必都很清楚、准确，因此，书中指出的问题和对策，只是一家之言，不足之处和错误在所难免。而且，据我了解，本书作者、编者有些是青年专家，建议各位专家在参阅之余，对他们不吝赐教，给予批评指正。同时，希望通过本书的出版，能抛砖引玉，引出专家、学者和广大读者对我国新能源汽车（客车）的发展乃至我国节能减排产业发展的高见和讨论，为我国汽车产业和节能减排事业的蓬勃发展作出重大贡献。

是为序。

（中国工程院院士　中国社科院学部委员）

目 录

BLUE BOOK

𝔹 Ⅰ 总报告

𝔹 Ⅱ 行业分析报告

𝔹 Ⅲ 细分市场报告

BⅣ 企业发展报告

BⅤ 附录

CONTENTS

BLUE BOOK

ⅠGeneral Report

Ⅱ Industry Analysis Report

Ⅲ Subject Report

BIV Enterprise Development Report

BV Appendix

总 报 告

General Report

B.1 发展新能源客车应以市场为导向

姚 蔚*

摘　要： 本文从市场经济和消费者需求的角度，重点分析了中国新能源汽车产业化发展不理想的主要原因：不在于目标太激进，也不在于补贴不给力，而是因为政策制定过多地从研发和制造领域来考虑问题，没有以消费者愿意购买为目标，忽视了消费者需求。本文建议，决策者在政策制定过程中应更多地以消费者需求为出发点，以消费者愿意“买账”为目标，鼓励市场在资源配置中发挥基础性作用，只有这样，新能源汽车的产业化步伐才能走得更快更顺。

关键词： 新能源汽车　新能源客车　纯电动　混合动力

* 姚蔚，经济学硕士，现任方得网总编辑，中国注册会计师协会和中国数量经济学会会员。

2014年的中国客车行业，如果要用一个关键词来形容，那就是“新能源”。

首先，新能源客车的销售和使用再次进入快车道，在行业整体下降的情况下，新能源客车逆市上扬。2014年1～9月，大中型客车销售111572辆，同比降1.38%，新能源客车增幅却达到了13.33%。另外，从销量上看，新能源客车也呈现不断加速的趋势：从第三季度开始，新能源客车进入加速发展阶段。

其次，各城市纷纷宣布2014年乃至近几年的新能源公交车采购更新计划，2015年还将继续掀起新一轮的各地新能源客车运营高潮。

最后，新能源客车增长是在新能源汽车①大热的背景下发生的。2014年，政府不断发声鼓励新能源汽车发展，与新能源客车相关的政策紧锣密鼓地推出；与新能源客车相关或不相关的企业纷纷摩拳擦掌，高度关注、研究甚至加大投入，民众更是掀起了一个关注、讨论、观察新能源客车的热潮。

正因为2014年客车的焦点是“新能源客车”，本报告以及这本客车蓝皮书，都把新能源客车作为讨论的重点。总报告将要探讨中国新能源客车的历史、现状和未来，以及海外与国内新能源客车的种种现象和本质。

本文在分析了新能源汽车产业化政策的执行效果后，发现各项政策的目标与实际执行结果都有较大的差距；本文还分析了导致这种结果的各种原因。在对比了国内外新能源汽车发展政策及其执行结果后，方得网认为，中国新能源汽车产业发展不理想的重要原因，在于政策制定没有从消费者的需求出发。本文建议，如果中国关于新能源汽车（客车）的各种政策，能以消费者需求为出发点，并且鼓励市场在资源配置中发挥基础性作用，那么新能源汽车产业或许会发展得更快。

---

① 根据国家相关部委的最新认定，新能源汽车是指不以内燃机为驱动形式的汽车，包括纯电动汽车、插电式混合动力汽车和燃料电池汽车。天然气汽车等仍然使用内燃机，因此界定为节能汽车。常规的非插电式混合动力车以前享受补贴，现在不再给予补贴，而且主要依靠内燃机驱动，因此现在不在新能源汽车范畴内。

一　新能源客车产业发展现状

（一）新能源汽车（客车）销量情况

2014年我国新能源汽车产销量几乎增长了4倍，不过和国家的期望值相去甚远。2014年11月，工信部披露《新能源汽车推广应用示范城市（群）新能源汽车推广情况公示》显示，39个城市累计推广新能源汽车38616辆，相比其规划的335976辆目标，完成率仅为11.5%。

可以说，从2009年国家对新能源汽车实施产业化推广以来，规划目标和实际执行效果一直有较大差距。

1. 2009~2012年

（1）目标

2009年元月，“十城千辆”政策正式拉开了新能源汽车产业化运行的序幕。其示范推广文件这样规划道：“通过提供财政补贴，计划用3年左右的时间，每年发展10个城市，每个城市推出1000辆新能源汽车开展示范运行，涉及这些大中城市的公交、出租、公务、市政、邮政等领域，力争使全国新能源汽车的运营规模到2012年占到汽车市场份额的10%。”

2009年3月20日，国务院办公厅出台的《汽车产业调整和振兴规划（2009~2011）》提出：“形成50万辆纯电动、充电式混合动力和普通型混合动力等新能源汽车产能，新能源汽车销量占乘用车销售总量的5%左右。”

这两个出台时间相隔2个月的文件，基本都是规划了三年时间的发展，出现了两个不同的目标，一个是3年后（2012年），新能源汽车的运营规模要达到汽车市场份额的10%；另一个是到2011年，新能源汽车的销量要达到乘用车总销量的5%。

从实际的执行效果来看，无论是乘用车的5%或者是总量的10%都没有达到。

（2）实际完成情况

根据中汽协数据，2011 年我国汽车总销量为 1850.51 万辆，乘用车销量为 1447.24 万辆；而当年的新能源汽车销量为 8159 辆，其中纯电动汽车 5579 辆，混合动力汽车 2580 辆；新能源客车的销量为 4945 辆。当年乘用车销量的 5% 约为 72 万辆，实际上新能源乘用车的销售还不到 4000 辆，不到总量的 0.6%。也就是说，到 2011 年底，新能源乘用车实际销量与《汽车产业调整和振兴规划》中说到的“新能源汽车销量占乘用车销售总量的 5% 左右”目标相比，相差甚远。

中汽协数据显示，2012 年，我国新能源汽车产销量分别为 12552 辆和 12791 辆，纯电动汽车产销量分别为 11241 辆和 11375 辆，占新能源汽车产销量的大部分比重，且与 2011 年相比，其产销量分别增长 98.8% 和 103.9%。混合动力汽车 2012 年产销量分别仅有 1311 辆和 1416 辆，2011 年产销量分别为 2713 辆和 2580 辆。虽然 2012 年纯电动汽车产销量增长迅猛，不过与“十城千辆”规划的目标相比仍相差甚远。

另外，根据 2012 年 12 月四部委组织专家对 25 个示范城市（包括 6 个开展私人购买新能源汽车试点城市）验收的结果，经过核实，截至 2012 年底，25 个示范城市总共推广了各类新能源车辆 27432 辆，其中公共服务领域推广车辆 23032 辆，私人购买新能源车辆为 4400 辆。

中汽协数据显示，2012 年中国汽车市场的总销量为 1930.64 万辆；根据国家统计局数据，2012 年我国汽车的保有量为 10933.09 万辆。显然，2009 ~ 2012 年 25 个示范城市推广的 27432 辆新能源汽车总量，仅占全国汽车保有量的万分之二点五，与“十城千辆节能与新能源汽车示范推广应用工程”的“力争使全国新能源汽车的运营规模占到汽车市场份额的 10%”目标差距也很大。

可以说，在这一阶段，两个计划的目标都基本落空，且差距巨大。

2. 2013 ~ 2014年

（1）规划目标

2012 年 3 月 27 日，科技部发布《电动汽车科技发展“十二五”专项规划》，其中这样规划道："在 30 个以上城市进行规模化示范推广，在 5 个以上城市进行新型商业化模式试点应用，为实现电动汽车规模产业化尤其是纯电驱动汽车销量达到同类车型总销量 1% 左右的重要门槛提供科技支撑。"

2012 年 6 月 28 日，国务院发布了《节能与新能源汽车产业发展规划（2012 ~ 2020 年）》，其中描述道："到 2015 年，纯电动汽车和插电式混合动力汽车累计产销量力争达到 50 万辆；到 2020 年，纯电动汽车及插电式混合动力汽车生产能力达到 200 万辆、累计产销量超过 500 万辆。"

这两个规划分别设计了两个销量目标，同样是到 2015 年，《电动汽车科技发展"十二五"专项规划》设定的目标是纯电动汽车达到同车型总销量的 1%；而《节能与新能源汽车产业发展规划（2012 ~ 2020 年）》设定的目标是，到 2015 年，纯电动及插电式混合动力汽车累计产销量力争达到 50 万辆。

2013 年 9 月，《财政部、科技部、工业和信息化部、国家发展改革委关于继续开展新能源汽车推广应用工作的通知》印发。根据各地新能源汽车推广应用方案申报情况，财政部、科技部、工业和信息化部、国家发展改革委分别于 2013 年 11 月、2014 年 1 月发布了两批新能源汽车推广应用城市（群）名单，共 39 个城市（群）88 个城市列入新能源汽车推广应用城市（群）。按照新能源汽车推广应用城市（群）申报计划，2013 ~ 2015 年 39 个推广应用城市（群）将累计推广新能源汽车 33.6 万辆。

（2）实际完成情况

2014 年 11 月 21 日，工信部网站发布的《新能源汽车推广应用示范城市（群）新能源汽车推广情况公示》显示，39 个城市（群）累计推广新能源汽车 38616 辆，相比其规划的 335976 辆目标，完成率仅为 11.5%。

可以看到，上述数字跟《财政部、科技部、工业和信息化部、国家发展改革委关于继续开展新能源汽车推广应用工作的通知》的目标相去甚远。不仅如此，与其他目标相比也同样遥不可及。

根据《节能与新能源汽车产业发展规划（2012 ~ 2020 年）》，到 2015 年，纯电动汽车和插电式混合动力汽车累计产销量力争达到 50 万辆；而根据《电动汽车科技发展“十二五”专项规划》的预定目标，如果2015年纯电驱动汽车（不包括插电式混合动力汽车）销量要达到同类车型销量的1%，那么它的年销量就要达到25万辆（2015年全国汽车销量预计超过2500万辆）。从现在的发展趋势来看，2015年，无论是新能源汽车（包含纯电驱动和插电式混合动力）累计产销量要达到50万辆的目标，还是纯电驱动汽车要达到年销25万辆的目标，又或者是特大型城市或重点区域新能源汽车累计推广量不低于10000辆、其他城市或区域累计推广量不低于5000辆的目标，都难以完成（而且会相差很远）。

（二）新能源汽车（客车）实际运行情况

1. 官方评价

2014年9月6日的2014中国汽车产业发展（泰达）国际论坛上，全国政协副主席、科学技术部部长万钢演讲时这样表示：“自2001年我国确定了节能与新能源汽车的战略以来，连续三个五年计划实施了重大科技的专项，2009年又实行了促进应用推广的“十城千辆”，我们逐步形成以插电式混合动力、纯电动、整车、电机、电控为主的三纵三横的研发体系，构建标准、检测、实验示范三大品牌，通过十多年的持续研发，我们国家在三大核心部件上取得了明显的进步。”

节能与新能源汽车重大项目监理组组长王秉刚认为，通过“十城千辆”工程，我国新能源汽车示范推广数量得到快速增长；混合动力公交车数量多、成效显著；纯电动乘用车数量明显增长，商业模式获得多方探索；政策适时跟进，扩大了混合动力公交车示范范围，技术创新工程启动；企业研发与产业化投入加大。王秉刚同时也表示，“十城千辆”3年示范期，有少数城市示范工作进展缓慢效果较差；在私人购买新能源汽车领域，工作难度较大，少数城市未能实现新能源汽车的私人购买。

在2014年6月的郑州新能源汽车供需对接会上，王秉刚再次表示：“我国的新能源客车技术已经达到世界一流水平。”“插电式混合动力客车节油率可达40%以上，可以说是世界最好水平。”

2. 实际运行中产生的问题

尽管在创新成果等方面，新能源客车产业取得了一系列成绩，但在各城市实际运行过程中，新能源客车尤其是纯电动客车的实际推广效果似乎并不理想。

方得网在2010年、2012年、2013年和2014年实地走访了全国典型示范城市，主要采取实际乘坐和采访司机、调度员以及乘客等方式，对新能源客车的运行情况做了深入了解。在四次调查中，方得网发现了如下一些共性问题。

（1）充电设施严重不足影响纯电动客车采购

纯电动或者插电式混合动力汽车都需要充电，充电就要有充电站或者充电桩。但实际情况是，大城市的充电站建设仍然难上加难。北京市交通委员会官网上的一篇《北京公交集团纯电动车应用情况》文章披露："2011年，北京公交集团公司已经与北汽福田签订了200辆技术协议和采购合同，但是由于充电站建设滞后无法安排生产。"

中国道路运输协会城市客运分会常务副理事长胡剑平博士在2014年6月的"中国城市公共交通新能源可持续发展战略探讨"发言中提出："中国城市公交车电动化之路，核心是基础设施的制约如何突破。"胡剑平曾经在深圳巴士任董事长达10年之久，他表示，当时深圳已经把所有能建设充电站的地方全部用于建设充电站，但还是难以满足纯电动公交的充电需求。

方得网在调查中发现，充电站的建设在全国各大城市都遇到了巨大的难题：土地征用非常困难；慢充效率低，慢充模式下一个充电桩一天最多只能给三辆公交车充电，这样算下来，假如一个城市要推广1000辆以上的纯电动公交，对充电站和土地征用的需求将达到惊人的数量。

据深圳市审计局调查，截至2013年6月，深圳市充电设施主要集中在宝安、龙岗、福田、南山四区，其他区域目前还是空白，对于新能源汽车的后续推广不利。

而以青岛、北京为代表的换电模式对土地同样也有巨大的需求，受制于土地难以获得、换电站运营效益差等原因，现在国家电网已经不再推行换电模式。

截至2014年，我国仅建成600座充换电站、2.6万个充电桩，其便利性远远不能满足消费者的日常使用需要。当前，地方充电基础设施投资与建设过于依赖电网，其他投资者难以进入。充电站难以满足需求，极大地影响了纯电动客车的采购。

（2）电池续驶里程难以满足公交车日常运行

方得网在四次实地走访中发现，各地的纯电动公交车几乎都无法达到正常的运行状态。纯电动公交车每日行驶里程少于传统燃油公交车，比如合肥曾经用两辆纯电动公交车来完成一辆传统公交车每天的工作量；纯电动公交车白天换电或者充电也占用大量的时间。这些问题说到底，都是纯电动客车充一次电的续驶里程无法满足公交车的日常运营需求。

按照各家纯电动客车生产企业的说法，他们的车辆续驶里程往往可以达到300公里以上，然而，在实际调研中，方得网发现几乎没有一个城市的纯电动公交车可以做到晚间充一次电，白天就能达到200多公里的行驶要求。而且，由于纯电动客车的电池在使用过程中不断衰减，很多城市的纯电动公交车在使用一两年后续驶里程就大大降低，有的车辆的电池不到三年就已经无法使用。很多城市的纯电动公交车都在运行一段时间后就提前“退役”，比如北京和广州。北京90路纯电动公交车此前曾经是长安街上首次“开跑”的纯电动公交示范线路，在2011年开通之初就吸引了众多媒体和乘客的关注。然而，到2014年初，90路仅剩下4辆纯电动公交车在维持运营，最终导致该线路被取消。90路公交线路的停运，也标志着北京市首批投入运营的50辆纯电动公交车全部退出历史舞台。

广州也存在同样情况。广州市在2010年亚运会期间投入了26辆纯电动公交车，其全部由广汽客车生产。2012年，方得网在走访广州市纯电动公交车的运行线路时发现，这批纯电动公交车虽然电池电力衰竭严重，故障较多，但还可以勉强运行；到了2013年，方得网发现这批车已有近20辆因为电池衰退等问题而停止运营；2014年9月，方得网再次来到广州市调查走访时获悉，目前仅有3辆纯电动公交车在运营，而这3辆车仅配有2名司机。其中的缘由是，剩下的这3辆纯电动公交车目前充一次电仅运营一圈，电池电量便基本耗尽，必须充电才能继续行驶。因此，一辆车每跑完一圈，司机就得更换一辆刚充过电的公交车才能保证持续运营。

可以说，电池的续驶里程几乎成了各地纯电动公交的“致命硬伤”。

（3）价格昂贵，效益低

纯电动公交车价格昂贵，效益低下，也是很多城市在采购首批纯电动公交车后便不再继续采购的重要原因。

深圳市审计局在2014年1月9日公布的深圳新能源公交示范运营审计报告中提出：“深圳新能源大巴存在售价高且成本不透明，出勤率低、运营亏损大，故障率高、电池续航能力有待提升等问题。”该报告这样叙述道：“与传统燃油汽车比较，由于纯电动大巴目前出勤率低、每个工作日行驶里程少，亏损较大，形成市场推广阻力。”

这个审计报告同时指出，“新能源汽车的故障率较高、电池续航能力有待提升等因素，也影响用户使用的积极性。”

（4）故障率高，使用太麻烦

纯电动公交车相对于传统燃油客车，不但充电麻烦，而且故障率也高于传统客车，有的车辆在气温高的时候就无法正常运行，有的则是涉水能力很差。同时，其安全性也受到一定程度的质疑，比如2011年7月18日，上海中山公园附近一辆825路纯电动公交车发生自燃。另外，公交司机在驾驶纯电动公交车时需要注意的地方很多，有些车辆也经常因为大雨等因素停止运行。

有着十年巴士营运管理经验的胡剑平指出，公交公司最大的一个成本因素就是人力成本，而纯电动公交车使用麻烦程度远远超过普通燃油汽车，大大增加了公交公司的人力成本。这一点，也是有些地方公交公司即使在当地政府无偿赠送车辆的情况下，也不愿意使用纯电动公交车的一个重要原因。

（5）插电式混合动力汽车不充电

此外，从2013年开始示范推广的插电式混合动力客车，在实际运行中则几乎很少去充电。即使在已经建好一部分充电站的城市，比如重庆，公交公司还是尽量能不充电就不充电。因此，插电式公交车几乎很少有充电的，绝大部分都是在不充电的情况下行驶。

为此，汽车行业内对新能源混合动力汽车推广的质疑接二连三。2014

年，上海交大殷承良教授提出：“买混合动力汽车是为了拿牌照，95%的混合动力汽车都在以传统汽车的方式运营”；清华大学汽车工程系电动汽车研究室主任陈全世认为，“插电式混动汽车很容易在技术上造假，车企只要在传统的汽油车后轴安装一个假电动机就能改装成插电混动，这个电动机既可以用，也可以不用”。电动车辆国家工程实验室主任孙逢春也提出，“在当前充电桩建设不足情况下，使用插电式及增程式电动车事实上等同于使用普通混合动力汽车，并不能达到节能环保的目的”。

（三）质疑声起

对于新能源客车的运营效果，近来的质疑声音层出不穷。就在2014年11月这一个月内，就有各路专家和人士质疑新能源汽车的发展效果。

中国汽车报社社长李庆文这样说道：“看来今年（指2014年——编者注）新能源汽车推广的目标是不能完成了！这应由谁来负责？国家政府部门？地方政府？汽车企业？相关行业？消费者？好像谁也不想负责，谁也负不了责。我们很多事情基本都是这种状态，这样的结局，无人负责是常态，有人负责是个案。任何事情如果处在无人真正负责状态，效率不仅低下，而且紊乱，当下新能源汽车推广是否紊乱？看政策的互相打仗，执行过程中的走形，地方政策的我行我素，部门之间不完全协同，是否是紊乱呢？”

在《中国汽车报》的专家群里，各位专业人士针对推广目标这样发声道：“一是为什么定目标？二是目标是怎么定出来的？三是完成目标所需的资源是什么？四是完成目标的路径是什么？五是客户的购买痛点在哪里？”

二　为何新能源汽车推广目标难以达到

（一）什么原因导致目标与现实差距悬殊

新能源汽车产业化从2009年开始，经历了两个阶段，一个是“十城千辆”时期，即从2009年1月到2012年底，这个阶段，新能源汽车销量规划目标只完成了四成；另一个是"继续推广新能源汽车"时期，即从2013年1月到2015年底，到2014年9月时，其销量规划目标只完成了一成多，而时间已经过去了大半。

从现在的发展情况来看，规划目标与实际推广结果相差甚远。其中原因，究竟是目标设置太高？还是鼓励政策不到位？又或者是方法还需要调整呢？

1. 目标是否太高

新能源汽车推广目标一直未能达到，很多人质疑新能源汽车推广的目标制定得太高，不切实际，才导致实际执行过程中每个规划的目标几乎都落空。甚至于，"继续推广新能源汽车"的目标一公布，就有人质疑："你怎么指望一个上次考试只得了40分的人，下次考试能得满分呢？"

是不是自始至终，新能源汽车的目标都定得太高了呢？

（1）与我国汽车年销量相比不高

如果从推广新能源汽车的初衷来看，这个目标并不高。

从2001年"十五"规划起，国家就开始支持鼓励发展新能源汽车，但是，在2008年之前，新能源汽车仅是小批量试运行。从2009年"十城千辆"起，新能源汽车正式从"研发阶段"向"产业化"方向迈进。既然要走产业化道路，新能源汽车数量太少显然不行，因此，相应的推广数量目标也不能制定得太低。另外，发展新能源汽车，也是因为节能减排任务迫在眉睫。面对我国每年新增的2000多万辆汽车销量，假如新能源汽车推广数量太少，其节能减排效果相对新增汽车排放而言也无异于杯水车薪。

表1　2009～2013年汽车总销量和新能源汽车销量对比

单位：万辆

年份	汽车总销量	汽车每年增量	新能源汽车
2009	1364.48	426.43	0.23
2010	1806.19	441.71	0.74
2011	1850.51	43.81	0.82
2012	1930.64	80.64	1.28
2013	2198.41	267.77	1.76

资料来源：中国汽车工业协会。

从表1可以看出，2009~2013年，汽车年销量从1364.48万辆增加到近2200万辆，5年间累计销量达到0.9亿辆；截止到2014年4月，我国汽车保有量已达到1.44亿辆（国家统计局）。而新能源汽车自2009年以来的5年间累计销量为4.83万辆，不到同期汽车累计销量的千分之一，这里面还包括已停运的部分车辆。从推广以来，新能源汽车年销量在汽车总销量中无异于“沧海一粟”；而每年发展新能源汽车节省的燃料，跟新增的汽车量相比，或许都不到“九牛一毛”。

即使第二轮推广规划的销量目标全部实现，也就是到2015年的当年新能源汽车产量达到5万辆，累计销量达到50万辆；纯电驱动汽车（不包括插电式混合动力汽车）销量达到同类车型销量的1%（约25万辆），电动汽车保有量达到100万辆，但与2015年2500万辆左右的预计年销量以及1.5亿辆的预计总保有量相比，新能源汽车的推广数量仍然非常少。

从上述数据可以看出，为了体现出发展新能源汽车的节能减排效果，为了使新能源汽车能够实现产业化运作，达到汽车总销量的1%、5%或者10%以及保有量50万辆等指标都是应当有的。如果连这些目标也没有，犹如要让杯子里水的温度升高，却只滴进去一滴热水，水温产生的变化几乎可忽略不计。更何况，无论是纯电动汽车还是混合动力汽车，节能的效果其实还不好准确估量，而减排的道理更是如此。

因此，为了体现节能减排的效果，为了实现产业化的运作，这些目标不但不高，而且还定得有些低了。

（2）跟国外相比也不高

那么，我们国家发展新能源汽车的愿望是不是过于迫切，才制定了过高的目标呢？

从表2可以看出，作为全球第一大汽车产销国，我国的汽车销量远超过其他各国，因此，我国新能源汽车的销量目标并不激进。

2. 政策是否不给力

既然目标并不激进，也并不是不合理，为什么实际执行效果如此不理想，执行结果和目标差距如此之大？是因为国家鼓励政策不够给力，补贴不够吗？

表 2　各国对新能源汽车产业的规划目标

国家	规划期(年)	新能源车产销目标	新能源车类型
美国	2015	100 万保有量	插电式混动、纯电动
日本	2020	200 万年销量	电动车 80 万辆、混合动力 120 万辆
	2030	年销量的 70%	电动车、混合动力
德国	2020	100 万保有量	电动车
	2030	500 万保有量	电动车
法国	2020	200 万累计产量	电动车
韩国	2015	120 万产量,10% 份额的世界电动车市场	电动车
	2020	小型电动车普及率 10%	电动车
中国	2015	50 万辆累计	纯电动、插电混合动力
	2020	年产能 200 万辆,累计产销 500 万辆	纯电动、插电混合动力

资料来源：中国产业信息网：《2014～2018 年中国新能源汽车电机市场调研与投资前景预测报告》。

从下面的分析来看，似乎还不能下这个结论。

（1）中国补贴政策众多，且很多由政府埋单

首先，国家层面是足够重视的，从国家最高领导人到各主管部委领导等都先后发声，大力支持新能源汽车发展。其次，各种规划也足够丰富。另外，新能源汽车产业还被定义为七大战略新兴产业之一。因此，无论从哪个方面看，新能源汽车在整个国家制造体系中都占据着重要地位。

再来看具体补贴政策，以“十城千辆”示范工程时期的纯电动客车举例来说，道路运输企业在“十城千辆”示范工程时期采购 10 米以上纯电动客车，中央财政对每辆车给予 50 万元补贴，很多地方还有地方一级的补贴政策（见表 3）。

表 3　25 个试点城市地方财政对购置节能与新能源汽车的补贴情况

序号	城　市	市财政补贴
1	杭　州	按中央财政标准的 6% 补贴
2	重　庆	10 米以上新能源公交车,3 万元/辆;混合动力公交车,3 万元/辆;纯电动公交车,30 万元/辆
3	大　连	对节能与新能源汽车示范运营项目按 1∶5 配套支持;混合动力公交车按差价补贴;公交公司购买新能源公交车,除国家补贴以外的金额,全部由市财政承担

续表

序号	城　市	市财政补贴
4	昆　明	新能源车运营补贴16万元/辆*；传统车补贴8万元/辆
5	襄　樊	纯电动公交车，中央财政补贴50万元/辆；混合动力公交车中央财政补贴42万元/辆；每台新能源公交车，公交公司支付20万元，剩余部分由国家和地方政府补贴支付
6	郑　州	纯电动客车补贴40万元/辆；混合动力客车补贴20万元/辆
7	天　津	纯电动大巴补贴20万元/辆；混合动力大巴补贴9万元/辆
8	唐　山	购车补贴由市财政按国家补贴的20%予以匹配，此外还按车辆购置价格2%的标准给予维护保养补贴
9	南　昌	6万元/辆
10	沈　阳	混合动力公交车补贴15万元/辆
11	海　口	—
12	上　海	世博会专项资金支持
13	武　汉	混合动力公交车补贴25万元/辆
14	成　都	按中央财政标准的40%补贴
15	厦　门	按车价的30%给予补贴；按车价的4%给予维护保养费补给公交公司
16	合　肥	新能源公交车，中央财政补贴的剩余部分由市财政全额补贴；纯电动公交车电池采用租赁方式，市财政补贴20万元/辆。单车8年共160万元
17	呼和浩特	—
18	长株潭	混合动力公交车按车价(购车价减中央财政补助和省财政补助)的25%～35%给予补贴；湘潭市对混合动力公交车给予4万元/辆的购车补助
19	广　州	亚运会专项资金支持
20	北　京	奥运会专项资金支持
21	长　春	—
22	南　通	市财政全额埋单
23	苏　州	45万元/辆政府贴息贷款
24	深　圳	对购买新能源公务车，补贴以中央财政为主，地方财政不再补贴
25	济　南	先期200辆已经采购的节能与新能源公交车资金来源主要是国家补贴和省财政补贴，其余不足部分由市政府全额埋单

注：表中补贴情况为不完全统计。

此外，除了政府补贴外，还有很多城市是在某项重大赛事或者活动的时候，以形象工程的方式购进大批新能源客车。比如，上海市在2010年购入的新能源客车，基本上是为世博会服务的。为了这次世博会，共有1125辆新能源汽车为其服务。其中包括超级电容公交车 61 辆，纯电动客车 120 辆，混合动力客车 150 辆，燃料电池客车 6 辆，燃料电池轿车 68 辆，纯电动场地车 270 辆，燃料电池观光车 100 辆，混合动力出租车 350 辆。纯电动公交车及超级电容公交车成为了园区运送游客的主要交通工具。

再比如，2010 年亚运会期间，广州共示范推广各种新能源汽车 360 辆，其中包括 174 辆混合动力公交车，100 辆混合动力公务车，26 辆纯电动公交车，60 辆燃料电池观光车；2014 年，为了迎接青奥会的召开，南京市新增 2530 辆新能源公交车，其中包括 1058 辆纯电动公交车（其余 1000 多辆实为天然气客车，属于清洁能源，而不是新能源汽车）。

（2）各地方政府配套鼓励政策众多

中国有一些城市还给予除现金以外的购车优惠，比如，对进入当地新能源汽车目录的车型，上海不用拍卖车牌（上海竞拍一个车牌大约要 8 万 ~ 10 万元）；北京是摇号单独排队，几乎每个申请新能源轿车的人都能获得车牌。要知道，当前北京车牌的摇号每两月摇一次，中签概率不到百分之一；广州购买新能源汽车申请车牌也单独排队，中签概率远高于传统燃油汽车。

因此，从补贴力度来看，不算北京、上海这样“白给”车牌的，就拿深圳、武汉、海口等地来说，中央和地方对纯电动轿车的双重补贴就是 12 万元；如果是 20 万元的车辆，还能再节省 2 万元的车辆购置税，另外，每年还能节省一笔车船使用税。这样的补贴力度，可以说，在全世界也没有。

除了对汽车产品本身进行补贴，我国对充电设施建设等也有补贴，很多地方政府都是免费给充电站建设用地。2014 年 11 月 25 日，国家财政部等四部委联合下发《新能源汽车充电设施建设奖励的通知》，由中央财政安排资金对新能源汽车推广城市或城市群给予充电设施建设奖励，其中对京津冀、长三角和珠三角地区城市的最低奖励为 2000 万元，最高奖励达到 1.2 亿元。

除了销售环节的补贴，在研发新能源汽车阶段，国家同样也有补贴政策。比如，“十一五”时期“863”计划节能与新能源汽车重大项目，安排课题270项，总投入75亿元（假如这75亿元累计生产新能源汽车5万辆，每辆车可获得的支持费用为15万元）。

（3）我国对新能源汽车的补贴高于国外

可以说，我国对于新能源汽车推广不但制定了较高的补贴标准，还不断通过地方政策及补贴来积极推进新能源汽车的应用。我们再来看看其他各国对电动汽车的购买补贴。比如，美国规定购买电动汽车可享受所得税优惠，最高额度为7500美元（不到5万元人民币）；到2025年，每家汽车制造商至少每年要售出15.4%的零排放车辆。在法国购买纯电动汽车可以获得最高5000欧元（4万元人民币左右）的补贴。英国规定购买电动汽车可以获得2000～5000英镑（不到5万元人民币）奖励。而中国最新的新能源汽车推广应用补助标准对纯电动乘用车的补贴额最高是6万元，另外还有免除购置税（车价的10%）、减半每年的车船使用税等优惠政策。

（4）我国新能源汽车起点高但发展不理想

就上述分析而言，我国对于新能源汽车的补贴在全球范围来看都是不低的。然而，2013年，中国的汽车销量居全球第一，新能源汽车销量却不是第一。2013年，美国销售的纯电动汽车、插电式混合动力汽车共计9.6万余辆；日本销售的纯电动汽车、插电式混合动力汽车共计达到3.1万辆；欧洲新能源汽车销售量超过3万辆，而中国新能源汽车销量为1.76万辆。

表4　2009～2013年主要国家新能源汽车销量

单位：万辆

年份	美国	日本	欧洲	中国
2009	—	0.10	0.03	0.23
2010	0.04	0.24	0.06	0.74
2011	1.80	1.30	1.20	0.82
2012	5.30	2.30	2.70	1.28
2013	9.60	3.10	3.30	1.76

资料来源：中国产业信息网：《2014～2018年中国新能源汽车电机市场调研与投资前景预测报告》。

从表4可以看出，2009年，中国新能源汽车的销量还在美国、日本和欧洲之上，可是在经历高补贴额度的5年之后，中国的新能源汽车销量反而落后于这几个国家和地区，并且跟美国、日本差距悬殊。2013年，我国新能源汽车的销量是17642辆，仅为国内汽车总销量的0.08%，而美国同期数据为0.6%。

3. 消费者不愿意接受新事物吗?

有了政策，有了补贴，用户购买新能源汽车的意愿还是很低。是因为中国人不愿意接受新事物吗？是因为中国人只偏爱燃油车，而不能接受纯电动汽车吗？

其实，中国老百姓并非不愿意接受新事物，而且很多新技术在中国的普及速度甚至超过发达国家。比如，根据尼尔森公司2013年的调查，在尼尔森选取研究的10个国家中，智能手机普及率分别为：韩国67%、中国66%、澳大利亚65%、意大利62%、英国61%、美国53%、俄罗斯37%、巴西36%、土耳其19%、印度10%。中国人对智能手机的接受程度绝对名列前茅。另外，在电脑和网络使用上，中国在全球也都名列前茅。

再来说电动汽车与燃油汽车。其实，中国人并没有特别偏爱燃油车，只要物美价廉，性价比高，中国人都能接受。比如，在中国的低速汽车行业，当低速电动汽车的使用成本低于传统低速汽车时，购买低速汽车的老百姓很快就转向了纯电动，这说明中国老百姓看重的是最终使用效果。因此，中国人并没有不习惯使用纯电动汽车的倾向。只要好用而且不贵，无论是团体还是个人，都是会购买新能源汽车的。

4. 中国人创新能力不强吗?

中国从2009年开始大规模推广新能源汽车，支持力度也不算小，可是2013年中国新能源汽车的销量落后于美国和日本，难道是中国人的创新能力不如外国人？或是因为中国汽车产业起步晚，因此在新能源汽车方面也无法超越美国和日本呢？

结论显然不是这么简单。国外电商起步远远早于中国，亚马逊当初还收购了中国的卓越网，但后来淘宝网异军突起，其规模和影响力均远超亚马逊。美国的 MSN 最初在即时通信软件中占主导地位，之后中国腾讯公司的 QQ 逐渐流行，刚开始不少国内外企业还禁止使用 QQ，但由于 QQ 的在线传输文件性能远远强于 MSN，MSN 最终逐渐退出了中国。

就汽车行业而言，“中国企业的创新和竞争力不如外国企业”是个伪命题。我国客车就是一个在世界上很有竞争优势的产业。我国客车行业发展起点比轿车更低，可就是在国家对客车扶持力度并不大、投入很少、门槛很低等种种不利因素作用下，中国客车产业的发展反而远远好于轿车产业。由于国家对客车行业管理少，自由竞争更充分，因此早在十几年前，国外客车品牌就逐步退出了中国市场；现在，不但在中国几乎看不到国外品牌的客车，而且，中国客车还大量出口到全球地区，包括跨国客车企业所在的发达国家。这说明，只要管理得当（比如竞争充分），起步晚的中国汽车企业完全有可能超过国外企业，在全球市场上找到一席之地。

5. 补贴和优惠政策对中国人没有吸引力吗？

那么，是不是中国民众对优惠政策不那么敏感，不在意补贴呢？这更不可能。

应该说，我国很多补贴政策一出台，就撬动了大市场。比如汽车下乡政策，曾掀起微型车的增长高潮；小排量汽车的优惠政策，大大促进了相应车型销量。很多政策的补贴额度只有车价的 10% 甚至更少，却明显地影响了市场的产品结构。

新能源汽车补贴额如此之高，甚至有些采购用于政府形象工程，有的还是白送——可就是在这样有利的中央及地方政策环境下，新能源汽车的实际销量却与目标仍相差甚远。

或许，这其中的问题不是依靠增加补贴额就可以解决的。

（二）不以消费者为目标，如何赢得消费者的心

既然上述原因都不是新能源汽车产业发展不理想的“罪魁祸首”，那么，为什么在这么好的政策环境下，在地方政府树立形象工程的迫切需求下，在这么大的节能减排压力下，在如此“给力”的补贴额度下，中国的

新能源汽车却依然卖得不好？

其实，销量不好，很多专家都从技术层面来解读，认为中国的新能源汽车技术落后于国外，认为中国的新能源汽车产品竞争力不够。本报告发现，中国的所有政策几乎都不以让消费者愿意购买为目标，而美国等新能源汽车发展较快的国家，从政策制定伊始就是以消费者购买为目标的。

1. 以消费者为目标了吗？

让消费者愿意买账，那么是不是就应该以消费者愿意购买为目标？是以让企业能够生产新能源汽车为目标还是以让消费者愿意购买新能源汽车为目标，这也许就是中国和美国鼓励新能源汽车发展的最大区别。

实际上，仔细研读我国所有关于新能源汽车的相关规划，基本上都是谈如何节能减排，谈新能源汽车对于环境保护和国家能源战略的作用，而很少谈到对于消费者能带来哪些益处。

下面就对比一下美国和中国的电动汽车规划。

2012 年 3 月，美国总统奥巴马宣布“电动车普及大挑战”计划，该计划的目标是：“在未来 10 年内，使美国成为世界上第一个能够生产每户家庭都能负担得起的插电式电动汽车的国家。”（这里的插电式电动汽车，包括纯电动汽车和插电式混合动力汽车。笔者注）跟中国的规划相比，其宏观的目标不太一样。美国这个电动车普及计划，在说到发展电动车的好处时是这样说的：“电动汽车具备节能燃料成本低、充电方便、操作简单、即时扭矩、响应速度快、维护成本低等诸多优点，使美国消费者受益。”

差不多是同一时间，我国在 2012 年 3 月 27 日发布的《电动汽车科技发展“十二五”专项规划》（以下简称中国电动车规划）中，谈到发展电动汽车应能够满足“国家重大需求”。这个规划对于发展电动汽车有三个目标：“面向产业升级需求”“面向技术转型需求”“面向科技跨越需求”。在通篇规划中，看不到任何跟消费者相关的内容。

美国电动车规划设置的 2022 年发展目标有五个：一是“消费者成本降低”；二是“关键技术领域成本降低及技术提升”；三是“高效的气候控制技术”；四是完善的“充电基础设施”；五是“完备的教育及政策支持”，这里的气候指的是车内气候，教育指的是对消费者的教育。

可以看出，我国的电动汽车规划跟消费者没有直接关系，而美国的电动车规划把消费者放到了最重要的位置。美国这个规划提到的很多技术或目标，均围绕着消费者来发展和制定。比如，“从未来发展趋势看，无线充电设施和快速充电设施可以提高消费者对插电式电动汽车的接受程度，并且为电动汽车的发展提供了一个创新机会，因此，这也是美国电动汽车普及发展蓝图的重点之一”。

比如，美国电动车规划提到普及充电站，仍然是从消费者使用角度出发，提出在消费者的住所以及工作场所都应该有充电设施，因为“工作地是车辆离家之后，绝大部分时间停放的地点”。再比如，这个规划谈到“高效的气候控制技术”，开篇说的是“能用更少的能源而使乘客舒适，并能除霜、除雾”。美国的电动车规划中还提到，“除了技术创新以外，要想使电动车实现真正意义的大规模普及，需要进行大量的社区预备工作”。这个预备工作包括“社区规划、培训和合作”。

美国的电动车规划一共分为三大部分，第三部分的标题就是“创造市场拉动力”。可见，美国认为发展电动汽车，最重要的拉动力在于市场。总之，美国的电动车规划就是以“让消费者好用、买得起”为原则，依靠市场来拉动销量，“最终让美国成为世界上首个能够生产每户家庭都能负担得起的电动汽车的国家”（请读者注意这里的“每户”）。

再来看中国的电动车规划，其中几乎没有一句话是从消费者角度出发来考虑电动汽车推广应该要解决什么问题，而是从“国家产业升级、国家环境保护、国家能源战略、国家技术创新”等角度来考虑问题。比如，中国电动车规划第一句话就是：“发展电动汽车是提高汽车产业竞争力、保障能源安全和发展低碳经济的重要途径。”（三个好处，跟消费者都没有直接关系。）规划主体内容，从第二章“形势与需求”开始，“发展形势”是指“必须加大攻坚力度，推动我国汽车工业向创新驱动转型，抢占技术制高点，培育新能源汽车战略性新兴产业，引领产业变革，确保我国汽车行业可持续发展”。“需求”这一节的大标题是“国家重大需求”，下面分三个小标题：产业升级需求、技术转型需求、科技跨越需求（同样地，还是跟消费者需求没有关系）。中国电动汽车的发展战略与目标则是分别面向上述三个需求。

不同的政策出发点，实际执行起来会有什么不同的结果呢？方得网在对各地新能源客车实际运行情况开展调查时，一位公交公司老总说，制定新能源汽车发展规划的人当中有这么多专家、政府官员以及生产企业代表，可就是没有公交公司代表。对新能源汽车应该有哪些要求，能不能听听我们使用者的声音？公交公司最大的成本就是人力成本，可是纯电动汽车让我们人力成本大幅上升，我们怎么用？还有一位公交公司老总说，我们城市的公交车夜间都是停在马路两侧，连公交车都没地方停，上哪儿去建这么多充电站给公交车充电呢？如北京等城市，寸土寸金，在已经几乎没有存量土地可用的情况下，政府下了很大气力建设充电站，可是全市的充电站仍然寥寥无几。这种情况下，再多的补贴政策和便宜车辆“送给”公交公司又有什么吸引力？充电设施极度匮乏，并且未来也看不到有大规模兴建的可能——这也是为什么北京车牌一牌难求，纯电动汽车的中签率高达98%，民众却依然不愿意购买纯电动汽车的一个重要原因。

可以说，正是因为中国所有新能源汽车的支持政策都是从研发和制造领域来考虑问题，消费者的很多顾虑没有得到很好的解决，因此，消费者也就无法为新能源汽车“买账”。

2. 消费者不认可的技术就不是技术进步

说到这里，也许有人会说，我们国家发展新能源汽车的主要目的，就是为了产业升级和节能环保，而不是让消费者满意。但假如消费者不购买，新能源汽车销量最终不能超过传统汽车，又如何实现产业升级呢？

产业升级的标志是什么？当一个产业中采用新技术的产品销量超过老技术产品时，升级就发生了。说白了，销量才是硬道理，消费者不愿意购买的新技术和新产品，不能称为技术进步。

比如，当智能手机的销量超过传统手机时，传统手机逐渐退出市场，这就是手机行业的技术进步；平板液晶电视销量超过了传统 CRT 电视时，就证明电视的技术进步完成；当数码相机销量超过传统相机时，证明相机实现了产业进步。

要让消费者愿意购买新产品，就必须做到让新产品的“性价比”超过老产品。从经济学的角度来说，当单位货币购买的新产品的效用超过老产品时，产业升级就开始了。消费者都是理性的，他们最终会去追求投入产出比更高的新技术产品，老产品就逐渐退出了市场。

究竟氢动力汽车、内燃机汽车和纯电动汽车，谁会成为未来的汽车形态，还要看最终谁的销量更大。实际上，世界上最早的汽车就是纯电驱动，而并非内燃机驱动。1834 年，世界上第一辆电动汽车由美国人托马斯·戴文波特（Thomas Davenport）发明，比内燃机汽车的发明早了近半个世纪。然而，内燃机汽车最终能成为主流，正是因为内燃机汽车能够以更小的投入获得更大的产出，内燃机汽车带给消费者的价值超过了电动汽车。为何当今主流的大中型客车产品全部用柴油发动机而不是汽油发动机？那是因为，柴油发动机有着比汽油发动机更好的投入产出比。由于柴油发动机油耗更低而动力更强劲，最终大中型客车全部采用柴油发动机，而不再使用汽油发动机。

为了推动汽车行业的技术进步，用新能源汽车去替代传统燃油汽车，就必须迎合消费者，从消费者愿意购买的角度去设计新能源汽车的发展路径。单纯为了发展技术而进行补贴与鼓励，为了产品创新而设计政策，最后若无法满足消费者的需求，那么新能源汽车仍然不会有市场。假如销量不能提升，老百姓不买账，新能源汽车规划中的任何技术指标都是没有意义的。

因此，美国的电动车规划一开篇就强调如何降低电动汽车成本，未来让“每户”美国居民都能买得起电动汽车，通篇都涉及如何通过技术创新来不断降低成本，而我国的电动车规划几乎没有提到成本问题。不考虑消费者的感受，单纯从技术角度来制定政策，是无法完成技术进步任务的。一辆昂贵的和不方便使用的新能源汽车，是不可能受到消费者待见的。

（三）竞争不充分，缺少让民众愿意掏钱的产品

可以说，不以消费者为目标来设计政策，是造成新能源汽车推广难以达

到预期的重要原因。不过，还有一个原因也非常重要，那就是在新能源汽车领域，市场竞争仍然不充分，没有给用户提供足够有吸引力的产品。

1. 过度保护和扶持不会赢得市场

众所周知，很多好的创新、优秀的产品都是在竞争中脱颖而出的。中国客车行业发展之初，比轿车起点低，且获得的国家扶持政策少，支持资金也少，但把国外品牌挤出了中国，具备了全球竞争优势。其中一个很重要的原因就是，国家对客车行业管制少，行业门槛低，竞争充分。我国客车行业第一阵营的企业全部都是从很小的规模起步，在激烈的市场竞争中脱颖而出的。

其实，我国的轿车行业也是一样。在加入世贸组织之前，我国的轿车行业是严格定点生产的，并且不断获得国家的指导、各种政策扶持和各种资金支持，可就是发展不起来。后来迫于入世时的承诺，国家取消了一些保护政策，降低了关税，反而让我国的自主轿车获得了快速发展。

现在，我国发展新能源轿车，跟当初发展普通轿车一样，都存在同样的问题，就是竞争不充分，并且受到国家政策的多重管制，企业发展无论在技术路线上还是项目开发上都有很多的指标约束。我国任何一家企业要生产新能源轿车，首先要具备生产轿车的资质，而在我国获得轿车生产资质，难于上青天。假如美国也是这种要求，那么是不可能出现像特斯拉这样的公司的——没有传统轿车生产资质，就去生产纯电动轿车。在我国，特斯拉就是一家没生产过传统轿车的企业，当然也没资格去生产新能源轿车。

另外，在我国大量、繁复的新能源汽车政策中，给予企业支持的时候往往有很多限定条件，这些限定条件阻碍了企业的创新和发展。比如，科技部“863”重大项目往往是支持有一定规模或者某些硬件条件达到要求的企业，而且获得支持的企业在项目执行过程中，有无数的技术路线等方面的限制。这就像我国当年发展轿车的“三大三小”等政策，这些政策只扶持国家定点的大企业。但是，很多企业具有很强的创新能力和资源整合能力，可以在很低的起点上快速整合资源，获得很强的竞争优势，生产出好的产品，赢得销量和市场。

实际上，在方得网对客车企业的实地走访中，很多企业也反映，有时候接受了国家关于新能源客车的一些资助项目，这些项目对于具体的技术指标要求极细，反而影响了企业的创新。而国外政府更倾向于给予企业低息贷款支持，比如，特斯拉就获得了美国能源部4.65亿美元的贷款。企业的贷款最终还是要自己来还，因此企业一定会对这些项目进行严格的项目可行性分析，一定会很慎重地去投资。而政府也不会限制企业的具体开发路径和技术指标，这恰恰给了企业一个自由发展的空间。

也正是因为我国很多政策中的人为干涉因素太多，才出现了大量的弄虚作假行为。假如国家能够把判断技术好坏的标准交给市场而不是专家们，可能会使新能源汽车行业的发展更快一些。

2. 新能源客车竞争相对充分，发展更好

从我国新能源汽车的发展水平来看，目前还是客车行业走在了前面。

在2014年6月11日的新能源汽车产品市场供需对接活动上，国家科技部电动汽车项目监理组组长王秉刚对近年来中国新能源客车的技术进步给予这样的评价："我国的新能源客车技术已经达到世界一流水平。"2014年11月20日的花都汽车论坛上，王秉刚再次发声："这几年，在新能源客车方面，我们国家的技术有了长足的进步，很多技术属于国际领先水平。"

我国新能源客车的技术水平高，除了跟客车行业本身有竞争优势外，还有一个原因就是客车行业进入门槛更低，生产企业更多，竞争更加充分。而我国轿车行业门槛高，管制多，竞争不充分，不但传统汽车竞争力不强，新能源轿车同样竞争力不强。

另外，新能源汽车产业不但在生产环节竞争不充分，在充电设施的建设上，仍然存在被国家电网垄断的嫌疑。正是因为充电站和充电桩建设竞争不充分，因此，我国的充电站建设发展更加缓慢，严重拖了新能源汽车发展的后腿。

3. 过多限制过程和路径

市场是一只无形的手，对于资源自行配置的效率很高。正因如此，本届中央政府才提出了"让市场在资源配置中起基础性作用"的要求。本届政

府比以前都更加鼓励自由竞争，比以前更少限制和减少垄断，并且不断取消一些限制竞争的政策。但是，我国汽车产业政策一直未改，中国的汽车行业特别是轿车和重卡，准入限制仍然很多，新能源汽车也没有很大改观，这就大大限制了新能源汽车企业的自由竞争。

此外，国家相关部委在制定补贴政策时，对于具体的技术路线做了过多限制，经常充当着资源配置者的角色。比如，我国的纯电动汽车补贴政策中对钛酸锂等电池给予15万元的定额补贴，远低于其他锂电池车辆的补贴。同样是锂电池，政策中还要区分是不是钛酸锂电池、磷酸铁锂电池或者其他锂电池。实际上，在英国伦敦多种纯电动公交车的2年试运行中，钛酸锂电池最终胜出，现已成为伦敦纯电动公交车采购的主流电池。而在中国，因为补贴政策的缘故，钛酸锂电池现在已彻底退出了市场。

此外，很多地方政府还推出了所谓的新能源汽车区域圈联盟，把本省或本区域新能源汽车的上下游生产企业“绑”在一起，这就限制了当地企业在更大范围内（跨区域、全国甚至全球范围内）配置资源的自由。

而国外新能源汽车政策中，其补贴更倾向于看效果，而不是以具体指定路径、方法来区分。比如，日本从2009年4月初实施了“绿色税制”优惠税制，纯电动汽车、混合动力车、清洁柴油车均可以适用该绿色优惠税制。此外，日本实施低排放车认定制度。高、中档轿车和经济型轿车，都可以向国土交通省申请接受低排放车认定。消费者可根据所购车辆的排放水平享受不同的减税待遇。另外，购置以天然气为燃料或混合动力车等低公害车辆的地方公共团体，还可得到政府的补助金。由此可见，日本税制以降低排放为目标，并不限定是否是纯电动汽车，传统燃油汽车仍然可以获得补贴。

英国修改了汽车保有税税制，按照排放量来征税，低公害的车税率为零，高公害的车税率为30%，这个排放量指的是以汽车每公里行驶的距离，二氧化碳的排放量来进行规定的。2009年7月，美国政府制定了总额高达10亿美元的以旧换新补贴政策，计划时长为一年。该政策具体为，如果消费者购买的新车每加仑行驶的里程数比原拥有的汽车提高了4公里，将获得补贴3500美元，当然里程数越高的话，补贴的比例相对而言会越来越小。

对于具体技术路线的限制，对于拉郎配似的“强强联合”，看似给企业指出了发展新能源汽车的康庄大道，其实是封死了很多更好、更快捷的通道。

三 新能源汽车产业应如何发展

分析清楚了我国新能源汽车为何支持力度大而销量上升缓慢的症结所在，那么，对症下药，改变思路，调整政策，以促进消费者购买为导向，鼓励充分竞争，就有可能实现国家产业规划的目标。

（一）以市场为导向制定规划和政策

既然我国是社会主义市场经济，那么就应该按照市场经济规律来办事。这一点已经达成了共识。在汽车行业，任何一个企业在经营中都知道要以市场为导向，而不能以技术或者产品为导向；任何一个企业也都明白，只有消费者买账的技术才是先进的技术，只有销量好的产品才是好的产品。但是，管理和指导这个产业发展的规划或者政策，几乎没有以市场为导向，而都是以产品或者技术为导向。

现在，要发展新能源汽车产业，真正实现中国的汽车产业升级，就必须要让新能源汽车能卖得出去，也就是消费者愿意购买新能源汽车。因此，国家在制定政策的时候，就应该考虑到，新能源汽车能带给民众什么好处？影响民众购买积极性的制约因素是什么？应当怎样克服？当前有哪些方面，是新能源汽车比传统汽车更能赢得消费者“芳心”的，该如何放大？哪些方面是不如传统汽车的，该如何减少？

实际上，正如毛泽东所说，历史是人民创造的。同样道理，技术进步也是人民推动的，人民不买账的技术，就不是好的技术，也更不能称为技术进步。不考虑用户需求，只考虑国家需求，最后恰恰就不能达到国家的需求。

其实，很多新能源汽车销量领先的企业，都是从消费者的角度出发来设计产品以及服务的。比如新能源客车的龙头企业宇通，其新能源客车销量从

2012 年开始一直遥遥领先。宇通新能源客车不但在开发设计时，就以用户愿意买、能够给用户带来价值为目标，在实际销售的时候，宇通更是以“整套解决方案”来代替单纯的车辆销售。

假如政策制定者都能从消费者角度出发，那么就不会出现倒贴都不要的现象，老百姓自然就能买账。

（二）让市场在资源配置中起基础性作用

当前的新能源汽车发展，政策指导在其中占据了很重要的地位。无论是掌握着扶持资金的相关部委、办公室还是地方政府，都往往扮演着资源配置者的角色。某种很细分的技术路线可以获得补贴，某些具体产品可以获得补贴，某些则不能获得补贴，这些往往取决于某些人或者某些部门的判断和偏好。而地方政府不是希望把本地的企业“拉郎配”凑到一起，就是希望采购本地企业的产品；假如本地没有新能源汽车企业，那么也要考虑让外地新能源汽车企业在本地建厂，不能“肥水流了外人田”。

当市场不能在资源配置中起决定性作用时，资源的配置效率自然不可能太高。因此，要发展新能源汽车，应当减少一些有的部门以及地方政府既当裁判员又当运动员的情形，应当减少政府直接指定过于具体的技术路线。政府可以在资源配置中发挥引导的作用，比如通过统一的税种和税率去影响商品的价格，从而影响市场的选择，但最好不要直接配置资源，更不要干了企业应该干的事情，替企业去规划过于具体的技术路线和一些参数指标。

（三）鼓励自由竞争，让市场优胜劣汰

市场这只无形的手是强大的。某些产品能够胜出，某些品牌能够实现更多的销量，最终都是在市场中实现的。让竞争更充分一些，往往能涌现出很多意想不到的创新，这些往往不是规划所能设计出来的。

因此，要想让新能源汽车行业涌现出效果好、成本低的产品，就应该降低门槛，放松管制，鼓励竞争。过多的政策导向，过多的部门管理，过高的门槛，最后反而会降低这个行业的自由竞争程度，束缚住企业的手脚。

其实，美国汽车市场的进入门槛很低，但标准和监管力度很大。因此，一般企业的产品并不敢轻易出口美国。而我国汽车准入看似条条框框很多，远不及美国的标准高。低门槛而重监管，不但可以鼓励充分竞争，优胜劣汰，更可以大幅减少腐败的发生。

（四）具体政策建议

上述是总体原则，下面再提一些具体的政策建议。

1. 政策出台前应该做可行性分析

我国现行的发展新能源汽车的政策，是以汽车专家为主导制定的。但政策的出台，不能只看技术，也要看环境，看投入产出比，很多汽车领域之外的东西，应该有其他领域专家来仔细分析，只有如此才能去谈优和劣。

比如，说新能源汽车节能减排，其实这话都是汽车专家说的，到底减排多少，其实无数人都质疑过这个问题，因为电动汽车用电，而我国的用电量70%都是来自煤电。电动汽车是不烧油，可是用电，电烧煤，这到底减排了没有？又有人说，那至少减少了城市的排放。到底减了没有，减了多少？对中国的整体环境和城市环境又影响多少？

美国田纳西大学 Knoxville 分校研究人员的研究结果表明：在中国，电动汽车总体影响可能会比汽油车更有害健康。该校土木与环境工程助理教授 Chris Cherry 及研究生 Shuguang Ji，分析了中国 34 个大城市 5 种汽车技术（汽油车、柴油车、柴油客车、电动自行车、电动汽车）的排放和对环境健康的影响，侧重于有害微细颗粒物（PM2.5），而其他研究仅研究了温室气体排放影响。研究得出了颠覆传统逻辑的结论：电动汽车整体上比汽油车造成更多的有害颗粒物污染。该项研究成果发表在 *Environmental Science and Technology* 杂志上。

有人说，这是外国人瞎掰。不过，有没有中国的机构或者部门，针对电动车对环境的影响做出一份详细的、定量的、全面的分析呢？政策出台的时候，是不是应该有相对权威的报告，指出新能源汽车对环境的影响是什么样的？仅仅定性分析，而没有定量分析，在政策中说句“可以节能减排”似乎难以具有说服力。

现在，任何一个汽车企业要推出一种新产品，都要做大量可行性分析和数据分析，都要预估一下机会和风险、投入和收益。任何一项工程，技术只是可行性分析中很小的一部分，对环境的影响、资源的可得性、其中的风险、未来的成本和收益等都应该进行详细的基于数据、调查的全民分析，然后才能够往下进行。

我国的新能源补贴政策，无论是科技项目支持，还是实际的补贴政策，动辄都是上亿、几十亿、上百亿元甚至上千亿元，多花些时间和金钱，做一个事先的、详细的政策可行性论证应该是最起码的一个保证政策效果的要求。

2. 实行碳排放交易，用价格引导市场

让市场在资源配置中起决定性作用，政府起引导的作用。那么，政府应当如何来引导呢？通过影响价格来影响市场。

国家发展新能源汽车，有两大任务迫在眉睫：节能和减排。既然迫切需要节能减排，就应该引导市场购买节能减排的产品。越是节能减排的产品，税收就应该越少；越是不节能、排放高的产品，税收就应该越高。

要做到上述这几点，碳排放交易是一条不错的路径。以前买汽车都要收购置税，这个税种其实是一定历史阶段的产物，在当前新的历史阶段，不如改成碳排放税。每辆公交车或者轿车以及市内运行的货车等，都可以规定碳排放量，什么样的碳排放量就有相对应的税收。纯电动排放为零，那就不需要收碳排放税；混合动力汽车节能效果好，那就少收碳排放税。如果传统汽车有能力做到跟纯电动汽车一样碳排放为零，那也可以不收；如果碳排放高就多收；碳排放量比混合动力汽车还低，那碳排放税就少收。

比如，欧盟规定 2015 年之后新车的平均碳排放量需降至 130g/km，并力争到 2020 年降低至 95g/km。为实现该标准，全球汽车制造商探索了多种技术方案来降低车辆碳排放，如柴油汽车及生物燃料汽车开发与应用（以欧洲柴油车与巴西生物燃料汽车的规模应用为代表）、传统汽车技术进步（如汽油缸内直喷技术、双离合器技术、机械 + 废气涡轮增压复合技术、均值压燃、加强起动机实现快速起停技术等）、汽车动力系统电动化转型。

再比如，在日本，只要购买的汽车排放低，都可以向政府申请降低汽车的税负。

因此，我国的新能源汽车政策是否可以根据最终的节能减排效果、最终的碳排放来实施政策鼓励或者惩罚呢？

3. 注重考察实际效果，允许多种技术路线

充分竞争才能产生更强的竞争力，才能生产出更符合消费者需求的新能源汽车产品。国家要发展新能源汽车，就应该降低门槛。但是，降低门槛的同时，并不是无所作为。国家应该从前置审批，从规定具体的技术路线和具体的技术指标，改为监管最终的效果，并根据最终的效果进行奖惩。

其实，只要政府给予企业平等和充分竞争的机会，也许并不需要像“863”项目那样补贴那么多，但同样能有优质的产品推陈出新。比如，多数企业都发展磷酸铁锂电池，但经过认真分析后，认为磷酸铁锂电池的特性决定了其难以承担汽车行驶的要求，因此发展了具有快充功能和衰减度低的钛酸锂电池。至于钛酸锂电池还是磷酸铁锂电池哪种更好，政府应当交给市场和用户来做判断，而不应该在补贴中厚此薄彼。

因此，没有必要限定是什么“锂”电池，或者是不是“锂”电池都没有关系。只要企业的产品能最终节约能源，减少排放，国家就应当给予支持（类似铅酸电池难以回收和污染大的不在支持范围）。至于某项技术是不是一项好的技术，市场和用户是会给出最终判断的。

其实，中国有很多条新能源汽车的技术路线，比如，上海神舟汽车节能环保有限公司推出的一款液压混合动力系统，可以在新车甚至在用车辆上安装。该系统可以回收制动能量，之前在上海公交车上的测试结果表明，其节油效果达到了30%。不过，这一系统在国家出台最新补贴政策，规定只补贴插电式而不补贴传统混合动力客车后，几乎被逼上了绝路。其实，这项技术究竟能不能节油，完全可以用衡量最终节油效果的办法来决定是否给予补贴。类似现在这样，只要插电就给补贴，不插电不给补贴，反而是鼓励了造假，忽视了减排效果。很多企业的车辆即使插电了，油耗也不一定比其他品牌的不插电的混合动力车低（甚至是传统燃油车），更不要说很多插电式混合动力汽车根本就不插电运行。

如果只管结果，并对过程做一定的限制，通过税收等调节方式，让排放低的产品价格低，排放高的产品价格高，用户按照高性价比做出选择，那么结果一定是：你鼓励的就是低排放的，你限制的就是高排放的。至于是用插电形式还是不插电的形式，内燃机还是电机，混合还是不混合，又有什么关系呢？只要用户最终愿意购买，那就证明这个商品创造了比同等价格的货币更大的边际效益，而这个价格已经把节能环保的因素考虑进去。

邓小平说过："不管黑猫白猫，捉到老鼠就是好猫。"正如汽车的发展历程和路径，也许没有人能够预料得到，同样，新能源汽车的最终发展走向，或许不会有人能够现在就正确说出。

4. 应该设计财税政策，不应简单补贴

任何一个国家的税收都应该是调节经济发展方向的良器，税收政策也被世界上大多数国家拿来用作引导产业发展方向的利器。

比如，要鼓励发展新能源汽车，世界上很多国家都会在税收上做文章，并且，税收上的优惠和惩罚也成为最有力的工具。

通过税收减免政策，可以大大降低消费者的使用成本。2005 年，《美国国家能源政策法案》规定了一系列税收减免政策，涉及代用燃料汽车消费税、燃料消费税、混合动力汽车税、燃料电池汽车税，以及代用燃料基础设施等多方面；2011 年，德国政府通过的《电动汽车政府方案》中提出，在 2015 年前购买电动汽车的消费者可享受免除 10 年的行驶税。另外，通过税收政策调整，对传统汽柴油汽车征收高额燃油税，可以凸显出新能源汽车的替代优势。目前，德国燃油税占成品油价格的 60% ~70%，日本占到 40% 以上，发达国家的传统汽柴油汽车使用成本在不断增加，而新能源汽车的竞争优势则愈加明显。

在中国，虽然财政部几乎参与了所有新能源汽车补贴政策的制定与发布，但给人的感觉就是成为新能源车补贴政策的"出纳"，而不是从财务管理的角度，从财税政策上来支持发展新能源汽车。比如，我国汽车的税制，并没有按照有利于新能源汽车的发展来设计。相对来说，中国汽车购置成本税负比重偏高，汽车购置阶段的税负比例约为60%，使用过程阶段仅为40%，这与节能减排的要求存在较大差距。

以我国购置阶段的税负来说，有增值税（17%）、购置税（10%）、消费税（1%～40%不等），进口车辆还有关税，当然，汽车在制造过程中还需要缴纳其他税费（如营业税、所得税、印花税等）。而新能源汽车从2009年到2014年上半年，税费方面的减免和补贴几乎没有。国家直到2014年7月才出台相关政策，规定从2014年9月1日至2017年底，对获得许可在中国境内销售（包括进口）的纯电动及符合条件的插电式（含增程式）混合动力、燃料电池这三类新能源汽车免征车辆购置税。

我国在汽车消费过程中仅有车船使用税，而且车船使用税每年征收，征收的额度又比较低（一般都不到车价的0.5%甚至更少）；我国从2012年起对节能补贴车型目录中的节能车型只是减半征收车船使用税。可以说，在汽车的整个使用过程中，针对新能源汽车的优惠政策，调节作用微乎其微。

对于新能源客车推广的主战场公交系统来说，税收补贴政策不但不是正向激励，反而是逆向“阻拦”。我国公交公司使用柴油，中央财政对其有油价补贴（俗称的“油补”），补贴后的柴油价格每升一般都在3元多，因此，有了油补，很多公交公司便没有积极性去采购新能源客车。

总而言之，既然发展新能源汽车的一个重要任务就是节能减排，那么国家可以直接把倡导的方向体现在汽车的税率上，最终影响汽车的价格。节能减排者少缴税，耗能高和排放大者多缴税；降低进入门槛，加大监管力度，重视最终结果而不要去过多干预过程，让各种技术路线“百花齐放，百家争鸣”；将大量的补贴体现在最终的消费者购买价格中，而不是直接补贴某个科研项目和某条技术路线。

5. 应该有激励与考核

我国的新能源汽车推广，只有目标，只有补贴，没有对于结果的全面评价，更没有针对结果的奖励、惩罚、总结和反思。

2009 年开始推出的“十城千辆”示范工程，只完成了目标的四成，针对这个结果，没有一个政策制定部门对此负责，也没有人反思，更没有部门、政府和企业受到惩罚。

同样，几乎此后任何一项政策的出台执行，既没有定量的东西说明为什么要这么制定，其结果可能是什么；也没有一个报告，来说明这个政策到底执行的效果如何，目标完成与否。完成情况的报告大多是泛泛的、定性的，成为一个没有检验标准的说明。

试问，任何一个企业，如果制定的目标达不到，既不考核，也不对结果进行反思，没有激励和惩罚，这样的企业能进步吗？别说能不能进步，能不能生存都是问题。

最后，再次重申一下本书的政策建议，发展任何一个产业都是一个经济范畴的系统工程，而不仅仅是技术范畴的系统工程。因此，任何政策的制定，都应当考虑经济的发展规律和经济后果，应当从经济发展的本身规律去审视；市场经济就应当让市场在资源配置中起决定性作用，而不应当用计划的方式来促进产业发展；技术进步的标志是以更少的投入获得更多的产出，而不是某项特定的技术；新能源汽车的任何一项政策在发布前，都应当做详细全面的可行性分析报告，让相关行业的专家做出定性和定量分析相结合的报告；国家应该多用财税政策来鼓励产业发展，而不应仅仅用简单补贴或者更加简单的行政命令以及政府采购来实现。

政府根据国家希望发展的方向去影响汽车的价格，用户根据汽车的性价比做出购买抉择，企业为了迎合消费者而创新技术。如果真的做到了这几点，结果也许就是，不管哪个企业的产品占领了市场，国家都实现了节能减排的目的。至于产业升级则无须担心，产品性价比不断提高，更有效益的技术替代了效益差的技术，这就是技术进步，这就是产业升级。

行业分析报告

Industry Analysis Report

B.2

中国客车业节能减排的探索和发展

陈静仪 *

摘　要：　客车是中国汽车业节能减排最早的探索者和实践者。从1999年国家的"清洁汽车行动"到2009年的"十城千辆"，再到2013年国家新一轮新能源汽车推广，客车无不起着生力军和主力军的作用。在中国环境和政策的语境对节能减排越来越急迫的过程中，天然气和新能源客车呈现出快速发展势头，且势头远远超过了其他类汽车。2014年，天然气客车已近客车整体销量的25%，新能源客车销量则达1.86万辆，不仅所占份额超过大中型客车整体销量的10%，还使中国成为世界上最大的新能源客车产销国。

梳理中国客车业节能减排的发展过程，观察企业在节能

* 陈静仪，中国汽车行业资深媒体人，客车专家。

减排发展中的探索和实践，也许会对客车业未来的节能减排发展有所帮助。

关键词：客车业　节能减排　新能源客车　企业践行　天然气客车

一　我国客车业节能减排的战略意义

（一）稀缺的石油资源，决定了客车业要节能减排

汽车作为大规模使用的道路交通工具，在全球终端能源消费中占据着重要的位置。国际能源组织（IEA）的统计数据表明，2007 年全球交通用油占全球石油总消耗的 61.2%，总量达 2161 亿吨标油，交通领域已经成为全球石油消耗最大和增长最快的部门。

与此同时，全球汽车的销量还在不断增长，2007 年全球汽车销量 7120 万辆，2010 年全球汽车销量 7460 万辆，2013 年全球汽车销量则达到 8170 万辆。

作为汽车主要动力来源的石油，其消耗总量也随之出现了增长。根据 BP 的世界能源统计：2007 年全球石油消费量比 2006 年增加了 100 万桶/日，达 8470 万桶/日，增长率 1.2%；2010 年全球石油消费量比上年增加了 270 万桶/日，达 8740 万桶/日，增长率 3.2%；2013 年全球石油消费量为 9133 万桶/日，比上年增加 138 万桶/日，增幅 1.5%。根据 BP 石油公司 2014 年发布的报告，全球已探明石油储量到 2013 年底已增加到 16880 万亿桶，按现今的开采速度，这些储备仅够开采 53.3 年。因此，节能成为全球交通领域发展的当务之急。

在全球汽车市场的发展中，我国汽车市场的发展最为迅速。2003 年我国汽车销售 439 万辆，2007 年销量就翻了一倍达 879 万辆。2009 年我国汽车不仅突破了 1000 万辆大关，销量达 1364 万辆，而且超越美国，成为世界

汽车销量第一大国。2013年我国又用了4年时间，突破了2000万辆销售大关，汽车年销总量达2198万辆，占世界销售比例的25.74%。

随着我国汽车销量的快速增长，车用燃油也成为石油消耗增长最快的领域。我国汽油和柴油的合计消费量从2005年的8197万吨增长到2013年的24101万吨，8年增长了2.9倍。其中，汽车消耗的汽油占汽油消耗总量的85%以上，汽车消耗的柴油占柴油消耗总量的40%以上。

我国能源结构的特征是富煤、缺油、少气。而2013年，我国原油表观消费量达4.87亿吨，原油进口量达3亿吨，对外依存度达57.39%，逼近60%的安全红线。据测算，如果汽车销量保持目前增速，燃油经济性保持现有水平，2020年和2030年我国石油进口依存度很可能将达到70%和80%的水平。这是我国能源安全所不能承受的。

2014年1月，世界会计师事务所毕马威发布第15份全球汽车业高管人员年度调研报告。这份名为《应对瞬息万变的市场》的报告指出，到2020年，中国汽车制造商的新车销售量将会占全球总销量的三分之一。

在中国汽车销量仍将继续增长的背景下，发展节能与新能源汽车，把石油对外依存度控制在一定范围内，既是我国能源安全战略的重要举措，也是汽车产业发展战略的必然选择。作为汽车产业链上一个重要节点的客车，节能减排将成为其健康发展的必由之路。

（二）日益恶化的环境，使客车业低碳发展成为必然

雾霾和全球气候变暖，已事关人类的生存和发展。低碳不仅成为全球的共识和行动，也成为中国刻不容缓的首要工作。

中国是二氧化碳排放的第一大国，作为《联合国气候变化框架公约》和《京都协议书》的缔约方，中国政府在2009年召开的哥本哈根会议上承诺，到2020年非化石能源占一次能源消费的比重达到15%左右，单位GDP二氧化碳排放量比2005年下降40%～50%。“十一五”以来，节能减排已成为我国国民经济和社会发展的约束性指标。

实际上，节能减排已不仅是世界对中国的要求，也是中国自身内在的需

求。近几年，全国不断出现的大面积雾霾天气已危害到国人的健康，治理污染成为全国上下强烈的呼声。而其中，机动车污染是雾霾污染的重要来源。

环境保护部2014年1月发布的《2013年中国机动车污染防治年报》指出：2012年，全国机动车排放污染物4612.1万吨，其中氮氧化物（NOx）640.0万吨，颗粒物（PM）62.2万吨，碳氢化合物（HC）438.2万吨，一氧化碳（CO）3471.7万吨。汽车是污染物总量的主要贡献者，其排放的NOx和PM超过90%，HC和CO超过70%。按车型分类，全国货车排放的NOx和PM明显高于客车，其中重型货车是主要贡献者；而客车CO和HC排放量则明显高于货车。按燃料分类，全国柴油车排放的NOx接近汽车排放量总量的70%，PM超过90%；汽油车CO和HC排放量较高，超过排放总量的70%。

很明显，机动车污染已成为中国环境污染的重要来源。而在机动车中，柴油车的氮氧化合物排放占汽车排放量总量的70%、颗粒物占汽车排放量总量的90%。因此，柴油车是今后减排控制治理的重点。而我国大中型客车的动力源以柴油为主。

全球气候变暖，以及在我国大面积出现的雾霾，让汽车这一中国第二大碳排放源，承担起更多的节能减排责任。贡献了大量氮氧化合物排放和颗粒物的客车自然也具有这样的责任。

二　客车业节能减排发展背景及进程

（一）从天然气开始的客车规模性节能减排

1999年底，为缓解日益严重的环境污染和快速发展的汽车工业之间的矛盾，科技部、国家环保总局牵头，会同国家有关部委联合印发《关于实施“空气化工程——清洁汽车行动”的若干意见》，决定在占汽车保有量10%，占总行驶里程40%～50%的公共汽车和出租车行业中推广天然气等清洁汽车，并确定了北京、上海、天津、重庆等19个清洁汽车重点推广应用城市。当年，首批300辆配装康明斯天然气发动机的公交车在北京投入使用，这是我国首批使用清洁能源的车辆。

这一政策不仅是中国政府首次态度鲜明地以鼓励的姿态推广天然气汽车，也被视为中国在汽车行业进行大规模节能减排的开始。尽管十几年间天然气汽车的声音始终不如新能源汽车响亮，但其发展的速度十分迅猛，2000年还不足1万辆的天然气汽车，到2013年已累计销售达100多万辆。虽然客车在整个汽车市场中所占的份额可以说是微不足道，但2013年天然气客车的销量已占客车整体销量的20%，达到44120辆。

有关研究资料显示，与同功率的传统燃油汽车相比，天然气汽车尾气中的碳氢可下降90%，一氧化碳可下降约80%，氮氧化物下降约40%，并且没有铅污染。瑞士联邦测试与研究实验室的一份报告称，使用天然气的汽车二氧化碳排放可降低20%～30%。

实际上，客车在天然气汽车迅猛的发展中始终发挥着生力军的作用。尽管在十几年间，天然气客车因各种原因曾经历过挫折，也遭遇过被抛弃的命运；但近几年，在石油价格的不断上涨中，燃油与天然气价格渐渐形成了剪刀差。在空气污染越来越严重的中国，经济杠杆的驱动以及天然气清洁、易替代的形象，使市场欣然接受了政府对天然气客车的推动。

从“清洁汽车行动”到国家“863”计划节能与新能源汽车重大项目，国家科技计划相继投入了数亿元的专项经费支持以天然气汽车为代表的代用燃料汽车技术攻关以及示范考核工作，带动相关科研投入，加快科技资源聚集，实现了天然气客车关键技术的重大突破。以自主创新为基础的科技支撑为中国天然气客车的可持续发展提供了强劲动力。

而近几年，国家相继颁布实施的一批鼓励天然气汽车发展的专项规划与政策文件，如《能源发展“十二五”规划》《天然气利用政策》《交通运输节能减排专项资金管理暂行办法》等，也为天然气客车的发展提供了强有力的组织保障和政策保障。特别值得一提的是，交通运输部颁发的《交通运输节能减排专项资金管理暂行办法》这一针对公路水路交通运输节能减排的政策，在一定程度上引导了天然气客车的发展。

应该说，在市场拉动与政府推动的双重合力下，中国天然气客车的示范推广工作不仅稳步推进，产生了良好的社会、经济辐射效应；同时也推动了客车的节能减排。

与此同时，从2009年起，中国政府开始了新的清洁汽车计划——“十城千辆”节能与新能源汽车示范推广工程，积极探索电动汽车的商业研发，这为客车未来的节能减排指出了一个新的发展方向。

（二）政策及环境压力促使客车业自觉践行节能降耗

当中国以爆发式连续增长超越美国成为全球第一大汽车销售国时，显现的一个问题越来越突出地摆在国人面前：交通拥堵，空气污染，能源安全。这些因汽车数量猛增所带来的不可承受之重，使中国政府不断用约束和激励手段推动汽车的节能减排。

2005年7月，国家发改委新闻发言人在“2005年上半年经济运行新闻发布会”上宣称：“低油价时代在我们可以设想的下一步和近段时期内很难再出现，目前已经进入到一个成品油的高价位时代。”

就在这一表态之后，我国成品油税费改革被提到议事日程，国内油价也随着国际油价不断飙升。2005年我国的汽车燃油价格为4元左右，到2009年燃油价格突破了7元，2012年3月燃油价格冲破了8元大关。此后，汽车油价一直保持在7元以上，直到2014年6月开始，原油价格进入下行通道，国内汽车用油价基本回到6元时代。

不断上涨的油价，使燃油费成为道路客运企业最大的成本，燃油成本已占道路客运企业运营总成本的三成以上。在油价高启的压力下，道路客运企业越来越重视客车的燃油经济性。不仅如此，交通运输部还提出了“十二五”CO_2排放强度指标：与2005年相比，营运车辆单位运输周转量CO_2排放下降11%，其中营运客车、营运货车分别下降7%和13%。这是与客车直接相关的减排指标。同时，交通运输部和工信部对重型商用车和轻型商用车采取燃料消耗量限值，倒逼客车企业节能减排。

另外，我国客车的排放水平也不断提高，排放法规从最初的国零升级到国一、国二再到国三。2013年，环保部已经对装载天然气发动机的客车实施了国五排放标准。2014年，全国很多地方都已经对使用柴油发动机的客车实施国四排放标准，一些城市，比如北京，已经推行了“京五”标准（相当于国五）。2015年1月1日起，国家将在全国范围内实施柴油车国四排放升级。

在这些背景驱动下，客车企业以自主创新的力量，通过降低发动机油耗、提高排放、轻量化、整车匹配、电子智能化、车联网等一系列技术来降低客车产品的油耗，提高产品的性能。

1. 发动机排放水平不断提升

因为大中型客车多数都是使用柴油发动机，因此，柴油发动机排放水平的提升，也代表了客车排放水平的提升。1999年，我国发布了4项汽车排放国家标准——GB 14761－1999《汽车排放污染物限值及测试方法》，GB 17691－1999《压燃式发动机和装用压燃式发动机的车辆排气污染物限值及测试方法》、GB 3847－1999《压燃式发动机和装用压燃式发动机的车辆排气可见污染物限值及测试方法》、GB/T 17692－1999《汽车用发动机净功率测试方法》，并于2000年1月1日起实施。

以此为起点，拉开了我国柴油发动机排放升级的序幕。2000年9月1日，全国实施了柴油发动机的国一排放；2005年1月1日，国家实施了柴油机的国二排放；2008年7月1日，国家实施了柴油机的国三排放；2015年1月1日，柴油机国四排放法规开始在全国范围内实施。

虽然说，几乎每次柴油发动机的排放升级日期都在原计划实施的日期上一推再推，但毫无疑问的是，我国柴油发动机的排放水平一直在不断提升。而在中国柴油发动机的升级过程中，有一家企业一直扮演着先行者的角色，它就是世界上最大的独立发动机供应商——康明斯。康明斯几乎每次都在国家排放标准升级前，就完成了更高排放标准产品的引入工作。2000～2006年，康明斯陆续把欧二、欧三、欧四排放的清洁环保发动机率先引入中国；2008年，配装康明斯欧五排放标准的公交车在北京奥运会期间担当服务主力；2009年，欧五排放的公交车在北京批量投入使用；从2013年起，康明斯欧六动力开始在中国客车产品上配装。

2. 轻量化技术

对商用车的研究表明，汽车质量每减少 1000kg，油耗可降低 6% ~7% 。油耗的下降，意味着二氧化碳（CO_2）、氮氧化合物（NOx）等有害气体排放量的下降。

因此，不少客车企业利用有限元法和优化设计方法进行结构分析和结构优化设计，在保证客车结构强度和刚度的情况下，减少车身骨架、发动机和车身蒙皮的重量。不仅如此，客车企业开始采用平台化的设计理念，除去零部件的冗余部分（使零部件薄壁化、中空化），并使部件零件化、复合化以减少零件数量，来减轻整车重量。

另外，全承载式车身技术在客车业日渐广泛的使用，也成为客车轻量化的一种重要途径。和半承载不同，全承载式车身的底架不是冲压成型的铆接车架式结构，而是由矩形管构成的格栅式结构。全承载式车身没有传统底盘纵形大梁的特点，使客车比采用半承载结构车身的客车自重大约减少 250 ~ 350kg。

3. 整车匹配技术

提高燃油经济性是客车节能减排的重要手段，除了发动机本身提高进气量以及让燃料更充分燃烧外，让客车在不同的使用环境中保持最佳的动力匹配，是客车节能技术的一个体现。相同的车型和发动机，根据道路行驶的状况，采用不同参数的传动匹配，油耗差异可达 10% 。因此，根据道路运行的使用条件，选择和优化合适的产品参数，已成为客车企业研发的重要环节。

而经过多年的经验积累，以及对路谱的采集分析和建立数据库，不少客车企业建立了一整套根据用户实际使用情况进行整车匹配参数选择的产品体系。这无疑对提高客车的燃油经济性起到了积极的作用。

4. 电子技术

近几年，电子技术的应用和创新不仅极大地推动了客车工业的进步与发展，也对降低客车燃油消耗、降低污染物排放起到了关键作用。

比如，电子化技术降低了转向系统的能耗，改善了车辆的操控稳定性。电动助力电机在转向系统中可直接提供转向助力，省去了液压动力转向系统中所必需的动力转向油泵、软管、液压油、传送带和装于发动机上的皮带轮等，发挥了较好的节能效果。不仅如此，随着电子技术越来越多地在转向系统中的应用，客车的电动助力转向真正实现了“按需供给”，当方向盘不转时，电机不工作；当需要转向时，电机在控制模块的作用下，按输出转矩的大小产生助动转向力矩。该系统的应用使节能效果达到1%～2%。

“按需供给”达到节能效果的技术还有电控电动风扇。电控电动风扇的使用，可以根据客车的行驶速度、发动机的冷却水温度和空调系统的工作状态等，综合调节客车发动机电动冷却风扇的冷却能力。它不仅可以使发动机在最佳工作温度下运转，同时还可以减少噪声和功率损失，减少冷却风扇的电能消耗7%～10%。由于是电机直接带动风扇，省去了机械传动部分，客车的能耗比之前节省5%以上。

实际上，在电子技术的应用上，发动机智能启停技术在公交车的应用达到了很好的节能效果。这一技术在车辆因为拥堵或者路口红灯需要停止行进时，也就是驾驶员踩下制动踏板停车摘挡，智能启停系统通过传感器检测到发动机空转且没有挂挡时，发动机自动停止转动；而当信号灯变绿，驾驶员踩下离合器，就可以启动“启动停止器”，并快速地启动发动机。使用该技术，在综合工况下可节油5%～10%，减少CO排放5%。

5. 车联网技术

欧洲 eCoMove 项目节油调研数据显示，基于车联网技术的高效节能驾驶行为和交通管理、控制方法可以减少20%的交通燃油消耗量。

根据“车联网产业技术创新战略联盟”的定义，车联网是以车内网、车际网和车载移动互联网为基础，按照约定的通信协议和数据交互标准，在车－X（X：车、路、行人及互联网等）之间进行无线通信和信息交换的大系统网络。车联网是能够实现智能化交通管理、智能动态信息服务和车辆智能化控制的一体化网络，是物联网技术在交通系统领域的典型应用。

尽管车联网在我国才刚刚起步，但客车业通过应用车联网中的一体化智能车载终端技术，建立了智能动态信息服务的基础平台。比如，苏州金龙海格的 G－BOS、宇通的安节通、大金龙的智驱等，都是通过这一技术，实时对客车运行状态、驾驶状态进行监控，并对不良驾驶行为进行设定。一旦不良行为发生，传感器就会将信息数据上传，信息处理终端通过对参数的分析得出油耗和驾驶节油的分数，纠正驾驶员的不良习惯，从而实现节油。驾驶节油评分的算法主要根据时间/距离、速度平稳度、加速、减速、怠速占比进行综合评判，从而有针对性地纠正驾驶员的习惯，并提出节油建议。这一技术在客车业的应用，使节油效率平均达到5%左右。

（三）中国新能源客车产业化新进展

1. 危机爆发，新能源汽车成为各国经济发展的突破口

2008 年全球金融危机的爆发，对于新能源汽车产业化发展是一个转折点，也是一个新机遇。其所引发的实体经济滑坡，使美、日、欧的传统汽车业遭受重创，为了摆脱经济低谷，发展新能源汽车成为世界各大汽车企业的共同战略选择。新能源汽车之所以得到全球的广泛认同，不仅是由于它节能、环保的特性，更是由于其在汽车工业新增长点方面所表现出的潜力。金融危机的袭击，让本已受石油价格上涨而发展乏力的汽车企业雪上加霜，为了寻求突破，各汽车企业纷纷将新能源车型作为企业转折的发力点，期待新能源汽车产业的发展能够带领汽车业走出低谷。正是出于这一背景，各国政府不约而同地把发展新能源汽车作为刺激国家经济走出危机的契机。

于是，以替代燃料和电驱动为主要特征的各种新能源汽车技术迅速发展，引发了一系列技术革命。这不仅预示着第三次工业革命在汽车业已开始酝酿，而且预示着人类将要进入车用能源动力技术创新突破的机遇期。

就在世界各大汽车生产国纷纷将新能源汽车作为未来战略制高点全力发展时，作为已成长为汽车生产大国的中国，自然也要将新能源汽车作为经济发展的新增长点。基于此，在金融危机的第二年，也就是 2009 年，中国政府出台了一系列新能源汽车的相关政策。

2.“十城千辆”拉开了国家扶持新能源汽车产业化的大幕

2009 年 2 月，科技部、财政部出台了“十城千辆”新能源汽车示范推广工程。政策规定：3 年内，每年发展 10 个城市，每个城市在公交、出租、公务、市政、邮政等领域推出 1000 辆新能源汽车开展示范运行。

几天之后，国家发改委、财政部、科技部、工信部四部委联合颁布《关于开展节能与新能源汽车示范推广试点工作的通知》，决定在 13 个城市开展节能与新能源汽车示范推广试点工作。

3 月，国务院办公厅发布《汽车产业调整和振兴规划》，首次提出新能源汽车发展战略，安排 100 亿元支持新能源汽车及关键零部件产业化。

11 月，时任国务院总理温家宝发表署名文章《让科技引领中国可持续发展》，文中督促尽快确定技术路线和市场推进措施，推动新能源汽车工业的跨越发展。

12 月，最具影响力的《节能与新能源汽车示范推广财政补助资金管理暂行办法》出台，从补贴范围上看，政府把主要力量投放在对新能源客车的支持上。其中，长度 10 米以上的城市公交客车是此次补贴的重点，混合动力客车最高每辆补贴 42 万元，纯电动客车和燃料电池客车每辆补贴最高分别达 50 万元和 60 万元。

在密集的扶持政策出台背景下，我国新能源客车尤其是混合动力客车驶入快速发展轨道。国务院发展研究中心数据显示，2009 年示范工程实施前，我国混合动力客车累计产量不足 200 辆；在“十城千辆”推广工程的带动下，2009 年混合动力客车销售达 1584 辆。

尽管当时客车企业对纯电动客车和混合动力客车的技术研发还处于初期阶段，许多核心技术还未掌握，但在国家推动新能源汽车产业化的政令下，客车企业急切地想要占领市场，因此在推广初期，新能源客车给市场的总体印象是可靠性差、价格高。这使得在接下来的几年里，新能源客车的销量并不尽如人意。到 2011 年底，在全国各地示范运行的新能源汽车总量只有 11423 辆，其中纯电动客车 990 辆，混合动力客车（含插电式）6449 辆。虽然从数量上看，客车在国家新能源汽车示范运行中占据的比重超过 65%，起到了绝对主力的作用，但离 2012 年 25 个示范城市计划推广混合动力客车（含插电式客车）17200 辆，纯电动客车 5500 辆的目标相差甚远。

不过，在国家巨额资金的补贴和督导下，“十城千辆”还是以市场推广的方式带动了混合动力客车产业化的发展。

3. “十城千辆”成就了混合动力客车的产业化

2011 年 10 月，由财政部、科技部、工信部、国家发改委成立的节能与新能源汽车示范推广试点总体督导检查小组对在昆明运行的混合动力客车进行了测试，测试结果显示，2011 年投入运行的产品可靠性大幅度提高，基本和传统动力公交车的可靠性没有差别，公交管理基本纳入传统车管理。此外，混合动力客车的总体节能减排效果非常显著，好的有 30% 的节能效果，差的节油率也达 10% 以上。不仅如此，宇通和金旅两个品牌的产品达到国际先进水平。

基于这样的现状，2012 年 8 月，财政部、科技部、工信部、国家发改委下发了《关于扩大混合动力城市公交客车示范推广范围有关工作的通知》（简称《通知》），决定将混合动力公交客车（包括插电式混合动力客车）推广范围从目前的 25 个节能与新能源汽车示范城市扩大到全国所有城市。《通知》明确提出：推广目标为 3000～5000 辆，四部委将根据市场推广情况明确截止时间。并将采取集中招标方式，选择一批节能减排效果显著、性能稳定的混合动力公交客车产品，由中标企业在非试点城市内进行推广。从补贴标准来看，依据节油率、所用电池材料和最大电功率比的不同，中标的混合动力公交客车每辆可以获得 5 万～42 万元不等的补贴金额。

实际上，在《通知》发布一个月前，国务院就发布了《汽车与新能源汽车产业发展规划（2012～2020 年）》（简称《规划》）。对汽车工业而言，《规划》最重要的一点是重新定义了新能源汽车的概念，它明确提出：新能源汽车产业发展以纯电驱动为新能源汽车发展和汽车工业转型的主要战略取向，当前重点推进纯电动汽车和插电式混合动力汽车产业化。

由此，普通混合动力客车归属到节能汽车，不再属于新能源汽车范畴。性质的改变，意味着国家扶持政策的变化，此时国家已有意将属于节能型的混合动力客车补贴下调。在节能和新能源汽车示范推广工程收官，新的试点政策还未出台，混合动力客车补贴将要下调的情况下，《通知》的出台无疑是对混合动力客车的重大利好。2012 年下半年，混合动力客车出现了商业化高潮。2011 年，混合动力客车的销量只有 2656 辆，到了 2012 年，混合动力客车的销量接近 7000 辆，其中一半来自非试点城市。这一势头一直持续到 2013 年上半年，当年 1 ~ 6 月混合动力客车的销量就与 2012 年全年持平，占到 2013 年全年销量的 70% 以上。

其实，自国家启动“十城千辆”工程以来，由于在全球新能源汽车产业发展中以混合动力汽车技术最为成熟，因此也相应带动了中国混合动力客车的发展。到 2012 年，我国混合动力客车历经 3 年的不断完善和改进，已基本达到了传统客车的性能指标。不仅如此，不少企业的混合动力客车产品节油率达 30% 以上，最大电功率比超过 50%。如此一来，一辆 12 米混合动力客车根据补助标准可获得 36 万元补贴，扣除补贴后的车价与传统动力客车价格基本持平，算上节油的效果，一年能省 6 万余元。

现实无疑是推高市场的强大动力。虽然 2013 年下半年因政府补贴停止，混合动力客车市场止步不前，但市场推广的强大力量，使客车企业在电控系统核心技术的掌握上，在电池、电机系统匹配技术上，都有了飞跃式的进步。这也为此后插电式混合动力客车的发展奠定了基础。

实际上，插电式混合动力客车就是在混合动力版的基础上增加一套外接充电模组，使电能比普通混合动力客车更大，纯电续驶里程更长。正因为企业对混合动力技术的掌握，才使得政府重启对新能源汽车补贴后不久，插电式混合动力客车的产量出现了爆发性增长。2013 年 12 月，插电式混合动力客车与当年 11 月 196 辆的产量相比，增长超过 5 倍，达到 1145 辆。

4. 新一轮新能源汽车推广国家政策向公交车倾斜

2013 年，插电式混合动力客车的销量出现了爆发式增长，这一增长同样得益于国家政策。2013 年 9 月，国家四部委颁布《关于继续开展新能源汽车推广应用工作的通知》，通知要求，示范城市或区域须满足的条件包括：2013 ~ 2015 年，特大型城市或重点区域新能源汽车累计推广量不低于

10000辆，其他城市或区域累计推广量不低于5000辆；推广应用的车辆中，外地品牌数量不得低于30%。在新能源客车的补贴标准上，纯电动客车最高补贴50万元，插电式客车补贴25万元。通知还明确，相关城市须接受年度考核评估，未能完成年度推广目标的将予以淘汰。

在新一轮推广应用城市的审核“宽进严出”，申请城市基本都能获批的原则下，2013年11月底，四部委发布了第一批新能源汽车推广应用城市名单；时隔2个多月后的2014年2月，第二批新能源汽车推广应用城市名单也相继出台。至此，新一轮推广应用城市达88个，覆盖全国26个省区市。根据申报城市的材料，全国计划推广新能源汽车总量达33万辆。

相较于2009年开始的“十城千辆”示范工程，此轮规模明显扩大。更不同于上次推广工程的是，在雾霾趋势越来越严重的当下，“坚决向污染宣战”的中国正以前所未有的决心推广新能源汽车，新能源汽车的发展开始由“示范应用”向“推广应用”正式过渡。此外，这一轮推广不仅由国务院副总理马凯亲自主抓，而且政策向新能源公交车倾斜的现象尤为明显。

2013年9月，国务院颁布的《大气污染防治行动计划》要求“大力推广新能源汽车，公交、环卫等行业和政府机关要率先使用新能源汽车，采取直接上牌、财政补贴等措施鼓励个人购买。北京、上海、广州等城市每年新增或更新的公交车中新能源和清洁燃料车的比例达到60%以上”。

2014年5月，国务院办公厅印发《2014～2015年节能减排低碳发展行动方案》（简称《方案》），将2014年黄标车及老旧车淘汰任务分解下达到全国31个省区市。按照任务要求，2014年将淘汰黄标车及老旧车600万辆，其中京津冀、长三角和珠三角等重点地区淘汰黄标车和老旧车243万辆，占淘汰任务的40.5%。其中2005年底前注册营运的黄标车为重点淘汰对象。而早在2012年，环保部、国家发改委、财政部就联合发布《重点区域大气污染防治“十二五”规划》（简称《规划》），根据《规划》，2012～2015年我国将淘汰大中型黄标客车77.8172万辆。

在大力淘汰黄标客车的同时，2014年7月，国务院办公厅再次印发《关于加快新能源汽车推广应用的指导意见》，明确把公共服务领域用车作为新能源汽车推广应用的突破口，扩大公共机构采购新能源汽车的规模，通过示范使用增强社会信心，降低购买使用成本，引导个人消费，形成良性循环。

随后，交通运输部在国务院印发的《关于加快新能源汽车推广应用的指导意见》基础上，出台《交通运输部关于加快新能源汽车推广应用的实施意见（征求意见稿)》，该意见稿显示，至2020年新能源汽车在交通运输行业的应用将粗具规模，总量将达到30万辆，新能源汽车对城市交通运输节能减排的贡献率达到20%。

2014年10月，国家发改委、科技部等七部委按国务院要求，联合印发《京津冀公交等公共服务领域新能源汽车推广工作方案》，提出2014～2015年，在京津冀地区公共交通服务领域共推广20222辆新能源汽车，新建充/换电站94座，充电桩新增1.62万个。

各种新能源客车利好政策的出台，使插电式混合动力和纯电动客车进入快速发展期。2014年1～9月，新能源客车销量达9000多辆，其中包括5600多辆插电式混合动力客车和2300多辆纯电动客车。

5. 总结

2013年是我国节能与新能源汽车产业发展的关键一年，这一年既是前期推广示范的收官总结之年，又是后续加速发展的开局之年。2013年，我国节能与新能源汽车销量继续保持稳定增长，根据中国汽车工业协会的统计数据，这一年新能源汽车销售总量达17642辆，同比增长39.7%；其中纯电动汽车14604辆，插电式混合动力汽车3038辆。

值得一提的是，在节能与新能源汽车产业的发展中，客车担当了示范推广的主力军。尽管在节能与新能源汽车示范推广的初期，客车企业也出现过像轿车企业曾有过的简单拿来主义现象，但在政策约束和引导下，一直以自主力量发展的中国客车业，还是通过自主创新成为中国新能源汽车发展的中坚力量。

其中，最典型的当属超级电容在节能与新能源客车上的应用，它的出现不仅解决了混合动力客车因电池而产生的可靠性差、价格高的商业问题，而且这一技术目前也被应用在插电式和纯电动客车上。此外，ISG 发电机在节能与新能源客车上的应用，使混合动力客车和插电式混合动力客车的起/停控制更快，能量再生利用更好，动力辅助性更强，起到了明显的节能减排效果。

截止到 2013 年底，全国累计生产销售节能与新能源客车 30862 辆，其中包含新能源客车 10414 辆，国内优势企业已基本掌握了节能与新能源客车的核心技术；在纯电动公交客车方面已具有一定的可以与世界比肩的产品技术体系，部分产品已开始出口；混合动力客车技术基本成熟，主流产品实际节油率稳定在 20% 左右。

三 客车业节能减排发展过程中最具影响力的探索和实践

（一）一项对客车市场影响力巨大的节能技术

2007 年，对刚进入高油价时代深感寒意的道路客运企业，开始关注客车的油耗。而一直密切注意市场的宇通在客车研发时发现，精确控制发动机的温度可以使整车油耗极大地降低。于是，宇通开始对此进行研究和测试，结果发现，如果使发动机温度保持在 90℃ 左右范围，能发挥最大能量达到省油目的。而要达到这个目的，就要通过风扇进行散热，但如果风扇长期运转，会消耗 10 千瓦左右的能量，占发动机 10% 左右的功率。如果能够合理地控制风扇的运转，在发动机散热的过程中，需要它转的时候转，不需要的时候即刻停止，就能起到很大的节油效果。

于是，“发动机热管理系统”诞生。经过严密的测试和客户反馈，宇通发动机热管理系统能够有效降低油耗 5% ~10% 。不仅如此，由于发动机在最佳温度下工作，也减少了发动机的磨损，提高了发动机的寿命。而发动机燃油燃烧的更加充分，无疑也减少了客车尾气的排放。

不过，这一技术对客车市场影响力的产生，不仅是技术本身，还在于宇通一系列的营销活动。当装载该技术的客车在市场推广时，宇通就推出了万元悬赏活动。活动规则为，凡购买宇通安装有发动机热管理系统的车辆，如发现发动机热管理系统是无效的，反馈给宇通发动机热管理系统推广小组，经宇通博士后测试小组测试属实后，将给予1万元人民币奖励。

宇通的承诺，以及全国范围内“价值连城”采取的点对点、数据说话的体验式营销模式，使用户认识到，这一技术每年可以给用户带来2万元左右的节油费用。现实的教育，让这项技术在客车市场深入人心，发动机热管理系统也由此成为中国客车的标配。

（二）从终端入手提高客车的节能减排效果

英国汽车制造商和贸易商协会的数据显示，好的驾驶习惯能节省车辆燃油20%。也就是说，从道路客运的角度，客车的节能减排不仅仅取决于产品，还取决于运营管理和驾驶者。从此出发，人的因素已越来越凸显。

近几年，在中国客车业的发展中，企业在向用户价值端越来越深入地渗透时，已逐渐意识到利用自己对客车的充分理解，帮助用户培养驾驶员良好的习惯和规范操作技能，可以提升企业产品的运营效能。而这一认识应该说从宇通的“价值连城”活动开始。

2007年，宇通在全国范围内展开“价值连城”活动，以“为您创造更大价值”为核心，采取点对点、数据说话的体验式营销服务模式，深入各地客户当中，对驾驶员进行科学节油培训，开展节油比赛，推广节油技术和节油产品，这一从节约用油入手的活动，不仅让用户看到了节能减排所带来的效益，也让用户的运营管理找到了一个突破口。

宇通采取的方式是用事实和数据说话。在活动中，宇通工作人员用测试设备测量驾驶员驾驶车辆的油耗。然后，对这些驾驶员进行节油驾驶培训后，再进行油耗测量，通过实际对比让驾驶员和管理者体验如何才能达到节油驾驶。不仅如此，宇通还通过这一方式进行节油比赛，让用户体验节油的成果。这种落地式的“节能”体验营销深受市场的欢迎。

正因为宇通开展“价值连城”活动取得的节能减排效果，让要在交通领域落实节能减排的交通运输部找到了一个节能减排宣贯落实的办法。2009年，交通运输部决定主办首届全国交通运输行业“宇通杯”机动车驾驶员节能技能竞赛。这一活动涉及近300家客运企业，共组织节能驾驶培训138场，培训驾驶员1万余人。在由500余名参赛选手参与的竞赛中，百公里平均油耗值为20升，节油率达到20%。

按交通运输部的推算，我国现有同类型营运车辆近60万辆，若简单按照节油率20%、节能驾驶技能普及率50%估算，通过推广运用先进的节能驾驶技能，每年就可节省燃油120多万吨，减少二氧化碳排放近410万吨。如果此节油效果能体现到全社会所有营运车辆，则每年节省燃油可达680多万吨，减少二氧化碳排放将达到2100多万吨。

（三）用车联网技术从管理入手节能减排

2010年7月苏州金龙推出的G-BOS智慧运营管理系统，是客车业首次从车联网技术入手，通过智能动态信息服务的基础平台，对不良驾驶行为进行设定，一旦不良行为发生，传感器就会把信息数据上传，而信息处理终端通过对参数的分析得出油耗和驾驶节油的分数，纠正驾驶员的不良习惯，从而实现节油。驾驶节油评分的算法主要根据时间/距离、速度平稳度、加速、减速、怠速占比进行综合评判，从而有针对性地提出节油建议。

这一由“客车+互联网”所引发的概念，一扫过去传统的造好车，将乘客安全、快捷地运送到目的地的做法；而是从人、车、线三个点出发，让客运企业以科学管理替代经验管理，以动态管理替代静态管理，以定量管理替代定性管理，以过程管理替代结果管理来形成驾驶员良好的驾驶习惯，达到节能减排的目的。

实际上，G-BOS的出现，最大的好处是用户具有了“千里眼”，可以对驾驶者进行现场管理，这无疑使用户可以从管理入手节能减排。欧洲eCoMove项目节油调研数据显示，基于车联网技术的高效节能的驾驶行为和交通管理、控制方法可以减少20%的交通燃油消耗量。

为此，G-BOS一经推出，立刻在客车业掀起热潮，“行车宝”“E管家”“EMS”“安节通”等车联网技术应用相继在各大主流客车企业亮相。

2011年3月，作为国内道路交通运输行业的主管部门交通运输部再次与客车企业合作，发起了全国道路客运“海格智慧”科技助力行动。此次行动，围绕与安全、节能有关的产业链，通过科技构筑“人、车、企（运输企业）、管（主管部门）”的“四位一体发展链”，建立起科技助力道路客运行业的长效机制。这一利用海格 G－BOS 智慧运营管理系统来引导和帮助整个行业降低能耗水平的活动，被事实证明具有明显的节能效果。交通运输部科学研究院院长、活动组委会副主任李作敏在做总结报告时表示，在有27个省区市96家企业参与，1288辆运营客车和734名驾驶员报名参加的评比活动中，科技助力行动的效果充分显现：百公里油耗平均降低5%，影响安全驾驶的不良驾驶行为指标80%以上得到明显改善。其中，节约燃油93878.36升，节约资金657148.49元，减少二氧化碳排放251265.41公斤。

（四）超级电容驱动技术，中国新能源客车自主创新的样板

2011年10月，由财政部、科技部、工信部、国家发改委成立的节能与新能源汽车示范推广试点总体督导检查小组在昆明对运行的混合动力公交车进行实际道路测试。选择昆明的理由是公交车数量多，规模不小。最主要的是该市示范运行的混合动力客车技术结构最全，可以说包括了20多个示范城市投入的基本车型。

在这一非常典型的示范城市测试的结果显示：2011年投入运行的产品可靠性大幅度提高，基本和传统动力公交车一样，公交管理基本纳入传统车管理。此外，总体节能减排效果非常显著，好的有30%的节能效果，差的节油率也达10%以上。其中，两个采用超级电容驱动技术的品牌产品，性能稳定可靠，开空调和不开空调时的节油率都在30%以上，达到了国际先进水平。

而最早将这项超级电容驱动技术应用在混合动力客车上的就是厦门金旅。在这项技术被应用前，客车企业大都使用镍氢电池和锂电池作为储能驱动技术。但它们的瞬时能量密度传输无法达到客车行驶的需求，制动能量回

收效果不好。不仅如此，公交车频繁起步停车，需要不停地快速充放电，造成了电池寿命严重缩水。

为了解决这一问题，金旅寻找到了广泛应用于风电储能等辅助峰值功率的超级电容。超级电容可以频繁地释放能量脉冲而不会产生效率衰减。更可观的是，超级电容在能量储存过程中基本不产生化学反应，因此具有超长的寿命。

混合动力系统中，一项最主要的技术就是启停控制系统。作为能量存储缓冲单元，在汽车减速或停车时制动系统产生的热能转化为电能储存在超级电容模组中，在启动过程中利用超级电容的瞬间大功率特性，带动发动机工作。这样的工作条件显然更适合超级电容。

超级电容驱动技术的开发，提高了混合动力客车的稳定性、可靠性和经济性。到目前为止，不论是普通混合动力还是插电式混合动力，主流客车企业都采用了超级电容驱动技术。不仅如此，由于超级电容与锂电池具有互补性，锂电池能量密度高，但电流较小，功率密度较低；超级电容正好相反，电流大，功率密度较高，但受限于材料等因素，能量密度较低，因此，不少客车企业在纯电动客车上也开始应用超级电容驱动技术。

（五）纯电动客车坚守者的收获

在纯电动客车领域，安凯有许多个“中国第一”：第一家获得电动客车产品公告，投入运营的纯电动客车数量全国第一，进入国家产品公告纯电动客车行业第一，在首批新能源汽车免征购置税名单中车型数量第一，纯电动客车运营里程长度第一，第一个在纯电动客车上采用“超级电容 + 能量电池”双电技术……

实际上，这无数个第一是安凯十几年对纯电动客车坚持不懈探索和实践的结果。对纯电动客车时代终将到来的坚定信念，使其不仅成为中国实现全球纯电动客车运行数量最多的推动者之一，也使其迎来了中国纯电动客车市场化的快速发展期。

安凯从 2003 年就开始纯电动客车的研发，并在 2004 年成为国内首家新能源公告企业。基于对纯电驱动将成为汽车工业未来方向的考虑，安凯"十一五"和"十二五"都将纯电动客车作为企业发展的战略目标。2008年北京奥运会，中国开始规模性试用纯电动客车。安凯就是从北京奥运项目开始，成为中国纯电动客车领域的先行者。截至目前，安凯已有近1700辆纯电动客车在北京、上海、大连等30多个城市进行示范运营，其中上海有150多辆，合肥有近1000辆。安凯的纯电动客车在运营规模、运营时间、运营里程上都处于世界领先地位。

2010年1月，合肥市政府采购了30辆安凯纯电动公交车，全部投放在合肥公交18的路线上，成为世界首条纯电动公交线路。到目前为止这批客车已经运营了四年多时间，单车运营里程突破25万公里，树立了三年十五万公里的产品标准。

2014年9月，安凯发布"e控系统"，这是客车业首次将智能手机技术应用在纯电动客车上。尽管这一技术还有待于市场的检验，但"e控系统"的问世，使作为车联网有效载体的电动车，可以实现人与电机、电池、空调等关键零部件的局域网信息交流对话，也可以与企业信息处理分析中心和客户运营信息管理等客车外网信息交流对话。这对电动车、电池及充电设施的稳定、经济、高效运行起到了一定的保障作用。

目前，安凯在整车能量管理、控制技术领域拥有67项国家专利，发明专利14项。它不仅成为国家电动客车整车系统集成工程技术研究中心，还获得了2012年国家新能源汽车产业技术创新工程项目立项，重点攻克纯电动客车续驶里程、安全性、电池寿命等难题。

（六）"产学研"对节能与新能源汽车产业化发展产生的影响

在节能与新能源客车产业化的发展中，中通是客车业承担国家"863"计划最多的企业之一，也是较早在新能源客车研发上尝试"产学研"的企业。

2006年，中通客车承担了"串联混合动力客车产品开发"和"奥运用纯电动客车"两个国家"863"计划项目；2008年，中通又承担了"可充电混合动力客车整车开发"国家"863"计划项目。这些"863"项目让中通在新能源客车产业化方面的技术实力得到了不断的提升。

实际上，自2004年开始立项运作新能源客车项目以来，中通就与清华大学、中国客车技术研究中心、南车电力机车研究所和春兰研究所等合作开展混合动力客车方面的研究；与北京理工大学、北京交通大学、中科院、中信国安盟固利等开展纯电动客车方面的研究。不仅如此，在控制优化分析技术、客车结构分析技术的研发上，中通客车还与同济大学、武汉理工大学、长安大学、山东理工大学、聊城大学等建立长期合作关系。

与产业、学校、科研机构等的相互配合及国家“863”计划的承担，使中通在实现节能与新能源客车产业化的发展道路上，拥有了不少处于客车业领先水平的技术。绝缘减震螺栓、混合动力电动客车APU后横置装置、混合动力电动客车噪声控制装置、电动客车动力电池组安全防护装置、串联式混合动力城市客车、电动客车电池组的快速拆装装置等节能与新能源客车技术都获得了国家专利。其中，“同轴并联式混合动力客车机电耦合驱动系统控制”技术经技术鉴定委员会鉴定被认为达到了国际先进水平。

正因为中通节能与新能源客车产业化发展起点早，又能充分发挥“产学研”各自优势，形成研究、开发、生产一体化的系统，并在运行过程中体现出综合优势，才使其成为我国节能与新能源客车产业化发展的优势企业之一。

参考文献

1. 程振彪：《燃气汽车商业化路径全解》，《21世纪经济报道》2010年5月19日。
2. 《高油价套牢中国经济？节能是解套的最佳选择》，《经济参考报》2005年8月1日。
3. 周庆文：《车联网来了我们的隐私去哪儿了》，《中国工业报》2014年3月21日。
4. 国务院发展研究中心产业经济研究部：《中国汽车产业发展报告（2012）》，社会科学文献出版社，2013。
5. 张进华：《在电动汽车创新国际论坛上对中国“十城千辆”示范工程的实施进展

的介绍》，2012年7月。
6. 中国客车网：《宇通客车发动机热管理系统万元悬赏活动》，2007年7月。
7. 盖世汽车网：《SMMT：良好驾驶习惯可降低汽车油耗20%》，2013年7月。
8. 搜狐汽车：《重塑客车商业模式宇通营销战略在京发布》，2011年4月。
9. 中国广播网：《全国交通运输行业机动车驾驶员节能技能竞赛落下帷幕》，2009年10月。
10. 第一财经：《车联网急需完善产业规划和战略布局》，2012。
11. 《经济参考报》：《e控系统发布安凯五代纯电动客车下线》，2014年9月。
13. 《关于获得2011年度国家工程技术研究中心立项的提示性公告》，深圳证券交易所，2012年1月7日。

B.3

中国新能源客车的总体环境与挑战

李纲领*

摘　要：中国新能源客车的推广具备相对较好的实施环境，新能源客车将是新能源汽车发展的排头兵。通过政府主导的补贴与采购，新能源公交预计将成为未来新能源客车的主要载体，预计总体推广空间在7万辆左右。

关键词：企业转型　插电式混动　行业洗牌　产业环境　核心零部件

2010年以来，新能源客车的政策环境经历过"十城千辆"、扩大示范推广范围、继续开展新能源汽车推广应用三大阶段。新能源客车的销量保持了较高增长，增速与政策补贴力度、方式和方向密切相关。但2014年销量低于原计划目标，暴露出地方保护、基础设施滞后、技术成熟度低以及打政策擦边球等一系列问题。

在新能源客车时代，客车企业面临近几年最重大的洗牌，主要包括公路客车企业向公交客车企业转型、技术壁垒上升、电驱动相关核心零部件企业强势以及新进入者的挑战。新能源客车带给客车企业的是更大容量的新市场，也包括更大的风险与机遇。

* 李纲领，兴业证券汽车行业分析师。

一　中国新能源客车的推广具备相对较好的实施环境

（一）中国客车产业相对成熟，本地化率与运行经验丰富

2013年中国客车销量约为55万辆，其中大中客（7米及以上）17万辆，轻客38万辆。中国国内生产的大中客约占全球总产量34万辆的一半（见图1）。与国内的乘用车行业相比，中国客车行业的制造工艺成熟，核心零部件本地化率更高。发动机、变速箱、车桥以及车身、内饰等零部件均具有广泛的本地化、国产化生产基础。客车行业长期稳定的发展提供了丰富的运营经验，与较高的本地化率一起提供了新能源汽车在客车行业推广的良好土壤。

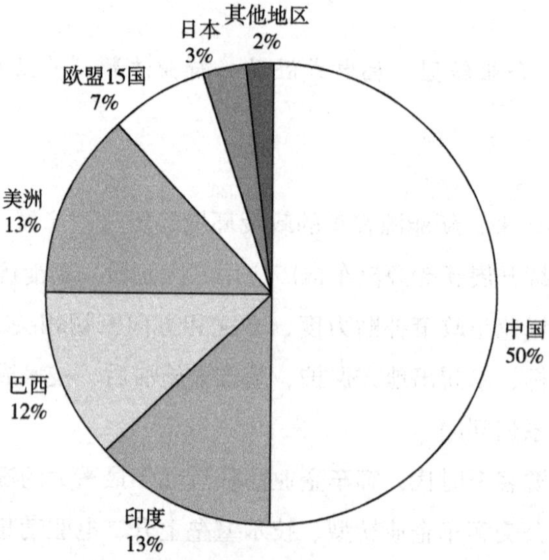

图1　全球大中客车产量分布

数据来源：中汽协、国际汽车制造商协会。

（二）公交客车行业属性适合推广新能源客车

中国客车当前保有量约300万辆，其中公交车约42万辆，每万人保有

量约 3 辆。而市区人口每万人公交车保有量达到 12 辆，这接近日本、韩国等人口密度较高国家的历史峰值。可以说，国内公交系统经过长时间的系统运行，运营管理经验已经相对成熟。

相比公路客车、团体客车、旅游客车等细分行业，公交客车行业更适合推广新能源客车。主要有以下几个原因。

（1）公交客车销量与保有量相对较大，推广新能源客车对产业链拉动力较强。2013 年国内公交大中客销量约 7.4 万辆，占大中客销量额 45%，仅次于公路大中客，远高于旅游、团体客车（见图 2）。而轻客主要面向对象为企业与个人，下游多为物流、个体生意、商务接待等，相比客运更接近于私人消费，难以依靠政府采购拉动。

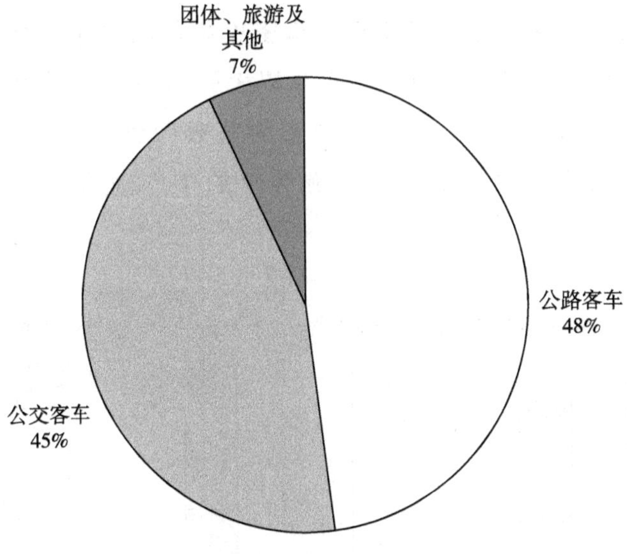

图 2　中国大中客车销量分布（2013 年）

数据来源：中国客车统计信息网。

（2）公交客车行驶线路与距离固定，适合初期充电站等基础设施的布局。同时公交车频繁启停的运营工况使得新能源客车电驱动的节能效应相比内燃机要显著。

（3）公交车的采购由政府主导，在执行层面相比更为市场化的公路车和主要面向个人消费者的乘用车更有效率。

预计在较长时间内，公交客车将是新能源客车的主要载体。公路大中客受运输距离、行驶路线与运营性质限制，预计在电池技术取得较大进步、基础设施完善前新能源销量将非常有限。2013 年国内大中客（7 米以上）公交车销售约 7.4 万辆，2007～2013 年公交类大中客复合增速约为 10%。公交车销量与保有量的提升动力主要为城市人口的增加与城市人均公交车需求的增加。过去几年中城市公交车销量的较快增长主要伴随着中国城市化率的快速提升、国家公交优先政策的支持与私家车、轨道交通占比较低等因素。当前中国典型中等城市出行结构中公交车占比约 30%，高于欧美大部分国家。由于中国公交出行占比已经较高、人均公交车保有量已经接近人口密度相似的日本、韩国的历史峰值，我们预计未来几年公交车（7 米以上）行业的整体增速将放缓至 5%～7%。按 2013 年 7.4 万辆销量的基数计算，若到 2016 年实现 80%左右公交车新能源化，新能源客车的年产销量空间约在 7 万辆左右。

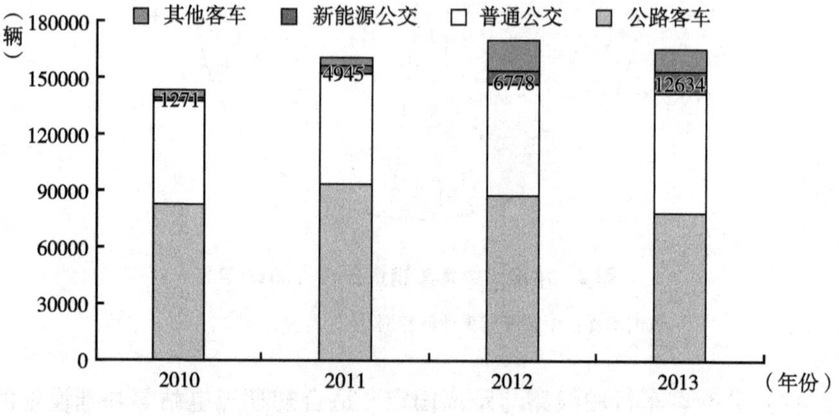

图 3　2010～2013 年中国大中客车销量结构

数据来源：中国客车统计信息网。

二 政策的支持力度决定现阶段新能源客车的发展速度

（一）多方面原因决定新能源客车发展初期政府将是主要角色

当前新能源客车成本较高，例如10米长插电式混动客车售价约80万~100万元，纯电动客车接近200万元，而同等配置的柴油车仅40万~50万元。即使考虑节油经济性，新能源客车在无政府补贴下的全寿命周期成本仍然高于传统客车。因此其产业初期将依赖政府补贴。另外，公交车作为新能源客车推广的排头兵，其采购主体仍然是各地政府控制下的公交企业。从补贴与采购决策两方面看，政府在新能源客车推广中均扮演主要角色。政府对新能源客车的定义、财政补贴的力度、补贴的方式与方向都将极大地影响国内新能源客车的发展。

当前政府对新能源客车的定义范畴包括纯电动客车、插电式混合动力客车（包括油电混合与气电混合）以及燃料电池客车。天然气客车不在新能源政策的补贴范畴内。天然气客车的产销将更加市场化。2013年天然气客车销量约1.7万辆，同比增长43%，2014年1~4月销售6345辆，同比增速放缓至约16%，其中公交车占比约70%。由于大部分天然气客车为公交客车，与新能源客车下游重叠，预计在气价上行以及在国家力推新能源客车的背景下，未来天然气客车的销量增速将进一步放缓。但将通过气电混合等形式继续实现节能减排的效果。

（二）财政补贴的力度以及方向决定新能源客车的发展速度

从2009年财政部与科技部发布《关于开展节能与新能源汽车示范推广试点工作的通知》（“十城千辆”）进行补贴推广新能源客车以来，国家陆续制定了一系列政策支持新能源客车的推广。其中具有重要意义的政策有3项，分别是《节能与新能源汽车示范推广财政补助资金管理暂行办法》《关于扩大混合动力城市公交客车示范推广范围有关工作的通知》《关于继续开

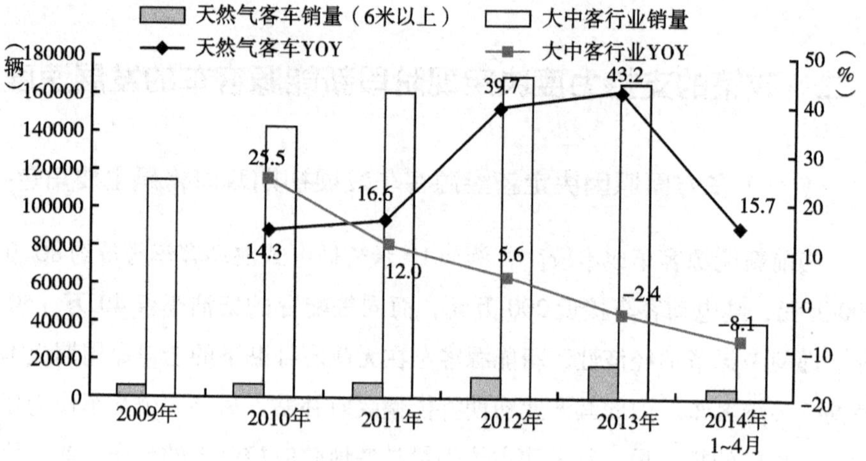

图4　天然气客车（含 CNG、LNG）历史销量

数据来源：中国客车统计信息网。

展新能源汽车推广应用工作的通知》（具体颁发日期及核心内容见表1）。上述三项政策通过补贴的金额调整、补贴的范围、对象将中国新能源客车的发展划分为“十城千辆”示范工程、推广范围扩大至全国以及2013年9月至今的继续推广三个时期。

表1　新能源客车历年主要相关政策

时间	名称	部门	核心内容
2009年2月11日	《关于开展节能与新能源汽车示范推广试点工作的通知》	财政部、科技部	在北京、上海、重庆等13个城市开展节能与新能源汽车示范推广试点工作。
2009年12月3日	《节能与新能源汽车示范推广财政补助资金管理暂行办法》	财政部、科技部	提供低排放、低能耗混合动力汽车0.4万~42万元不等的财政补贴，纯电动、燃料电池车6万~60万元财政补贴。
2011年11月10日	《关于进一步做好节能与新能源汽车示范推广试点工作的通知》	财政部、工信部、科技部、国家发改委	要求严格执行国家和行业标准。汽车企业、关键零部件企业、充电基础设施企业要严格执行充电接口、通信协议等相关国家和行业标准。

续表

时间	名称	部门	核心内容
2012年6月28日	《节能与新能源汽车产业发展规划(2012～2020)》	国家发改委	重点推进纯电动汽车和插电式混合动力汽车产业化。到2015年纯电动汽车和插电式混合动力汽车累计产销量力争达到50万辆;到2020年纯电动汽车和插电式混合动力汽车生产能力达到200万辆,累计产销量超过500万辆。
2013年9月17日	《关于继续开展新能源汽车推广应用工作的通知》	财政部、工信部、科技部、国家发改委	推广期间为2013年至2015年,补贴范围为纯电动汽车、插电式混合动力汽车和燃料电池汽车。进一步细化了6～8米(30万/辆)、8～10米(40万/辆)纯电动客车补贴标准。另外,对混合动力客车进一步提高进入门槛,取消了10米以下混动客车补贴。
2013年11月26日	四部委确定第一批新能源汽车推广应用城市或区域名单	财政部、工信部、科技部、国家发改委	公布第一批新能源汽车推广应用城市名单,支持北京、天津等28个城市或区域开展新能源汽车推广应用工作。
2014年2月8日	《关于进一步做好新能源汽车推广应用工作的通知》	财政部、工信部、科技部、国家发改委	纯电动和插电式混合动力乘用车2014年和2015年的补助标准将在2013年标准基础上下降5%和10%。
2014年7月9日	《免征新能源汽车车辆购置税》	国务院常务会议	自2014年9月1日至2017年底,对获得许可在中国境内销售(包括进口)的纯电动以及符合条件的插电式(含增程式)混合动力、燃料电池三类新能源汽车,免征车辆购置税。
2014年7月13日	《政府机关及公共机构购买新能源汽车实施方案》	国管局、财政部、工信部、科技部、国家发改委	2014年至2016年,中央国家机关以及新能源汽车推广应用城市的政府机关及公共机构购买的新能源汽车占当年更新总量比例不低于30%,以后逐年提高。其他省市2014年不低于10%(京津冀、长三角、珠三角不低于15%)、2015年不低于20%、2016年不低于30%,以后逐年明确财政推广支持到2020年;加快充电设施建设;鼓励创新的商业模式;制定新能源汽车企业准入政策,支持社会资本和具有技术创新能力的企业参与新能源汽车科研生产;统一标准和目录。各地区要严格执行全国统一的新能源汽车和充电设施国家标准和行业标准,不得自行制定、出台地方性的新能源汽车和充电设施标准。
2014年7月21日	《关于加快新能源汽车推广应用的指导意见》	国务院办公厅	

数据来源：政府网站公开资料。

1.“十城千辆”时期（2009年2月至2012年9月）

2009 年，政府确定在北京、重庆、上海等 13 个城市开展节能与新能源汽车示范推广试点工作，鼓励在公交、环卫、出租及公务与邮政等公共服务领域，率先推广应用节能与新能源汽车；2010 年又增加了厦门、天津等 12 个城市为节能与新能源汽车示范工程第二批及第三批试点城市。该示范工程计划用 3 年左右时间，每年发展 10 个城市，每个城市推出 1000 辆新能源汽车来进行示范运行，力争使全国新能源汽车的运营规模到 2012 年占到汽车市场份额的 10%。

但由于技术成熟度等限制条件，大部分示范城市没有完成 1000 辆目标。达到公共领域新能源客车千辆以上的城市仅有深圳、郑州、长沙和广州，且上述地区基本都有当地的客车公司或工厂。截止到 2012 年底，大部分示范城市推广新能源客车数量在 100～400 辆（见表 2）。

表 2　2010～2013 年“十城千辆”示范城市新能源客车推广情况

年份	深圳	郑州	长沙	广州	重庆	合肥	天津	杭州	昆明	海口	苏州	济南	武汉
2010	357	0	143	114	20	0	0	26	53	0	0	0	0
2011	1529	446	440	185	7	183	51	357	61	80	150	100	195
2012	70	1118	340	815	455	353	176	239	200	518	311	126	203
2013	1003	1024	991	617	475	409	523	103	350	2	106	174	2
合计	2959	2588	1914	1731	957	945	750	725	664	600	567	400	400
年份	厦门	呼和浩特	上海	成都	南昌	南通	大连	长春	北京	沈阳	唐山	襄樊	其他
2010	0	0	212	0	51	0	73	101	25	0	0	0	96
2011	127	50	11	10	104	0	76	101	51	40	0	0	591
2012	270	139	69	198	101	100	30	5	68	40	106	0	728
2013	0	200	63	116	0	154	82	0	60	95	20	0	6065
合计	397	389	355	324	256	254	261	207	204	175	126	0	7480

数据来源：中国客车统计信息网。

2. 新能源推广城市扩散至全国时期（2012年9月~2013年5月）

2012 年 8 月，财政部、科技部、工信部、国家发改委联合下发《关于扩大混合动力城市公交客车示范推广范围有关工作的通知》，决定将混合动力公交客车（包括插电式混合动力客车）推广范围从目前的 25 个节能与新能源汽车示范推广城市扩大至国内所有城市，推广工作于 2013 年 5 月底到期，推广目标为 3000～5000 辆。

与上一轮“十城千辆”2010～2012 年 25 个示范城市总共仅推广约 1.2 万辆相比，本轮推广城市范围扩大叠加普通混合动力技术成熟度提高、成本下降的背景，使得在 2013 年 5 月前迅速、超额完成了 5000 辆的推广任务。

根据中国客车统计信息网统计，2012 年 9 月至 2013 年 5 月新能源客车推广城市扩大至全国后，原本不在 25 个示范城市的山东青岛、临沂、菏泽、济宁、潍坊，福建福州，广东东莞、株洲，江苏无锡、徐州，陕西西安，河北保定，贵州贵阳等地，新能源车推广销量均在 200 辆以上，占据推广量的 50% 左右。

3. 继续开展新能源汽车推广应用时期（2013年9月至今）

2013 年 9 月 17 日，财政部、科技部、工信部、国家发改委联合发布了《关于继续开展新能源汽车推广应用工作的通知》，提出 2013～2015 年将继续开展新能源汽车推广应用工作，内容包括要依托城市推广应用新能源汽车、对消费者购买新能源汽车给予补贴，以及对示范城市充电设施建设给予财政奖励，并公布了 2013 年新能源汽车推广应用的补助标准。

2013 年 11 月 26 日，财政部、科技部、工信部、国家发改委组织专家对各地申报的新能源汽车推广应用方案进行了审核评估，确认 28 个城市和区域作为第一批新能源汽车推广应用城市；2014 年 1 月 27 日，又确认增加 12 个城市和区域为第二批新能源汽车推广应用城市。两批合计涉及 30 个独立城市，10 个城市群（包含约 60 个城市）。推广城市名单确立，也意味着新能源汽车的推广在经过一段时间停滞后，再一次进入实质性阶段。

上述新能源客车的三个主要时期财政补贴金额如表 3 所示。

表 3　2010～2013 年 5 月与 2013 年 9 月后两次新能源政策补贴金额差别

单位：万元

2010～2013 年 5 月：补贴对象为 10 米以上新能源客车				
节能与新能源汽车类型	节油率	使用铅酸电池的混合动力系统	使用镍氢电池、锂离子电池/超级电容器的混合动力系统	
			最大电功率比 20%～50%	最大电功率比 50%以上
混合动力汽车（包括普通混合动力与插电式混合动力）	10%～20%	5	20	—
	20%～30%	7	25	30
	30%～40%	8	30	36
	40%以上	—	35	42
纯电动汽车	100%	—	—	50
燃料电池汽车	100%	—	—	60
2013 年 9 月～2015 年：补贴对象为 6 米以上新能源客车				
车辆类型		车长 L（米）		
		6≤L＜8	8≤L＜10	L≥10
纯电动客车		30	40	50
插电式混合动力客车（含增程式）		—	—	25
燃料电池客车		50	50	50

数据来源：工信部等政府网站。

表 4　2013 年 9 月后两批推广城市与区域规划

单位：辆

首批城市	推广数量			首批城市	推广数量			第二批城市	推广数量合计
	公用	私人	合计		公用	私人	合计		
北京	25000	10000	35000	西安	5700	5300	11000	内蒙古城市群	5000
天津	11500	500	12000	兰州	3750	1250	5000	包头	2500
上海	3200	6800	10000	昆明	—	—	—	沈阳	5000
重庆	10000	—	10000	广州	6000	4000	10000	长春	10000
河北省城市群	9000	4000	13000	深圳	19000	16000	35000	哈尔滨	5000
浙江省城市群	—	—	10100	晋城	—	—	—	江苏省城市群	15000
福建省城市群	6950	3050	10000	新乡	3000	2000	5000	淄博	5000

续表

首批城市	推广数量			首批城市	推广数量			第二批城市	推广数量合计
	公用	私人	合计		公用	私人	合计		
江西省城市群	5100	200	5300	襄阳	1190	3810	5000	临沂	5690
广东省城市群	6000	4000	10000	大连	3600	1400	5000	潍坊	5010
合肥	1220	4500	5720	宁波	2900	2100	5000	聊城	5010
太原	3900	1100	5000	青岛	5200	—	5200	泸州	5000
郑州	4900	600	5500	芜湖	3460	1650	5110	贵州省城市群	
武汉	4300	6200	10500	长株潭地区	4650	1450	6100	云南省城市群	5000
海口	3000	2000	5000						
成都	5000		5000						
总计					157520	81910	249530	总计	73210

数据来源：政府网站公开资料。

新能源客车的销量结构与政府补贴力度、补贴范围及补贴方式密切相关。新能源客车实现产业化，必须经过两个时期。一是政策补贴，扶植产业发展期。二是完全市场化时期。目前产业链尚未成熟，新能源客车制造成本仍然较高，必须依赖合理的政府补贴才能使得下游接受。政府补贴对新能源客车销量的影响主要体现在两方面：一是补贴的金额，二是补贴的车型。

当前新能源客车销量对补贴金额非常敏感。2012 年 9 月，有关部门发布《关于扩大混合动力城市公交客车示范推广范围有关工作的通知》，将混合动力公交客车（包括插电式混合动力客车）推广范围从目前的 25 个节能与新能源汽车示范推广城市扩大到全国所有城市，补贴额度仍然保持 2009 年 11 月“十城千辆”中的金额，普通混合动力客车根据节油率最高补贴 42 万元。由于技术进步，补贴后的混合动力客车成本下降明显，因此，该项政策实施后，2012 年下半年到 2013 年上半年新能源客车（以普通混合动力客车为主）出现了爆发式增长。2013 年全年增速达到 86%，远超过去几年，并超额完成了 3000 ~ 5000 辆目标。

补贴车型决定下游发展方向。2013 年 9 月后，《关于继续开展新能源汽车推广应用工作的通知》明确补贴范畴为插电式混合动力客车、纯电动客车与燃料电池客车，将普通混合动力客车排除在外。同时补贴客车长度由原来的 10 米以上，变为插电式混动 10 米以上，纯电动客车 6 米以上。这显著地影响了 2013 年第四季度与 2014 年新能源客车的销量结构。2014 年 1 ~ 6 月，插电式混合动力客车销售 2781 辆，占新能源客车的比例达到 61%，而 2013 年插电式混合动力客车占比仅为 18%。7 米以下轻型新能源客车销量为 466 辆，同比增长 74.5%，远高于大型新能源客车、中型新能源客车的 13%、36% 的增速。

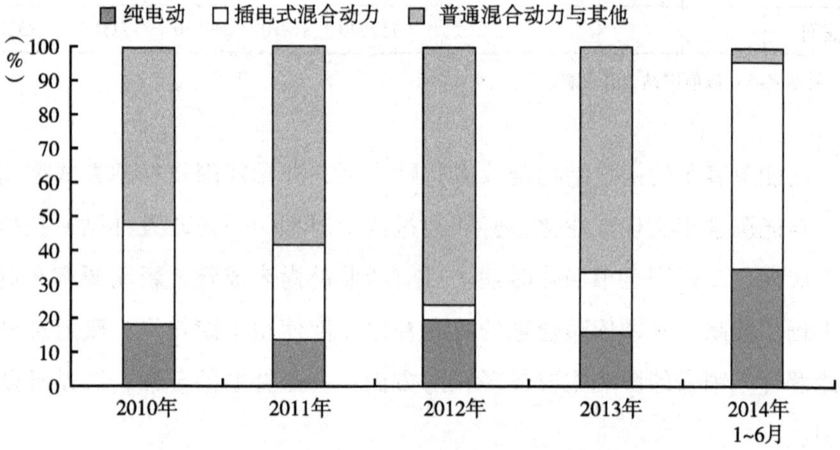

图 5　2010 年以来新能源客车销量结构与政策导向相关

数据来源：中国客车统计信息网。

（三）当前新能源客车行业整体外部环境面临的挑战

2014 年 1 ~ 9 月，新能源客车销售 9098 辆，随着地方政府第 2 ~ 3 季度配套补贴政策的陆续出台，2014 年前三季度新能源客车销量增速回升，但由于地方充电设施建设进度等因素的制约，预计 2014 年销量仍然会低于全年 2 万辆的目标，2015 年有望加速。

2013 年 9 月国家发布《关于继续开展新能源汽车推广应用工作的通知》明确继续补贴，并陆续公布 2 批近 40 个城市与区域作为推广范围后，新能源客车增速反而放缓。其中暴露出一些问题，这些问题主要体现在以下几方面。

1. 地方保护现象仍然严重，各地政府通过设立地方目录等方式变相实行地方保护

尽管中央强调新能源汽车推广要破除地方保护，并要求推广车辆中外地品牌数量不得低于 30%，但当地政府仍以设置地方目录进行地方补贴的方式进行变相的本地保护。北京和上海两个城市已经设立了新能源汽车地方目录。2014 年初北京出台的《北京市示范应用新能源小客车管理办法》和《北京市示范应用新能源小客车生产企业及产品审核备案管理细则》中，明确规定北京只对纯电动车进行补贴，进而将荣威、江淮、比亚迪等外地车企生产的插电式混合动力轿车挡在门外。同样，上海 2012 年 11 月开始实施的《电动乘用车运行安全与维护保障技术规范》也通过设置相关技术标准把不少非本地车企排除在外。

客车由于并非面向普通消费者，以地方目录性质的地方保护手段不常见，但从乘用车地方设置目录进行变相地方保护的现象推测，新能源客车推广过程中地方保护现象同样难以破除。且因为采购主体是地方政府下的公交公司，对本地企业的照顾方式相比乘用车可操作性更强。

2. 受制于规划与地方财力，基础设施配套建设仍然滞后

2012 年中央推广新能源客车补贴范围并制定推广目标为 3000 ~ 5000 辆后，混合动力客车销量立竿见影，在 2013 年 5 月前就完成了 5000 辆的推广目标。除技术相对成熟外，其中一个重要原因在于普通混动客车不需要充电站，对基础设施要求较低。2013 年 9 月发布的《关于继续开展新能源汽车推广应用工作的通知》将普通混合动力汽车排除在补贴范围外后，市场销量向纯电动与插电混动倾斜。上述两种新能源客车均需要充电设施配套。而单个充电桩造价在 10 万元左右，充电站造价上百万元，且存在建设周期、用地等诸多问题。目前建设费用实质上仍由作为客车购买者的地方政府承担。2013 年底，我国已经建成充电站 384 座，充电桩 1.2 万个，即使相比目前新能源汽车的销量充电设施的数量也捉襟见肘。根据各地政府与相关建设企业规划，2015 年充电站、充电桩数量将分别达到 1074 座（见图6）、15 万个。但考虑初期运营、土地、费用等问题仍不明晰，充电设施的配套建设预计仍将在相当长时间里制约新能源客车的推广效果。

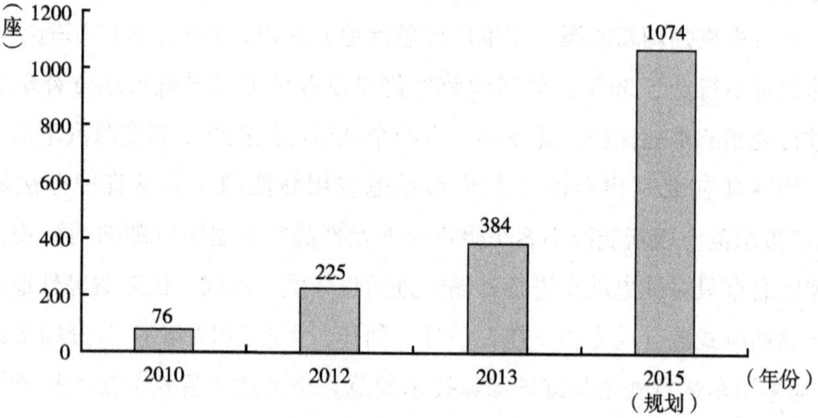

图 6　全国新能源汽车充电站数量

数据来源：节能与新能源汽车年鉴。

3. 技术成熟度尤其是电池寿命与可靠性影响新能源客车的实际节能效果

目前主流新能源客车配备电池为磷酸铁锂电池，2014 年电池包单价约 3000～5000 元/kwh。10 米以上大客车每公里耗电在 1kwh 左右。按插电式混合动力客车（10 米）配备 20kwh～30kwh、纯电客车（10～12 米）配备 150kwh～200kwh 计算，电池成本分别达到 8 万～12 万元，60 万～80 万元。从 2010 年以来各地公交客户的反馈来看，新能源客车普遍存在电池容量衰减，实际使用寿命在 3 年以内的现象。即使计算节油性，但由于电池 3 年一换，额外增加了极高的运营成本。实际上不少插电式新能源客车，以及大部分的纯电动客车在当前技术条件下无法实现全寿命周期（8 年左右）的经济运行。若再考虑政府给公交公司的油补，新能源客车的实际经济性优势进一步降低。

随着电池技术的进步，目前部分厂商的磷酸铁锂电池充放电实验循环次数已经达到3500 次以上，即实际运营寿命将达到5 年以上。但实际工况运行效果仍有待观察。

表 5　典型新能源客车在当前技术下的全寿命周期成本

成本	柴油车(国四排放标准)	燃气客车(LNG/CNG)	插电式气电混合动力车	纯电动客车
百公里能耗	40L(柴油)	40m^3(天然气)	20kwh(电)+24m^3(天然气)	150kwh(电)
百公里燃料成本(元)	312	180	121	96
每日燃料费用(元)	780	450	302	240
全年燃料费用(万元)	28	16	11	9
8 年期燃料费用(万元)	228	131	88	70
整车采购成本(万元)	45	53	53	100
8 年期维护费用(万元)(电池 8 年一换)	10	10	15	80
8 年期维护费用(万元)(电池 3 年一换)	10	10	40	213
全生命周期(8 年)成本(万元)	283	194	156	250
全生命周期(8 年)成本 2(万元)	283	194	181	383

数据来源：中国客车统计信息网、相关机构测算数据。

4. 擦边球现象已开始出现，地方政府可能以其他方式完成新能源客车推广指标

进入 2013 年 9 月后两批新能源试点城市与区域名单的当地政府均提出

了较高的规划目标。尽管新政补贴由中央财政承担，但由于扶持当地企业、追求推广政绩等诸多原因，较多地方政府均提供了配套的地方补贴政策，如北京、天津、武汉、大连等地均按中央财政补贴的 1∶1 提供地方政府额外补贴。在地方政府目前财政收入增速下滑，债务较高的环境下对当地财政造成了巨大压力。为完成推广数量目标，相比售价在 50 万～150 万元（除去中央补贴）的新能源客车，地方政府更加偏好于以售价较低的新能源汽车来完成指标。其中较为典型的就是目前兴起于杭州、山东等地的微型电动车。

目前康迪车业（与吉利合作）、时空（挂靠众泰）、新大洋（挂靠众泰）、奇瑞等公司生产的纯电动微型电动车满足最高时速超过 80km/h，最低续航里程 80km 的新能源汽车准入门槛，采用锂电动力电池，并进入了国家产品目录，可以获得新能源汽车补贴。相比新能源客车的高售价，微型电动车（中央补贴后）售价在 3 万～5 万元，并发展出租赁等模式提供公共领域服务，可以划至与新能源客车同属的公共领域推广范畴。

相比新能源客车，微型电动车通过高效利用国家补贴覆盖产品成本，同时较低的售价与相对较低的财政压力对存在新能源客车指标考核压力的地方政府很有吸引力。预计在城市堵车压力较小的城市，将对新能源客车的推广数量形成压力。

表 6　充分利用补贴的低价微型电动车可能将成为地方政府完成推广指标的手段

企　业	代表车型	售价	销售模式
新大洋	知豆	5 万元	销售
时　风	D－101	3.74 万元	销售/租赁
康　迪	KD－50	2 万元	销售/租赁
宇　通	10 米插电	80 万～100 万元	销售
宇　通	7 米纯电 E7	70 万～80 万元	销售
比亚迪	12 米纯电 K9	200 万～220 万元	销售

数据来源：相关企业官方网站。

三　新能源时代的产业格局变化：转型与掌握新能源技术是关键

由于客车行业的总需求增速由客观因素决定，新能源客车（尤其是新能源公交车）的推广势必挤占传统客车销量。新能源客车时代，原有的产业环境将发生重大变化。竞争格局、行业产业链将面临重大的调整。预计产业环境的变化将主要体现在以下几方面。

（一）公路客车企业向公交领域的转型

插电式混合动力客车目前单价约 80 万～100 万元（10～12 米），纯电动客车（10～12 米）超过 200 万元，而传统客车约 40 万元，新能源客车单辆价格远超传统客车。由于新能源客车预计将以公交车为主，因此在新能源客车时代，公交车市场的规模将远超以前。同时，由于受高铁、私家车的冲击，公路客车销量已经连续 2 年下滑，一段时间内公交客车都将成为客车市场的拉动极。过去优势在传统公路客车的企业要在行业变革之下生存、发展，势必将加强在公交领域的投入。原本就相对分散的公交客车市场的竞争将更加激烈。

（二）产品要求提高，技术壁垒上升带来的行业集中度变化

新能源客车相对普通客车可视为一次重大的产品升级，新能源客车在可靠性、安全性以及整车与电机、电控、电池的新动力总成的匹配性上都提出了更高的要求。部分当前小规模公交客车企业普遍存在技术水平不高，难以达标的现象。甚至一些较大的客车企业在产品研发上的滞后都明显地影响了其产品竞争力，并反映在新能源客车与传统客车的市场份额变化中。预计当前处于落后位置的大型客车企业在资金、研发到位后，市场份额有望得到一定程度的恢复。但较多本地的中小客车企业，在缺少核心技术支持与资金投入的情况下，原有的依靠政府支持与区域优势居于一

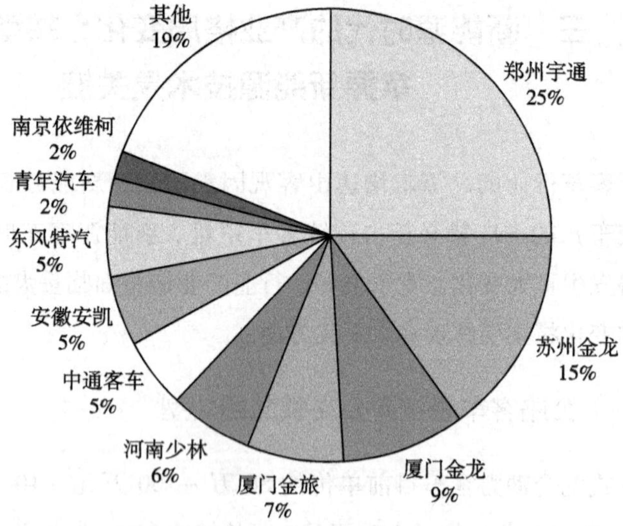

图7　5米以上公路客车份额分布

数据来源：中国客车统计信息网。

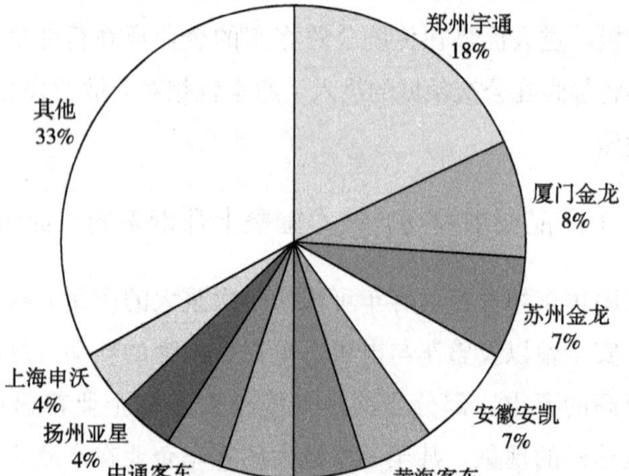

图8　5米以上公交客车份额分布

数据来源：中国客车统计信息网。

方——公交车市场的生态环境将被打破，面临被边缘化的风险。2013 年新能源客车市场格局见图 9。

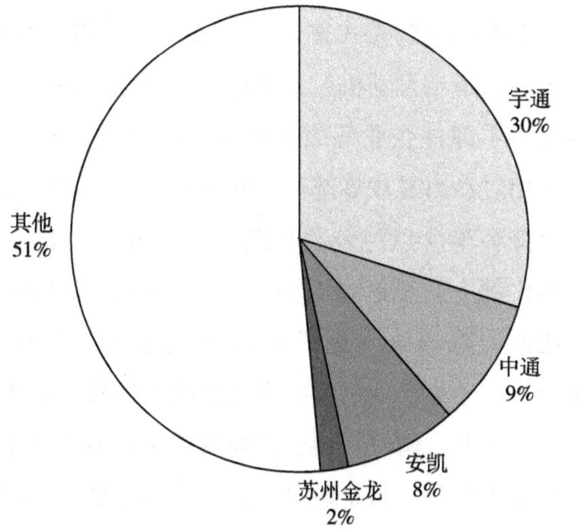

图 9　2013 年新能源客车市场格局

数据来源：中国客车统计信息网，相关企业资料。

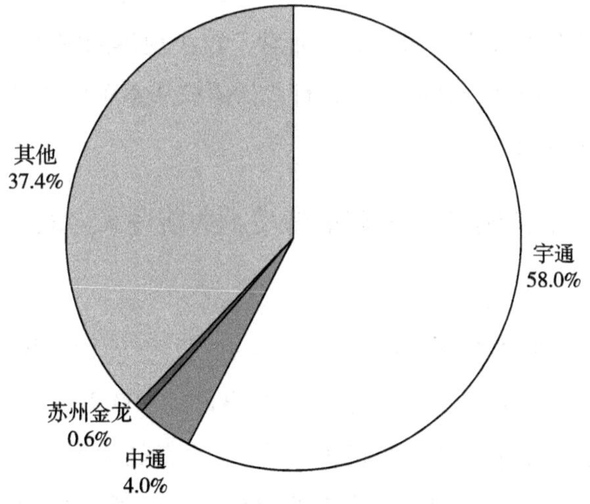

图 10　2013 年 9 月至 2014 年 5 月插电混动市场格局

数据来源：中国客车统计信息网，相关企业资料。

（三）产业链价值的重新分配，核心零部件制造商对客车企业的议价能力反转

传统公交客车的采购模式普遍为地方公交集团“点单式”采购，即公交公司向整车厂商指定发动机、变速箱、空调等设备的采购。这与当地维修队伍基础与地方零部件企业等因素相关。但总体而言，零部件社会资源丰富，整车厂商相对动力总成零部件与其他配件商处于较强势地位。

新能源公交客车（以纯电动为例）中以电池、电机、电控为核心的动力总成占成本比例上升至超过60%（见图11），而传统客车发动机+变速箱占总成本比例约为16%（见图12）。由于新能源公交客车动力系统壁垒较高且占比较大，动力产业链供应商尤其是掌握核心技术的总成供应商对整车厂商议价能力上升。同时，由于新能源客车目前仍处于推广初期，受制于新能源客车的技术限制，且企业可提供的产品类型也不够丰富，作为直接使用者的公交公司选择余地很小，且各地公交集团无匹配的维修队伍基础，因此“点单式”采购占比明显下降。有鉴于此，目前以宇通为代表的实力较强的整车企业的电控系统均采用自主+合作方式开发以掌握核心技术确保盈利能力，仅向外主要采购电池。而对于较小规模的客车企业，电池、电机、电控系统均只能选择外购，面临行业话语权从整车厂商向大型的新能源设备提供厂商转移的挑战。

（四）比亚迪等具备新能源技术的新进入者对原有客车制造企业的挑战

传统公交车单价约40万元（10～12米），而相同规格的插电混动客车售价约80万～100万元，纯电动客车售价约200万元。按8万台年销量计算，传统公交车市场规模约300亿元，而全部转化为插电式混合动力、纯电动力后，市场规模分别将上升至约700亿元、1500亿元。市场规模的急剧扩大使得客车市场在中国汽车行业中不再是一个偏小的分支。这使得客车市场对外来参与者的吸引力明显增强。

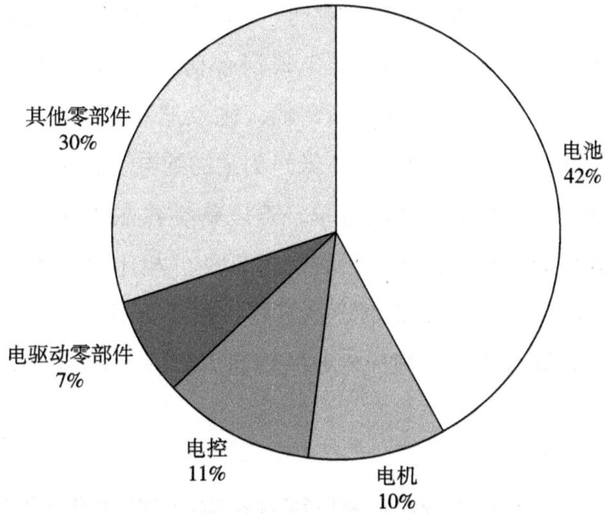

图 11　纯电动新能源客车成本结构

数据来源：根据相关机构测算数据。

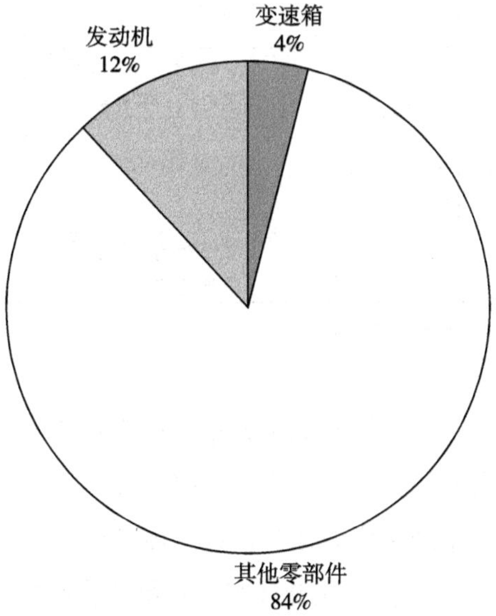

图 12　传统客车成本结构

数据来源：根据相关机构测算数据。

典型的外来竞争者代表为比亚迪。2014 年 1 ~8 月，比亚迪销售插电混动乘用车“秦”7773 辆，在国内插电式混合动力乘用车中的市场占有率达到 60%，销售纯电动轿车“e6”1809 辆，比亚迪总体销量占新能源乘用车的 37%。比亚迪已经推出以 K9（12 米）为主的纯电动客车进军客车市场，并表示 2014 年已经获得约 5000 辆订单，若订单能够在 2014 年完全转化为销量，比亚迪在新能源客车的市场份额将超过 20%。相比大多数客车企业，比亚迪在电池、电机、电控以及充电设施等核心技术上处于领先，并通过乘用车、客车并行具备规模优势。预计比亚迪等强力新进入者将加速客车行业的分化与洗牌。

表 7　比亚迪与宇通新能源客车核心零部件供应体系

核心零部件	比亚迪 K9		宇通客车	
	供应商	类型	供应商	类型
动力电池	自供	磷酸铁锂电池，324kwh	PACK 自制，电芯外购（ATL、力神等）	磷酸铁锂电池，插电式 13 ~ 39kwh 纯电动 60 ~ 287kwh
电机	自供	永磁同步电机，轮边电机，90kw × 2	外购（国产）	永磁同步电机
电控	自供	自供	整车控制自制，电机控制外购（汇川、电驱动）	数字化，全 CAN 控
空调	外供	城市招标，多数为松芝空调	外购（精益达）	变频电空调

数据来源：相关企业资料。

总体而言，中国新能源客车的推广具备相对较好的实施环境，其将是新能源汽车发展的排头兵。通过政府主导的补贴与采购，新能源公交将成为未来新能源客车的主要载体，预计总体推广空间在 7 万辆左右。

2010 年以来，新能源客车的政策环境经历过“十城千辆”、扩大示范推广范围、继续开展新能源汽车推广应用三大阶段。新能源客车的销量与政策补贴力度、方式与方向密切相关。2013 年 9 月后，在政策导向下，开始由普通混合动力客车为主向插电式混合动力、纯电动力客车转化。但 2014 年销量低于原计划目标，暴露出地方保护、基础设施滞后、技术成熟度低以及打政策擦边球等一系列问题。

在新能源客车时代，客车企业面临近几年最重大的洗牌。主要包括公路客车企业向公交客车企业转型、技术壁垒上升、电驱动相关核心零部件企业强势以及新能源市场新进入者的挑战。新能源客车带给客车企业的是更大容量的新市场，也包括更大的风险与机遇。

B.4

2014~2015年客车市场分析与预测：在调整中孕育希望

佘振清*

摘　要： 2014年的客车市场由于受到宏观经济减速的影响，销量表现不如人意，1~9月出现小幅下降，但其中仍有一些亮点可圈可点。公交客车、新能源客车、出口、天然气客车等细分市场均有不同幅度的增长，尤其是新能源客车领域，在国家新一轮财政扶持政策的推动下，2014年呈现出"前低后高"的态势。

本文从数据分析的角度，重点阐述了客车市场在2014年的发展走势，并对2015年的客车市场做出了增长7.5%的乐观预测。2015年作为"十二五"的最后一年，公路客车在交通运输部相关政策的支持下，销量有望反弹；公交客车市场在新能源公交、燃气公交、公交出口的上佳表现预期下，增幅或将达到15%左右，全年将达到10万辆；而新能源客车的同比增幅或更是有望大幅增长100%。

关键词： 客车销量　公交客车　座位客车　校车　新能源客车

2014年1~9月，国内50家企业5米以上客车合计销量为153650辆，同比下降1.46%。其中，座位客车（公路客车）下降了6.49%，校车下降

* 佘振清，中国公路学会客车分会副秘书长，中国客车统计信息网首席分析师。

了16.82%，公交客车增长了10.80%，其他客车品种因销量较小不做重点研究；其中，大型客车销量59131辆，同比增长2.31%；中型客车销量52441辆，同比下降5.23%；轻型客车销量42078辆，下降1.67%。大型客车所占的比重为38.48%（上年同期为37.07%），中型客车占34.13%，轻型客车占27.39%，受大型公交客车销量增长的影响，大型客车的权重已越来越大。

客车累计销量对比如表1所示。

表1　2014年1～9月客车销量同比情况

单位：辆

		总计	12<L	11<L≤12	10<L≤11	9<L≤10	8<L≤9	7<L≤8	6<L≤7	5<L≤6
本年累计销量	合计	153650	2120	34244	22767	9328	21430	21683	20922	21156
	座位	72214	404	15580	7183	3945	11442	10883	11781	10996
	校车	19049		275	687	1081	1392	3570	4026	8018
	公交	59414	1716	18389	14768	3794	8562	7171	3822	1192
	其他	2973			129	508	34	59	1293	950
上年同期	合计	155924	680	33946	23169	8999	21505	24832	23924	18869
	座位	77223	193	16700	7403	3893	13274	12101	13901	9758
	校车	22902		343	811	1297	1956	4766	6365	7364
	公交	53625	487	16903	14848	3252	6254	7946	3398	537
	其他	2174			107	557	21	19	260	1210
增量	合计	-2274	1440	298	-402	329	-75	-3149	-3002	2287
	座位	-5009	211	-1120	-220	52	-1832	-1218	-2120	1238
	校车	-3853		-68	-124	-216	-564	-1196	-2339	654
	公交	5789	1229	1486	-80	542	2308	-775	424	655
	其他	799			22	-49	13	40	1033	-260
增长（%）	合计	-1.46	211.76	0.88	-1.74	3.66	-0.35	-12.68	-12.55	12.12
	座位	-6.49	109.33	-6.71	-2.97	1.34	-13.80	-10.07	-15.25	12.69
	校车	-16.82		-19.83	-15.29	-16.65	-28.83	-25.09	-36.75	8.88
	公交	10.80	252.36	8.79	-0.54	16.67	36.90	-9.75	12.48	121.97
	其他	36.75			20.56	-8.80	61.90	210.53	397.31	-21.49

数据来源：中国客车统计信息网。

一　市场概况：第三季度的表现明显强于上半年

从5米以上客车的月度销量曲线来看（见图1），1~9月只有4个月高于上年，几乎全部集中在第三季度，而且，8、9月份连续刷新本年度月度销量纪录，第三季度客车市场的表现远远强于上半年。从具体数据来看（见表2），第三季度5米以上客车销量共计59410辆，同比增长13.68%，在目前这样的大环境下，这个增幅是相当可观的。

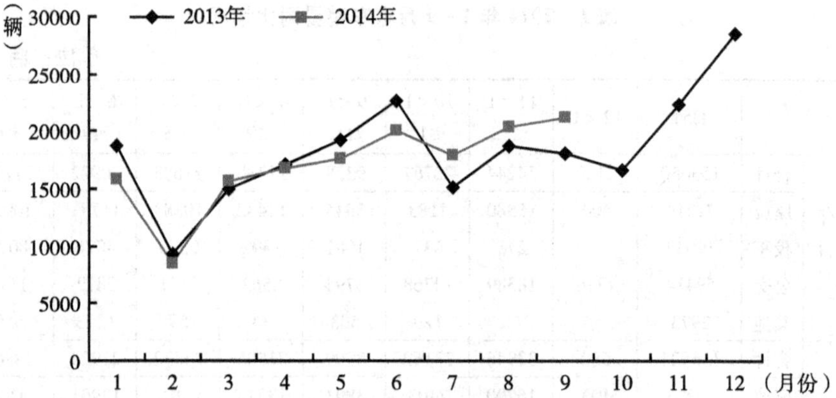

图1　2013~2014年月度销量走势

表2　2014年第三季度销量同比情况

车型长度		总计	12<L	11<L≤12	10<L≤11	9<L≤10	8<L≤9	7<L≤8	6<L≤7	5<L≤6	3.5<L≤5
本年累计销量	合计	59410	469	11900	9239	3924	8856	8446	7177	9399	
	座位	26949	199	5635	3301	1860	4161	4006	3518	4269	
	校车	10298		172	475	624	1004	1792	1871	4360	
	公交	21083	270	6093	5405	1274	3683	2621	1284	453	
	其他	1080			58	166	8	27	504	317	
上年同期	合计	52263	341	10299	8108	3489	6761	8450	7967	6848	
	座位	23343	57	5201	2417	1376	3514	3677	3828	3273	
	校车	9988		200	554	825	597	2102	2710	3000	
	公交	18216	284	4898	5087	1136	2646	2662	1264	239	
	其他	716			50	152	4	9	165	336	

续表

车型长度		总计	12 < L	11 < L ≤12	10 < L ≤11	9 < L ≤10	8 < L ≤9	7 < L ≤8	6 < L ≤7	5 < L ≤6	3.5 < L ≤5
增量	合计	7147	128	1601	1131	435	2095	-4	-790	2551	
	座位	3606	142	434	884	484	647	329	-310	996	
	校车	310		-28	-79	-201	407	-310	-839	1360	
	公交	2867	-14	1195	318	138	1037	-41	20	214	
	其他	364			8	14	4	18	339	-19	
增长（%）	合计	13.68	37.54	15.55	13.95	12.47	30.99	-0.05	-9.92	37.25	
	座位	15.45	249.12	8.34	36.57	35.17	18.41	8.95	-8.10	30.43	
	校车	3.10		-14.00	-14.26	-24.36	68.17	-14.75	-30.96	45.33	
	公交	15.74	-4.93	24.40	6.25	12.15	39.19	-1.54	1.58	89.54	
	其他	50.84			16.00	9.21	100.00	200.00	205.45	-5.65	

数据来源：中国客车统计信息网。

影响2014年第三季度客车市场表现的主要因素有：

首先，2013年的基数低。月度销量曲线图很直观，2013年7月，5米以上客车销量有一个跳水式下跌，导致整个第三季度销量曲线一直在低位徘徊。2013年第三季度销量共计52263辆，占2013年前三季度销量的33.52%，而2014年第三季度销量占前三季度的比例为38.68%，权重上升了5个百分点，可见，2013年基数低是2014年第三季度涨幅较大的主要影响因素。

其次，公路客车销量的下滑被遏制。近三年来，公路客车销量不断下滑。由于公路客运在国家旅客运输体系（包括民航、铁路、公路、水运）中的独特地位具有不可替代性（公路客运量所占比重长期保持在90%以上），公路客车的刚性需求仍然是客观存在的，公路客车销量不会无止境地下滑，2014年第三季度的表现至少说明公路客车的下滑势头被暂时遏制住了，是否就此反转，还需要继续观察。

再次，公交客车销量延续强势。2014年上半年，公交客车销量同比增幅是8.25%，而第三季度则达到了15.74%，虽然有2013年基数低的原因（2013年第三季度公交客车的下降主要受混合动力补贴被取消的影响），但公交客车的市场需求仍然在强势增长是毋庸置疑的。从公交客车的需求规律来看，促进公交客车需求增长的因素主要有三个方面：一是大城市公交客车的产品结构调整，主要体现在新能源客车和燃气客车的比重越来越高；二是受交通形势的影响，二、三线城市的公共交通正在逐步受到重视，发展前景广阔；三是政策影响下乡镇公交的发展趋势向好。

最后，“一通三龙”等主流企业贡献大。2014 年第三季度，50 家企业中有 27 家同比增长，20 家下降，增量列前 15 位的企业中，宇通、金旅、安凯 3 家企业的增量超过千辆，另有 8 家企业的增幅超过了 50%（见表 3）。

表 3　2014 年各家企业第三季度销量排行

序号	单位名称	第三季度销量(辆)	上年同期	增量(辆)	增长%
1	郑州宇通集团有限公司	15799	11661	4138	35.49
2	厦门金龙旅行车有限公司	3954	2626	1328	50.57
3	安徽安凯汽车股份有限公司	2225	1132	1093	96.55
4	中通客车控股股份有限公司	3956	3067	889	28.99
5	东风襄阳旅行车有限公司	1999	1205	794	65.89
6	金龙联合汽车工业(苏州)有限公司	6842	6137	705	11.49
7	桂林客车工业集团有限公司	1591	1013	578	57.06
8	上海申龙客车有限公司	1411	972	439	45.16
9	南京依维柯汽车有限公司	698	432	266	61.57
10	成都客车股份有限公司	559	359	200	55.71
11	江西博能上饶客车有限公司	373	203	170	83.74
12	上海申沃客车有限公司	787	644	143	22.20
13	扬州亚星客车股份有限公司	988	854	134	15.69
14	广州汽车集团客车有限公司	223	110	113	102.73
15	中国重汽集团济南豪沃客车有限公司	478	386	92	23.83
	总　　计	59410	52263	7147	13.68

注：总计中的数字包括 50 家企业。下同。

数据来源：中国客车统计信息网。

二　大中型客车：大型客车公交化趋势已十分清晰

2014 年 1～9 月，大中型客车共计销售 111572 辆，同比下降 1.38%，其中10米以上大型客车销量59131辆，同比增长2.31%，7～10米中型客车销量52441辆，同比下降5.23%。以此为基础，预计2014年大中型客车共计销售163968辆，同比下降0.94%，其中大型客车销量87242辆，同比增长1.56%，中型客车销量76726辆，同比下降3.64%。分析大中型客车的市场表现，有以下4个特征值得关注。

（一）大中型客车销量曲线的敞口越来越大

最近10年来，大中型客车销量连续上了两个台阶，两个台阶的代表年份分别是2007年和2012年。如图2所示，2004年，大、中型客车销量有2000辆的差距，2011年，销量基本持平，随后是大型客车反超，从曲线发展的趋势来看，这种反超的力度已越来越强，两条曲线的敞口也越来越大。

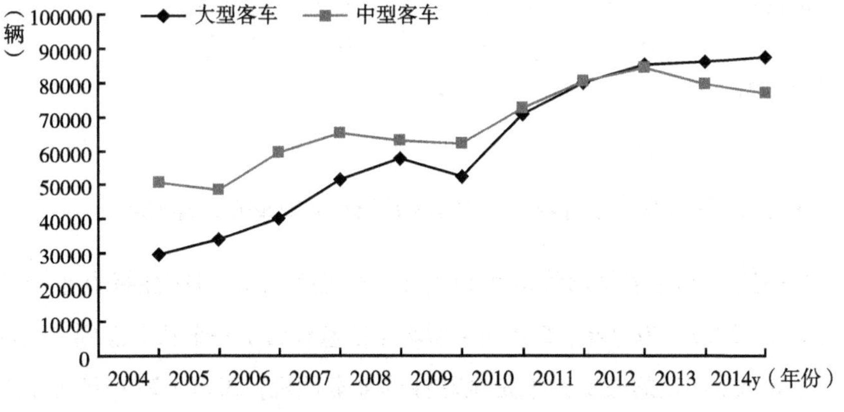

图2　2004～2014年大、中型客车历年销量走势

（二）大型客车公交化趋势越来越明显

大型客车的相对速度快于中型客车，与大型公交客车的大幅增长高度关联。从最近10年大型客车与大型公交客车的销量趋势来看，有几个关键点值得研究（见表4）：一是2013年大型公交客车在大型客车中的权重超过了

50%，大型客车公交化的趋势已十分明显；二是多数年份大型公交客车的增幅大于大型客车的整体增幅；三是最近3年，大型客车的增长完全依赖大型公交客车，大型公交客车的市场地位越来越强。

表4　历年来大型公交客车在大型客车中所占比重

年份	大型客车销量(辆)	其中:大型公交客车(辆)	公交客车占比(%)	大型客车增幅(%)	大型公交客车增幅(%)
2014年1~9月	59131	34873	58.98	2.31	8.17
2013年	85906	47396	55.17	0.71	17.38
2012年	85298	40378	47.34	6.48	17.93
2011年	80110	34238	42.74	13.02	13.99
2010年	70880	30036	42.38	35.76	17.28
2009年	52210	25611	49.05	-9.69	-10.53
2008年	57812	28626	49.52	11.91	25.59
2007年	51658	22793	44.12	28.28	21.46
2006年	40271	18766	46.60	18.94	23.74
2005年	33857	15166	44.79	13.71	22.17
2004年	29774	12414	41.69		

数据来源：中国客车统计信息网。

（三）中型客车具有清晰的市场规律，发展趋势向好

从中型客车的销量曲线图可以看出，中型客车的周期性特点十分清晰（见图2）。2005~2009年，5年间中型客车销量经历了一个从上涨到下跌的轮回，主导这个周期的关键因素是全球性的金融危机；2010~2014年是第二个周期，2014年仍然处于这个周期的下跌过程之中，在这个周期中发挥关键作用的是不断从紧的客运安全政策。在中国客车行业，中型客车从来都是兵家必争之地，中国客车行业是从中型客车开始发展起来的，在20世纪80年代以后才逐步向上延伸进入大型客车领域，向下延伸衍生出轻型客车产品，中型客车的技术底蕴和历史传承更深厚。可见，中型客车具有很好的发展基础，2014年，之所以客车行业对中型客车产品研发注入了极大的热情，是因为大家对中型客车未来预期的一致看好，这种判断是科学的也是严谨的。

（四）大型客车前15位企业的市场集中度已超过90%

从企业的表现来看，大型客车销量列前 15 位企业的市场集中度达到了 91.86%，大型公交客车销量列前 15 位企业的市场集中度则达到了 92.17%，而行业整体（5 米以上）的这个比重只有 84.12%，可见在大型客车领域优势企业的市场地位更为突出，其中宇通无论在大型客车领域还是在大型公交客车领域都具有无可争议的龙头地位，而且与后续企业的差距十分明显（具体数据见表 5）。另外，大型公交客车在大型客车中的比重已高达 58.98%，在前 15 位的企业中，只有 4 家企业的公交比重低于 50%，按从小到大排序分别是青年汽车、厦门金龙、苏州金龙和郑州宇通，其他 11 家企业的公交比重都在 50% 以上，大型客车依赖公交的行业现状一览无余。

表 5　2014 年 1～9 月大型客车与大型公交的行业集中度情况

序号	单　位	大型客车销量	其中：大型公交	公交占比（%）	大型客车行业集中度	大型公交行业集中度
1	郑州宇通	16480	7664	46.50	27.87	21.98
2	苏州金龙	6663	2883	43.27	11.27	8.27
3	厦门金龙	5699	2143	37.60	9.64	6.15
4	厦门金旅	4930	2521	51.14	8.34	7.23
5	中通客车	3862	3000	77.68	6.53	8.60
6	福田客车	3657	3024	82.69	6.18	8.67
7	上海申沃	2734	2715	99.31	4.62	7.79
8	桂林客车	1801	1388	77.07	3.05	3.98
9	上海申龙	1507	843	55.94	2.55	2.42
10	安徽安凯	1341	960	71.59	2.27	2.75
11	重庆恒通	1252	1252	100.00	2.12	3.59
12	成都客车	1213	1213	100.00	2.05	3.48
13	江淮客车	1192	1137	95.39	2.02	3.26
14	扬州亚星	1155	621	53.77	1.95	1.78
15	青年汽车	832	187	22.48	1.41	0.54
	总　计	59131	34873	58.98	—	—

数据来源：中国客车统计信息网。

三　公交客车：呈多元化发展态势

2014 年 1～9 月，5 米以上公交客车销量总计 59414 辆，同比增长 10.80%，成为支撑客车市场的主要因素，其中大型公交客车销量 34873 辆，同比增长 8.17%，中型公交客车销量 19527 辆，增长 11.89%，轻型 5014 辆，增长 27.42%。大型客车所占的比重为 58.69%，中型客车占 32.87%，轻型占 8.44%，以大型客车为主是公交客车领域的显著特征。从企业的表现来看，在公交客车领域，宇通依然一枝独秀，中通客车、厦门金旅、福田客车、上海申沃、桂林客车的强势增长也不可小视（见表 6）。

表 6　5 米以上公交客车销量列前 15 位的企业同比状况

排名	单位名称	2014 年 1～9 月销量	上年同期	增量	增长（%）	行业集中度
1	郑州宇通集团有限公司	12509	11052	1457	13.18	21.05
2	中通客车控股股份有限公司	4810	3728	1082	29.02	8.10
3	金龙联合汽车工业（苏州）有限公司	4576	4339	237	5.46	7.70
4	厦门金龙联合汽车工业有限公司	4297	4469	-172	-3.85	7.23
5	厦门金龙旅行车有限公司	3915	3018	897	29.72	6.59
6	北汽福田汽车股份有限公司欧辉客车	3573	1979	1594	80.55	6.01
7	上海申沃客车有限公司	2829	1945	884	45.45	4.76
8	河南少林客车股份有限公司	2446	2471	-25	-1.01	4.12
9	重庆恒通客车有限公司	2148	2462	-314	-12.80	3.62
10	安徽安凯汽车股份有限公司	1979	2047	-68	-3.32	3.33
11	成都客车股份有限公司	1648	1849	-201	-10.90	2.77
12	桂林客车工业集团有限公司	1634	738	896	121.40	2.75
13	安徽江淮客车有限公司	1518	1353	165	12.20	2.55
14	扬州亚星客车股份有限公司	1503	1823	-320	-17.60	2.53
15	中国重汽集团济南豪沃客车有限公司	1277	466	811	174.00	2.15
	总　　计	59414	53625	5789	10.8	

数据来源：中国客车统计信息网。

分析2014年公交客车市场表现，主要有以下4个特点。

1. 公交客车大型化特征明显，但中、轻型涨势更好，市场呈多元化发展态势

分析最近10年公交客车的销量数据，大型公交客车的优势地位已越来越显著，特别是最近两年，大型公交客车的权重已接近60%，但是，2014年的情况略有不同，从同比增幅来看，大型公交客车增幅最小，中、轻型公交客车涨势更好，市场呈多元化发展态势（见表7）。影响因素主要有3个方面：一是在大型公交客车的产品更新中，由于新能源客车的比重越来越大，占用资金较多，对其他大型公交客车的更新具有抑制作用；二是大城市的支线公交和二、三线城市的公共交通正在逐步受到重视，发展速度较快，这些需求多数以中、轻型产品为主，特别是大城市集中解决“最后一公里”人民群众的出行问题已成为潮流，对中、轻型公交产品的需求大幅增加；三是农村公交的快速发展受到政策的倾斜和关注，农村公交的发展不仅是“村村通”工程的要求，是城乡客运一体化建设的重要一环，还被赋予了校车职能，是解决农村学生出行的重要渠道，因此，农村公交的快速发展将在未来相当长的一段时期让中、轻型公交客车受益。

表7 历年来大型公交客车占公交客车的比重

序号	年份	公交客车销量	其中大型公交	大型公交占比(%)
1	2014年1～9月	59414	34873	58.69
2	2013年	79984	47396	59.26
3	2012年	70383	40378	57.37
4	2011年	69227	34238	49.46
5	2010年	62302	30036	48.21
6	2009年	53581	25611	47.80
7	2008年	55353	28628	51.72
8	2007年	44474	22793	51.25
9	2006年	40435	18766	46.41
10	2005年	31312	15166	48.44
11	2004年	28457	12414	43.62

数据来源：中国客车统计信息网。

2. 两条曲线紧密缠绕，2014年并无显著优势

如图 3 所示，2014 年 1 ~ 9 月，公交客车销量有 5 个月高于上年，4 个月低于上年，曲线走势相对平缓，但是，增幅超过 30% 的有两个月，分别是 3 月的 37.02%，9 月的 30.26%；降幅最大的也没有超过 20%，2 月下降 18.11%，5 月下降 14.83%，此消彼长，导致公交客车销量的整体增幅仍然达到了 10.80%。只是从月度销量曲线的形态来看，两条曲线有多处交叉、紧密缠绕，2014 年销量曲线并不占据绝对优势，而且“两低一高”呈规律性发展，比如，1、2 月处于低位，3 月却突然拔高；4、5 月比较平缓，6 月则刷新了年度销量纪录；7、8 月调整，9 月又反弹向上，这种规律对第四季度公交客车销量曲线的发展十分不利，如果不能摆脱这种“退二进一”发展规律的约束，2014 年 12 月将很难达到 2013 年 12 月的销量高度（2013 年 12 月的 11163 辆，是公交客车月度销量的历史纪录）。

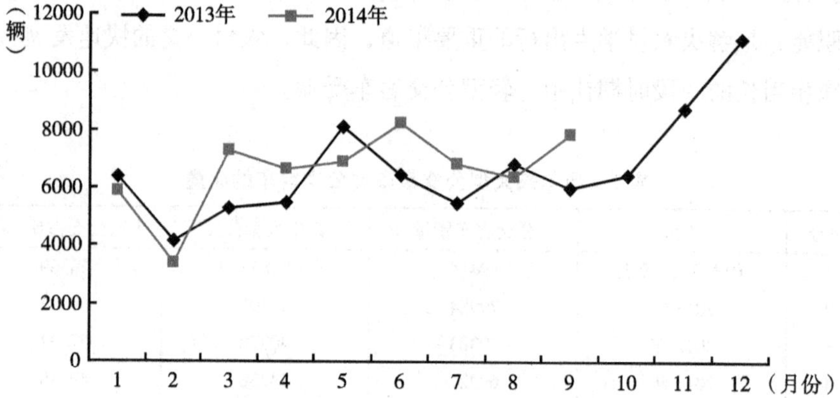

图 3　2013 ~ 2014 年公交客车月度销量走势

3. 燃气公交客车增幅依然强劲

2014 年 1 ~ 9 月，燃气客车销量为 30650 辆，但同比增幅只有 6.11%，较以往年度逊色不少，主要影响因素是燃气公路客车销量同比下降了 15.15%，燃气公交客车销量增幅依然达到了 12.84%，成为 2014 年客车市

表 8　燃气客车销量列前 15 位的企业同比状况

排名	单　位	2014 年 1～9 月	其中公交	上年同期总计	上年同期公交	燃气客车增幅	燃气公交增幅
1	郑州宇通	8136	5154	6679	4383	21.81	17.59
2	苏州金龙	2815	1911	3173	1946	-11.28	-1.80
3	中通客车	2167	1225	2286	1331	-5.21	-7.96
4	厦门金龙	2154	2154	2640	1481	-18.41	45.44
5	福田客车	2140	2031	1442	1270	48.40	59.92
6	成都客车	1413	1413	1661	1661	-14.93	-14.93
7	重庆恒通	1409	1395	1293	1293	8.97	7.89
8	厦门金旅	1291	1012	1540	1085	-16.17	-6.73
9	安徽安凯	1250	965	1138	965	9.84	0.00
10	重汽豪沃	1247	1216	255	159	389.02	664.78
11	河南少林	1112	1110	896	894	24.11	24.16
12	上海申龙	914	676	575	265	58.96	155.09
13	扬州亚星	854	762	950	934	-10.11	-18.42
14	上海申沃	844	844	1123	1123	-24.84	-24.84
15	丹东黄海	516	516	598	578	-13.71	-10.73
	总　计	30650	23952	28886	21227	6.11	12.84

数据来源：中国客车统计信息网。

场上少有的亮点。随着燃气公交客车销量大幅增长，公交客车的销量结构也发生了显著的变化，其中燃气公交客车销量比重为40.31%，加上新能源公交客车的14.93%，新能源和清洁能源的销量权重已超过55%，这种变化顺应国家政策要求，有利于改善大气环境。从企业的表现来看，列前15位企业燃气公交客车的销量合计为22384辆，行业集中度高达93.45%，较上年同期又提高了两个百分点，但是前15位的企业中只有7家增长，同样有7家同比下降，数据也许是巧合，但市场竞争的激烈程度由此可见一斑。在燃气客车领域，宇通的市场表现十分突出。

4. 新能源公交客车已逐渐摆脱常规混合动力取消补贴的影响

2014年1～9月，新能源客车累计销售9098辆，其中新能源公交客车销售8868辆，占97.47%，可见城市公交是新能源客车现阶段的主要市场，公路客运市场几乎可以忽略不计。

分析新能源客车的销量数据，有以下3个主要特点。

一是新能源客车已重新焕发生机。在2013年5月常规混合动力客车取消政府补贴之后，新能源客车的市场需求一直处于低迷状态，2014年上半年，同比降幅仍高达26.21%；而第三季度不仅填补了上半年的亏空，还一举扭亏为盈，虽然同比增幅只有13.33%，新能源公交客车的同比增幅甚至只有12%，但新能源客车重新焕发生机已是不争的事实。

二是没有了补贴就没有销量。在8868辆新能源公交客车销量中，传统的混合动力客车仅为116辆，而且这些订单还是2013年5月之前遗留下来的。"没有了补贴就没有销量"是现阶段新能源客车一个十分尴尬的现状，面对这种现状，不仅客车行业束手无策，国家也十分头疼，新能源客车要发展，但发展越快，国家的包袱越沉重；而一旦取消补贴，市场需求又会马上回到原点，这种现状既浪费资源，使前期产品开发投入打了水漂，又影响持续发展，国家政策"翻煎饼"（一会儿补贴混合动力，一会儿补贴纯电动），使新能源客车的发展轨迹变得断断续续。

三是新四强，新格局。众所周知，"一通三龙"是客车行业主流格局的象征，但是，新能源客车的市场格局有所差异，2014年1~9月，列前4强的企业分别是郑州宇通、苏州金龙、上海申沃和中通客车，四家企业新能源公交客车合计销量6019辆，行业集中度为67.87%，目前，这四家企业在新能源客车领域具有明显优势（见表9）。

表9　新能源客车销量前15位的企业同比状况

排名	单　　位	2014年1~9月	其中公交	上年同期总计	上年同期公交	新能源客车增幅	新能源公交增幅
1	郑州宇通	3028	3028	2484	2484	21.90	21.90
2	苏州金龙	1052	1022	899	899	17.02	13.68
3	上海申沃	1014	1014	122	122	731.15	731.15
4	中通客车	955	955	948	948	0.74	0.74
5	福田客车	587	575	248	248	136.69	131.85
6	桂林客车	533	533	146	146	265.07	265.07
7	广汽客车	358	358	402	400	-10.95	-10.5
8	重庆恒通	355	355	828	828	-57.13	-57.13

续表

排名	单　　位	2014 年 1～9 月	其中公交	上年同期总计	上年同期公交	新能源客车增幅	新能源公交增幅
9	安徽安凯	313	207	440	433	-28.86	-52.19
10	厦门金龙	223	223	460	460	-51.52	-51.52
11	东风扬子江	223	223	21	21	961.90	961.90
12	厦门金旅	110	29	560	560	-80.36	-94.82
13	奇瑞万达	102	102				
14	上海申龙	102	102	66	66	54.55	54.55
15	一汽大连	40	40	2	2	1900	1900
	总　　计	9098	8868	8028	7918	13.33	12.00

数据来源：中国客车统计信息网。

四　校车：目前困难较多，发展前景看好

2014 年 1～9 月，50 家企业中有 23 家企业涉及校车领域，比上年同期减少 7 家，总计销售各类校车 19049 辆，同比下降 16.82%，与 2014 年上半年相比，下降幅度在逐步收窄。分析销量列前 15 位的企业，有两大显著变化，一是同比上涨的企业在增多，二是同比下降的幅度在变小。在国家政策并不支持校车市场快速发展的前提下，现阶段校车市场主要依靠刚性需求来支撑（见表 10）。

表 10　5 米以上校车销量前 15 位的企业同比状况

排名	单位	2014 年 1～9 月	上年同期	增量	增长%
1	郑州宇通集团有限公司	7282	5664	1618	28.57
2	桂林客车工业集团有限公司	1709	2188	-479	-21.89
3	保定长安客车制造有限公司	1578	3401	-1823	-53.60
4	东风襄阳旅行车有限公司	1474	1663	-189	-11.37
5	东风特汽（十堰）客车有限公司	1179	1445	-266	-18.41
6	中通客车控股股份有限公司	908	2112	-1204	-57.01
7	河南少林客车股份有限公司	828	527	301	57.12

续表

排名	单位	2014年1～9月	上年同期	增量	增长%
8	金龙联合汽车工业(苏州)有限公司	656	823	-167	-20.29
9	江西博能上饶客车有限公司	565	675	-110	-16.30
10	上海申龙客车有限公司	518	201	317	157.71
11	一汽客车(无锡)有限公司	472	396	76	19.19
12	江苏友谊汽车有限公司	374	532	-158	-29.70
13	烟台舒驰客车有限责任公司	262	629	-367	-58.35
14	丹东黄海汽车有限责任公司	213	260	-47	-18.08
15	中国重汽集团济南豪沃客车有限公司	207	220	-13	-5.91
	总　　计	19049	22902	-3853	-16.82

数据来源：中国客车统计信息网。

分析校车发展现状，有以下3个特点值得研究。

1. 企业减少，集中度提高

与上年同期相比，中国客车统计信息网的数据显示，显示校车企业减少了7家，加上2013年底已经减少的4家，不到两年时间已有11家企业退出校车领域。2014年1～9月，宇通共计销售各类校车7282辆，行业集中度达到了38.23%。同比提高了近14个百分点。受宇通的影响，主流企业的行业集中度有了大幅度的提高，2014年前10家的行业集中度已达到87.65%，同比提高了6个百分点。

值得一提的是，校车门槛太低，导致了行业资源浪费。2012年7月工信部公布的《专用校车生产企业及产品准入管理规则》中明确要求：申请专用校车生产企业准入的企业，应当具有《车辆生产企业及产品公告》内整车类客车或改装类客车的生产资质，且前三年的客车（含底盘）产销量累计不低于3000辆，或大中型客车（含底盘）产销量累计不低于1000辆。企业还应具有相应的设备、模具维修、维护人员，具有必要的冲压件、模具、检具等存储场地。从目前现状来看，这个规则不仅没有起到准入管理的作用，反而导致校车生产企业泛滥，结果是形成了行业资源的大量浪费，比如这些停产的十几家企业，不仅其产品研发、产品申报、生产设备等方面的人力、物力投入打了水漂，而且投入市场上的校车产品也将在后期的售后服务、配件供应方面产生诸多纠纷，安全隐患在所难免，形成了生产企业、运营单位、乘客（学生）三方共输的尴尬局面。

2. 校车小型化与校车运营模式有关

从表 1 可以看出，2014 年 1～9 月 7 个系列的校车产品中有 6 个系列下降，只有 5～6 米系列同比增长 8.88%，而且该系列校车 2014 年 1～9 月累计销量为 8018 辆，在校车中的权重达到 42.09%，小型化特征十分明显。

除了价格、司机的因素以外，校车小型化发展现状与校车运营模式也有一定的关联。在目前的校车运营模式中，提得较多的是“政府主导、部门监管、企业运营、财政补贴”，政府考虑较多的是覆盖率，企业考虑较多的是利润率，无论是政府还是运营企业都不太关注营运效率。校车与学校之间往往是“一对一”的关系，是一种简单的分条划块的管理方式，这种粗放式的运营模式，直接结果是校车使用效率低、资源占用量大，使用大型校车往往“吃不饱”，因此，小型校车需求增长。这种模式的优点是管理相对简单，线路规划和组织管理不像网络化运营模式那样复杂。我们认为，粗放式的运营模式是校车发展初级阶段的显著特征，随着校车发展进程的延续，营运效率必将会被提上议事日程，与集约化发展模式相对应的大型校车势必会有用武之地。

3. 依然具有良好的发展前景

从发展趋势来看，影响校车需求的主要因素有 4 个方面。

首先，与经济发展有关。发展校车需要强大的经济实力做后盾，校车需要政府财政承担的费用很多，比如购车补贴、运营补贴、学生的乘车补贴以及报废时的旧车补贴，等等。作为全球第二大经济体，中国在解决温饱问题之后已经有实力来解决校车问题。

其次，与学校发展现状有关。如果说 20 世纪的撤点并校使学生的交通问题凸显出来，那么目前的贵族学校、重点学校、私立学校则为校车的发展增加了新的需求，而《国家中长期教育改革和发展规划纲要（2010～2020

年）》提倡的“深化办学体制改革”和“大力支持民办教育”，为这种“百花齐放”的学校发展局面提供了政策依据。

再次，与计划生育政策的调整有关。学校生源不足，对校车需求的积极性也不会很高，目前的“单独二孩”政策，将大大缓解生源不足的问题。随着“单独二孩”政策的逐步放开，可以预见，未来四五年之后，学生数量将会大幅增长，这是校车发展的基础。

最后，与社会环境的变化有关。比如目前的公车改革将大大减少接送孩子的车辆；夕阳红旅游吸引了大量的爷爷奶奶，使自己接送孩子上下学越来越没有市场；严峻的交通状况让年轻的父母根本不敢以车试堵，接送孩子还是交给校车吧；事业型父母增多、年轻家长的职业竞争加剧，都是发展校车的积极因素。

可见，校车的发展前景仍然是值得期待的。

五　客车出口：整体表现一般，公交客车表现突出

2014 年 1 ~9 月，各类客车累计出口 32116 辆，出口金额为 93.23 亿元人民币，分别比上年同期增长了 26.93% 和 27.91%。其中，大型客车出口量和出口额分别增长 17.73%、19.14%，中型客车增长 40.30%、58.12%，轻型客车增长 28.27%、27.74%，轻型客车的大幅增长主要依靠厦门金龙、厦门金旅的海狮系列。具体数据如表 11 所示。

表 11　2014 年 1 ~9 月客车出口情况表

单位：辆，万元人民币

分类	2014 年 1 ~9 月		上年同期		增量		增长(%)	
	出口量	出口金额	出口量	出口金额	出口量	出口金额	出口量	金额
大型客车	10493	598799.60	8913	502597.74	1580	96201.86	17.73	19.14
其中：公交	5208	270601.82	4141	200757.38	1067	69844.44	25.77	34.79
中型客车	7005	231518.93	4993	146421.00	2012	85097.93	40.30	58.12
其中：公交	2308	65016.39	1082	28782.49	1226	36233.90	113.31	125.89

续表

分类	2014年1～9月		上年同期		增量		增长(%)	
	出口量	出口金额	出口量	出口金额	出口量	出口金额	出口量	金额
轻型客车	14618	102017.06	11396	79862.58	3222	22154.48	28.27	27.74
其中:公交	549	7890.13	117	1570.75	432	6319.38	369.23	402.32
合计	32116	932335.59	25302	728881.32	6814	203454.27	26.93	27.91
其中:座位	23451	574461.55	18525	475280.29	4926	99181.26	26.59	20.87
公交	8065	343508.34	5340	231110.62	2725	112397.72	51.03	48.63
校车	488	12778.41	1375	20394.03	-887	-7615.62	-64.51	-37.34
其他	112	1587.29	62	2096.38	50	-509.09	80.65	-24.28

数据来源：中国客车统计信息网。

分析出口现状，有以下4点值得关注。

1. 客车出口整体表现并不强

首先，出口量和出口额的同比增幅26.93%、27.91%并不高。2013年客车出口形势很差，出口量增幅只有4.36%，而出口额下降了13.61%，也就是说，2013年的基数并不高，所以，2014年的这点增幅没有说服力，只能说勉强维持了客车出口的增长。

其次，大型客车出口情况较差，业绩受损。从发展走势来看，大型客车出口额在客车出口中一直占据主导地位，但最近三年每况愈下。2012年，大型客车出口额91.07亿，占总出口额的76.43%，2013年81.84亿，占69.20%，2014年1～9月只占64.23%，较上半年又有所下降。大型客车出口的实际意义不仅体现在经济效益方面，还代表着中国客车的整体形象和地位，如果大型客车出口越来越弱，尽管我们的出口效益在增长，中国客车在国际客车市场上也很难获得认可。

最后，与2014年上半年相比，客车出口效率在下降。上半年尽管出口量的增幅只有25.39%，但出口额的增幅达到了43.45%，与上半年相比，2014年1～9月出口额的增幅下降了15.54个百分点，说明第三季度的出口效率要远远低于上半年。

2. 出口量曲线的走势令人担忧，连续下滑影响士气

如图 4 所示，2014 年客车出口量曲线呈大起大落之势，1～7 月基本上是震荡上行，特别是 4～7 月的曲线一路走高。但是，7 月之后，连续两个月下跌而且速度很快，至 9 月，客车出口量已基本上跌回到 1 月的水平，花了半年时间涨上来，两个月就跌了回去，下滑的惯性，对 2014 年第四季度形成了较大的压力，加之 10 月工作日少，希望 10 月就开始反弹显然不现实，因此，预计 2014 年全年客车出口形势也不会很乐观。

最近两个月客车出口量的快速下滑实际上是毫无征兆的，这种找不出影响因素的下跌对士气的打击最大。

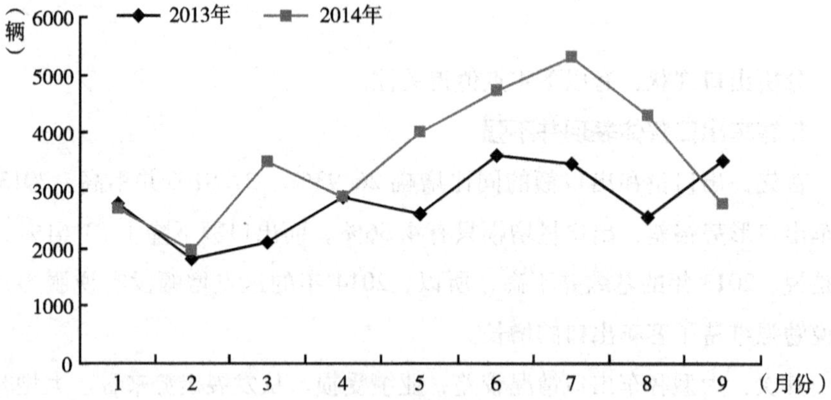

图 4　2013～2014 年中国客车月度出口销量走势

3. 大中型客车出口增长反衬出国内市场的低迷

大中型客车一直是我们研究的主要领域，其中校车和其他客车占比较小，不做重点研究。2014 年 1～9 月共计出口大中型客车 17498 辆，出口金额 83. 03 亿元（人民币），同比分别增长 25. 83%、27. 93%。虽然整体表现并不强，却反衬出国内市场更弱，具体数据如表 12 所示。

从表 12 中可以看出几个重点：

一是国内市场大中型客车表现低迷。2014 年以来大中型客车销量整体上呈下降态势（同比下降 1. 38%），公交客车是主要支撑力量（同比增长 9. 48%），

表12　2014年1～9月客车国内外销量情况

单位：辆，%

分类	2014年1～9月	其中				同比增长	其中			
		座位客车	公交客车	校车	其他		座位客车	公交客车	校车	其他
大中型合计	111572	49437	54400	7005	730	-1.38	-7.70	9.48	-23.63	3.69
国内	94074	39921	46884			-5.19	-12.69	5.44		
出口	17498	9516	7516			25.83	21.33	43.90		
大型合计	59131	23167	34873			2.31	-4.65	8.17		
国内	48638	17882	29665			-0.50	-8.54	5.58		
出口	10493	5285	5208			17.73	11.40	25.77		
中型合计	52441	26270	19527			-5.23	-10.24	11.89		
国内	45436	22039	17219			-9.75	-15.78	5.19		
出口	7005	4231	2308			40.30	36.53	113.31		

数据来源：中国客车统计信息网。

其中，出口形势相对较好，增幅达到25.83%，座位客车、公交客车销量增幅都不小。国内市场的低迷现状一览无余，大中型客车销量整体下降5.19%，座位客车下降12.69%，公交客车增幅也只有5.44%。

二是大型客车相对较好。大型客车中，出口所占的比例已经达到17.75%，中型客车则只有13.36%，因此，大型客车的出口增长对其总销量的影响要远大于中型客车。同时，在国内市场上，大型客车的表现也比中型客车要好一些。两个因素叠加，导致大型客车的市场表现略强于中型客车。

三是公交客车出口开始发力。在客车出口中，长期以来公交客车都是配角，但2014年这个现状已经有所变化，有数据为证：1～9月公交客车在大中型客车出口量中的比重为42.95%，较上年同期提高了5.39个百分点；1～9月大中型公交客车出口量占大中型公交客车总销量的比例为13.81%，较上年同期提高了3.31个百分点；大中型公交客车出口增幅高达43.90%，其中，大型公交增长25.77%，中型公交增长113.31%。按此趋势发展，2015年公交客车在大中型客车出口量中的权重就会超过座位客车。

4. 主流企业表现强势

2014 年 1 ~ 9 月，50 家企业中涉及出口的有 27 家，较上年同期减少 4 家，18 家同比增长，9 家下降，其中出口额超过亿元的企业共有 11 家，具体如表 13 所示。

表 13　2014 年 1 ~ 9 月客车出口亿元以上的企业

排名	单位名称	2013 年同期		2014 年 1 ~ 9 月		出口量增量（辆）	出口额增量（万元）	出口量增长%	出口额增长%
		出口量（辆）	出口金额（万元）	出口量（辆）	出口金额（万元）				
1	郑州宇通	3046	178206.22	3551	248627.61	505	70421.39	16.58	39.52
2	苏州金龙	2560	113708.11	4386	188067.34	1826	74359.23	71.33	65.39
3	厦门金龙	6830	144633.00	8938	143939.00	2108	-694.00	30.86	-0.48
4	中通客车	1368	47049.10	2901	73001.00	1533	25951.90	112.06	55.16
5	厦门金旅	4532	47637.70	6205	70297.77	1673	22660.07	36.92	47.57
6	上海申龙	617	33481.00	1473	59744.71	856	26263.71	138.74	78.44
7	江淮客车	731	16399.75	1417	31322.53	686	14922.78	93.84	90.99
8	扬州亚星	302	17024.44	362	22425.50	60	5401.06	19.87	31.73
9	桂林客车	367	14198.12	651	21541.02	284	7342.90	77.38	51.72
10	曙光汽车	34	1203.10	331	16878.79	297	15675.69	873.53	1302.94
11	浙江青年	76	7685.00	105	10552.00	29	2867.00	38.16	37.31

数据来源：中国客车统计信息网。

分析表 13，有 3 点值得关注：

其一，11 家企业出口量合计 30320 辆，出口额合计 88.64 亿元人民币，分别占出口总量的 94.41%、95.07%，是名副其实的出口主流企业；集中度分别较上年同期增长 13.53 和 9.84 个百分点。资源向优势企业集中是客车出口的显著特点。

其二，11 家企业合计出口量和出口额的增幅为 48.17%、42.69%，远远高于行业整体增幅，也显现出强者愈强的发展态势。

其三，出口格局基本上可以划分为三个层次，而且各有特点。宇通、苏州金龙、厦门金龙三家企业超过 10 亿元，为第一集团；中通、金旅、申龙、江淮客车出口量都在千辆以上，为第二集团；亚星、桂林客车、曙光汽车、浙江青年为第三集团，这四家企业出口量都不大，但出口额都在亿元以上，单车出口均价较高。

六　全年预测：2014年5米以上客车销量将略有增长

（1）预计2014年全年5米以上客车销量将比上年略有增长，其中，座位客车总销量10.8万辆，同比下降5%左右；预计公交客车销量增幅达10%左右。

（2）预计5米以上公交客车销量增幅为10%左右，总销量将达到8.8万辆。

（3）预计校车销量降幅有所收窄，降幅约为10%左右，总销量为2.3万辆。

（4）预计其他类型客车销量为0.4万辆。

（5）预计国内客车出口销量增幅超过30%。

预计2014年5米以上客车的总销量为22.3万辆，同比增幅为0.63%左右。其中，燃气客车销量2014年保持增长10%左右，总销量预计为4.8万辆（主要考虑基数提高，增幅下降及燃气公路客车市场表现较差）。

七　对2015年的基本判断

（一）公路客车的影响因素

1. “四个交通”对公路客车的发展趋势有了明确的定位

在2014年全国交通运输工作会议上，交通运输部部长杨传堂做了《深化改革务实创新加快推进“四个交通”发展》的报告。报告中提出，把改革创新贯穿于加快“四个交通”（综合交通、智慧交通、绿色交通、平安交通）发展的各领域、各环节，全力提升运输服务质量和推进综合交通运输体系发展，实现交通运输业持续健康发展。总而言之，要以综合交通为核心，以智慧交通为关键，以绿色交通为引领，以平安交通为基础，“四个交通”相互关联，相辅相成。

对于客车行业而言，“四个交通”的作用主要体现在4个方面。

一是定位公路客车的发展趋势。公路客车销量连年下滑，公路客运的末日来了吗？显然不是，在四个交通的大格局中，公路客运的独特地位具有不可替代性，公路客车的发展既是综合交通的重要支撑，也是智慧交通、平安交通和绿色交通的着陆点。可以说，缺少公路客车，“四个交通”将会变成空中楼阁；公路客车销量的大幅下滑，“四个交通”的影响也会大为逊色。“综合交通”将统筹规划公路、铁路、水路、民航及邮政业发展，建立并完善与综合交通相适应的制度、体制及机制；统筹各类运输方式在区域间、城市间、城市内、城乡间的协调发展，发挥组合效率与整体优势，实现各类运输方式从独立、分散发展转向一体化与集约化发展，加快构建“网络设施配套衔接、技术装备先进适用、运输服务安全高效”的综合交通系统。因此，“四个交通”为公路客车的未来描绘出一幅美好蓝图。

二是“四个交通”打开了公路客车发展的市场空间。从技术发展来看，目前新能源客车的续驶里程完全能够满足200～300公里的公路客运需求，但是，由于新能源客车没有技术等级（营运客车类型划分及等级评定），无法取得营运证，因此，新能源客车在公路客运领域的发展十分缓慢。而“绿色交通”将会为新能源客车进入公路客运市场扫清政策障碍。政策瓶颈打通之后，预计2015年新能源公路客车会有5000辆左右的新车需求。

三是“四个交通”为客车技术进步指明了方向。安全、节能、环保、智能是客车技术发展的永恒目标，“四个交通”对这些目标有了更明确的要求。

“智慧交通”对应智慧客车的技术发展，在智能化、信息化、人性化方面的要求十分明确。“智慧交通”的关键是完善全行业开放协同创新机制，注重以“信息化和智能化”来引领提升交通运输管理效能，促进现代信息技术在行业监管、运行管理及服务领域的深度应用，从而全面提升交通运输的供给能力、运行效率、安全性能与服务质量，实现交通运输持续创新发展。“智慧交通”不仅能够推动客车技术进步，而且能够提升客车技术的应用水平，大大加快智慧客车的发展步伐。

“绿色交通”对应新能源和清洁能源客车的技术发展，治污去霾是当前的重点和难点，新能源和清洁能源客车技术进步具有政治意义。

“平安交通”对应安全技术的发展，没有安全就没有一切，客车安全永远是客车技术进步重点中的重点，提升技术标准、加快新材料的推广和应用、技术引进、自主创新都应该以安全为核心。

四是纠正发展中的一些偏差。2014 年由于燃气涨价、油价下跌以及加气站的普及仍然不快，燃气公路客车销量出现了较大幅度的下滑，与“四个交通”的发展目标背道而驰，怎样来纠正这种发展中的偏差，需要政策的引导。

2. 2015年是“城乡客运一体化”政策的收官之年，具有一定的想象空间

推进城乡道路客运一体化发展，是交通运输部贯彻落实党中央、国务院关于统筹城乡协调发展、加快社会主义新农村建设的一项重要政策。其主要目标为，力争用 5 年左右时间，在全国城乡道路客运一体化发展方面取得重要突破，促使城乡道路客运发展更协调、网络衔接更顺畅、政策保障更到位，服务广度与深度逐步提升，服务质量显著改善，可持续发展的能力明显增强。2015 年是收官之年，政策执行的力度可能会大于以往年度。

从目前来看，城乡道路客运一体化任重而道远，有些省份甚至将目标年度延伸到 2020 年，比如：河北省农村客运班线公交化运行率在 2014 年底达到了 22.5%，有 21.9% 的乡镇完成农村客运班线公交化改造，分别比 2013 年底提高了 7.1 个百分点和 8 个百分点。预计到 2015 年，实现县城 20 公里范围内的农村客运线路公交化运行率达 30% 以上，全省有 30% 以上的乡（镇）基本完成农村客运班线的公交化改造。

陕西省力推城乡道路客运一体化发展的主要目标为：力争到 2020 年，全省城乡道路客运一体化发展取得重要突破，具体目标包括：一是基本建成能力充分、灵活舒适、节能环保的城市公共交通网络，各设区市的城市公共交通网络延伸覆盖郊区 80% 以上的乡镇；二是基本建成服务优质、安全高效、

管理规范的城际客运网络，以快速直达班线客运的发展为主，具备条件的毗邻城市间可开通城际公交；三是基本建成覆盖全面、运行稳定、经济便捷的农村客运网络。建制村通班车率达到95%，全部县城均开通公交线路，80%的县城实现县域内20公里范围内的农村客运线路公交化运行率达50%以上。

城乡客运一体化主要包括四个方面，城际、城市、城乡、村镇。4年来，除了城市公交客车增长较快以外，大、中、轻型公路客车的市场表现均不理想，城乡客运一体化政策的配套资金制度不明确是关键的影响因素。总体来看，离目标差距越大，市场空间的弹性越大。

3. 5米以上座位客车的市场发展规律，支持2015年公路客车销量反弹

表14是最近10年来5米以上座位客车的销量数据。

表14　最近10年5米以上座位客车历年销量

单位：辆

年份	2004	2005	2006	2007	2008	2009	2010	2011	2012	2013	2014y
大型	13076	15138	18484	25346	25862	23459	36925	42232	41877	36883	35754
中型	34475	34053	41175	45334	38087	37639	45354	50837	45055	41817	38819
轻型	29905	25225	28764	33098	30896	37062	49186	43336	35210	34287	33405
合计	77456	74416	88423	103778	94845	98160	131465	136405	122142	112987	107978

分析10年来5米以上公路客车销量数据，有4点值得关注：

一是5年周期明显，前3年一般是上升阶段（见图5）。2004～2008年是一个周期，2009～2013年是第二个周期，2014年是第三个周期的第一年，一般而言，前3年处于上升期，因此，我们认为2015、2016年公路客车销量将反转。

二是最近3年销量连续下滑，且大、中、轻型公路客车基本同步，可谓泥沙俱下，市场的低迷程度超过以往任何年份。公路客运这几年的低迷只是适应新的客运格局的一种调整（主要是高铁的冲击），在达到新的平衡之后，将会重新进入发展轨道。物极必反是一种哲学思想，既然公路客运不可能消亡，触底反弹就是一种大概率事件。

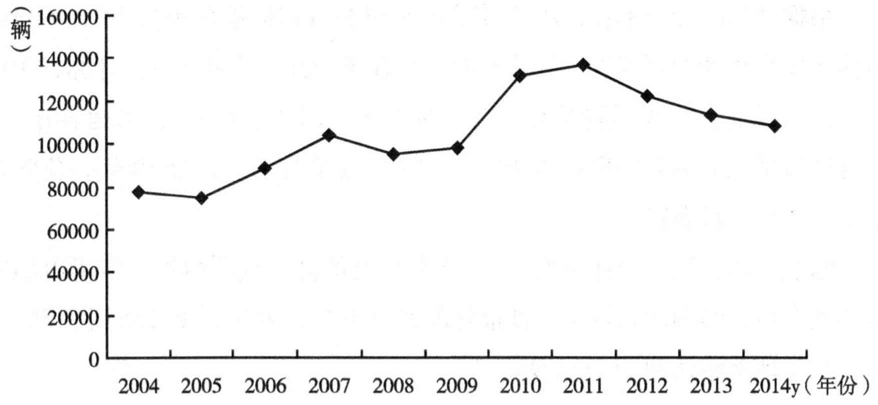

图5　最近10年来5米以上座位客车历年销量走势

三是5米以上座位客车销量已倒退5年，与国家经济发展的大环境不匹配。国家宏观经济增速虽有所放缓，但仍然保持高增长态势，2014年公路客车销量仅仅与2009年相当，在国家经济不断发展的大环境之下，这种倒退显得有些不合时宜。

四是公路客运量依然在上升，公路客车的需求却连续下滑，这种矛盾不可能长期存在（见表15）。

表15　最近10年国内客运量统计

单位：万人，%

年份	客运量总计	铁路	公路	水运	民航	公路占比
2004	1767453	111764	1624526	19040	12123	91.91
2005	1847018	115583	1697381	20227	13827	91.90
2006	2024158	125655.8	1860487	22047	15967.84	91.91
2007	2227761	135670	2050680	22835	18576.21	92.05
2008	2867892	146192.8	2682114	20334	19251.12	93.52
2009	2976898	152451.2	2779081	22314	23051.64	93.35
2010	3269508	167609	3052738	22392	26769.14	93.37
2011	3526319	186226.1	3286220	24556	29316.66	93.19
2012	3804035	189336.9	3557010	25752	31936.05	93.51
2013	2122992	210596.9	1853463	23535	35396.63	87.30

根据国家统计局解释，2013 年公路水路客货运输数据源自 2013 年交通运输业经济统计专项调查，统计范围口径有所调整。按可比口径计算，2013 年公路客运量、旅客周转量比上年分别增长 4.2%、1.0%；水运客运量、旅客周转量比上年分别增长 3.0%、2.9%。也就是说，最近 10 年，公路客运量一直呈增长态势。

综上所述，我们预计 2015 年公路客车销量将会有所增长。鉴于市场困难仍然存在，温和增长将是一种很好的修复方式，因此，预计增幅在 5% 左右，全年销量将达到 11.3 万辆。

（二）公交客车的影响因素

1. 公交都市建设的影响

2012 年 10 月，交通运输部决定授予北京、太原、大连、郑州、武汉、长沙、深圳、重庆、哈尔滨、南京、济南、昆明、西安、乌鲁木齐、石家庄 15 个城市“公交都市”第一批创建城市称号。

2013 年 11 月，交通运输部决定授予天津、上海、保定、呼和浩特、沈阳、长春、苏州、杭州、宁波、合肥、福州、南昌、青岛、新乡、株洲、广州、柳州、海口、贵阳、兰州、西宁、银川共 22 个城市为公交都市建设示范工程第二批创建城市。

全国地级以上城市共计 292 个，公交都市示范城市 37 个，占 12.67%，大陆 31 个省、自治区、直辖市中，只有四川、西藏尚无公交都市示范城市。公交都市建设示范工程推动了公交行业的快速发展，对公交客车的规模扩张、结构调整都发挥着极大的引导作用。

交通运输部运输司司长刘小明在第二批公交都市创建工作推进会上的讲话中明确表示：当前与今后一段时期内，是中国加快经济发展方式转变、全面建成小康社会的重要时期，要迅速发展城乡一体化，快速推进机动化、城镇化，人民群众对城市公共交通的服务能力与水平有更高期待，对公交都市创建工作也有着更高要求，公交都市创建已进入攻坚期。刘小明还提出，（1）全面建成小康社会总目标要求进一步加快公交都市创建工作；（2）推进新型城镇化建设要求进一步加快公交都市创建工作；（3）资源和生态环境压力要求进一步加快公交都市创建工作；（4）缓解城市交通拥堵要求进一步加快公交都市创建工作；（5）构建综合运输体系要求进一步加快公交都市创建工作；（6）推进城乡客运基本公共服务均等化要求进一步加快公交都市创建工作。500万人口以上的城市，要加快规划建设城市轨道交通网络，形成以轨道交通网络化运营系统为主体、快速公交网络化运营系统为补充的城市快速通勤系统；300万人口以上的城市，要加快规划建设以城市轨道交通为骨干、以快速公交网络化运营系统为主体的城市快速通勤系统；100万人口以上的城市，要加快规划建设快速公交网络化运营系统，发挥其在城市公共交通系统中的骨干作用。

2. 公交客车等级评定的影响

为规范公共汽车的运营管理，统一公共汽车的技术标准，使车辆的技术配置更加合理，并有利于车辆的维护与修理，交通运输部在车辆主要技术性能和配置要求方面制定了交通行业标准《公共汽车类型划分等级评定》JT/T 888－2014。该标准作为公共交通领域的一项重要技术标准，对各类公共汽车的安全性、节能环保、舒适性等相关配置和性能指标提出了具体的要求。认真贯彻落实JT/T 888－2014标准，对促进公共汽车技术升级、引导我国客车产业健康发展、提高公共交通服务质量、推进公交优先政策的落实具有重要的意义。

营运客车类型划分及等级评定对于客车行业的影响大家都深有体会，对推动客车行业的技术进步和市场扩张发挥了重要作用，主要表现为：第一，使整个运力结构特别是客运行业的运力结构发生了天翻地覆变化；第二，对客车行业的技术进步起到了引导作用；第三，促进了客运行业的发展；第四，营运客车等级评定工作适应了运输市场需求，适应了各个阶层老百姓对于客车安全与舒适的要求。

从市场规律来看，其影响更为直观：

如图6所示，大中型客车市场规模在1998年时超过2万辆，到2012年

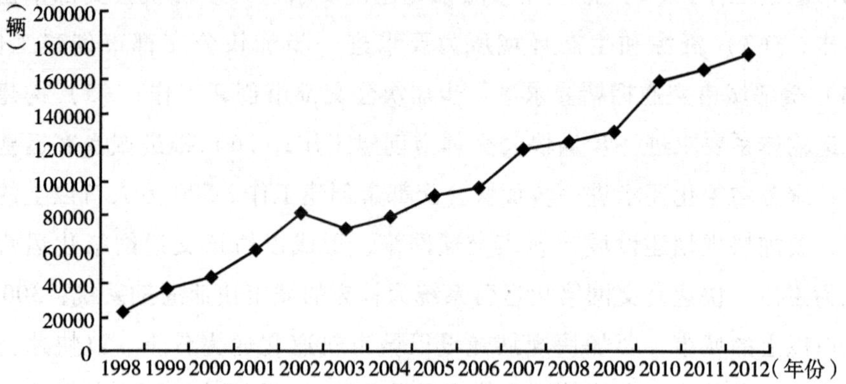

图 6　1998～2012 年大中型客车历年销量走势

已超过 17 万辆，市场规律的周期约为 5 年。比如，1998～2002 年，5 年间大中型客车的市场规模从 2 万辆提高到 8 万辆，主要推动因素就是营运客车类型划分及等级评定政策。

如果公共汽车类型划分及等级评定能够达到营运客车类型划分及等级评定的要求，将推动公交客车需求平台的上升，该标准对客车行业未来 10～15 年发展将产生积极的支撑作用。

3. 新能源客车的增幅将超过100%

推动新能源客车增长的因素主要有两个，一是政策，二是需求。据不完全统计，2014 年关于新能源客车发展的国家政策共有 7 个：

（1）关于电动汽车用电价格政策有关问题的通知（发改价格〔2014〕1668 号）

对经营性集中式的充换电设施用电实行价格优惠，执行大工业电价，并在 2020 年前免收基本电费。电动汽车充换电设施的用电执行峰谷分时电价政策，鼓励用户通过利用低谷电来降低充电成本。

（2）关于免征新能源汽车车辆购置税的公告

7 月 9 日，国务院总理李克强主持召开国务院常务会议。会议决定自 2014 年 9 月 1 日至 2017 年底，对获得许可在中国境内销售（包括进口）的纯电动及符合条件的插电式（含增程式）混合动力、燃料电池这三类新能源汽车免征车辆购置税。

（3）关于加快新能源汽车推广应用的指导意见（国办发〔2014〕35号）

对加快新能源汽车推广应用提出了6个方面共25条具体政策措施：一是加快充电设施建设；二是积极引导企业创新商业模式；三是推动公共服务领域率先推广应用；四是进一步完善政策体系；五是破除地方保护；六是加强技术创新和产品质量监管。

（4）关于进一步做好新能源汽车推广应用工作的通知（财建〔2014〕11号）

纯电动乘用车、插电式混合动力（含增程式）乘用车、纯电动专用车、燃料电池汽车2014年度和2015年度的补助标准，将在2013年标准基础上下降10%和20%。现将上述车型的补贴标准调整为：2014年在2013年标准基础上下调5%，2015年在2013年标准基础上下调10%，并从2014年1月1日起开始执行。

（5）节能与新能源汽车产业发展规划（2012~2020年）

到2015年，纯电动汽车与插电式混合动力汽车的累计产销量力争达到50万辆；到2020年，纯电动汽车和插电式混合动力汽车的生产能力要达到200万辆，累计产销量要超过500万辆，并且燃料电池汽车、车用氢能源产业要做到与国际同步发展。

（6）第二批新能源汽车推广应用城市名单公布

在2013年11月公布第一批名单（北京、天津、上海等28个城市）之后，四部委在2014年1月发布了“关于支持沈阳、长春等城市或区域开展新能源汽车推广应用工作的通知”（财建〔2014〕10号），该文件公布了第二批新能源汽车推广应用城市名单，支持长春、沈阳等12个城市或区域开展新能源汽车推广应用工作。文件中明确要求，各城市或区域应创造良好的新能源汽车应用环境，加快建设符合国家标准要求的基础设施，并尽快明确和落实地方性鼓励政策；不得或变相地设置障碍来限制采购外地品牌新能源汽车，比如设置地方性车型目录、地方性标准等，对已施行的要尽快整改。

（7）交通运输部发布关于加快新能源汽车推广应用的实施意见（征求意见稿）

9月15日，交通运输部发布关于加快新能源汽车推广应用的实施意见（征求意见稿），确定了总体目标，明确表示，公交都市创建城市新增或更新城市公交车，新能源汽车比例不低于30%，京津冀地区这个比例不低于35%，到2020年，新能源城市公交车达到20万辆。

除国家政策外，还有若干地方性政策，从政策层面来看，新能源客车的发展前景十分广阔。

关于需求，全国各省市基本都出台了新能源汽车推广工作方案，仅举5例：

（1）京津冀公交等公共服务领域新能源汽车推广工作方案

2014～2015年在京津冀地区公共交通服务领域共推广20222辆新能源汽车。其中，北京市8507辆，天津市6000辆，河北省5715辆，到2015年底，京津冀地区公交车中新能源汽车比例不低于16%（目前京津冀公交车共5.39万辆）。

（2）上海市新能源汽车推广应用实施方案（2013～2015年）

根据到2015年上海市计划推广应用新能源汽车13000辆的目标，2013年推广应用400辆左右、2014年推广应用3600辆左右、2015年推广应用9000辆左右。

（3）关于加快推进珠江三角洲地区新能源汽车推广应用的实施意见

2013～2015年，珠三角地区推广应用的新能源汽车数量要达到4.5万辆。其中，深圳2.5万辆，珠海、佛山等其他7市共2万辆。

（4）江苏省政府关于加快新能源汽车推广应用的意见

2014年计划推广新能源汽车5321辆，其中南京市2530辆，常州市365辆，苏州市800辆，南通市367辆，盐城市1009辆，扬州市250辆。

（5）福建省新能源汽车推广应用实施方案（2013～2015年）

至2015年，在海西经济区的福州、厦门、漳州、泉州、三明、莆田、南平、龙岩、宁德、平潭综合实验区“9+1”城市群累计推广应用10000辆新能源汽车。

从市场表现来看，2013、2014年新能源客车销量并未出现井喷，因此，2015年就显得尤为重要，销量的增幅超过100%并不是难事，预计总销量将超过3万辆。

综上所述，我们预计2015年公交客车销量将会继续增长，由于新能源公交、燃气公交以及公交出口都有上佳表现，预计增幅在15%左右，全年销量将达到10万辆。

（三）关于校车

1. 校车政策已开始破冰

校车销量的连续下滑主要受政策的影响，《校车安全管理条例》之后，相关配套政策迟迟未见，2014年10月，教育部召开新闻发布会，介绍《教育重大突发事件专项督导暂行办法》有关情况，“校车安全”纳入教育重大突发事件规制，可以看成校车政策的破冰事件。虽然国家级的政策不多，地方性政策却在不断出台，据报道，截至目前，上海、内蒙古、陕西、甘肃、广西、重庆、青海、江西、海南、山东等省份已制定出台了条例实施办法，河南正面向社会征求意见；湖南、上海、重庆、河北、黑龙江等省市已出台省级校车服务方案；广州、泉州、福州、厦门、荆州、鞍山、盐城等许多城市也出台了各自的校车服务及管理文件。从观望到行动，应该说是一种进步，也为校车的未来打开了一道门。

对于校车市场来说，地方政府的积极性是十分关键的，只要地方政府有解决校车问题的勇气和魄力，校车的发展前景就会一片光明，因为校车的刚性需求是客观存在的。

2. 校车管理创新将会导致需求的巨大变化，但仍然困难重重

目前校车市场上出现的校车运营模式大致可分为公司运营模式、校方自主运营模式以及校方、公司联合运营模式三种，无论哪一种模式，只要缺少

地方政府的统一规划，都很难解决运营效率问题。而不能提高运营效率，大面积普及校车的希望就会成为一种空想。

校车销量经过连续两年的下滑，目前的这2.3万辆销量都是质量很高的刚性需求，我们判断2015年仍能保持这一需求水平。

综上所述，2015年5米以上客车销量有望达到24万辆，其中，座位客车11.3万辆，公交客车10万辆，校车2.3万辆，其他客车0.4万辆。总增幅为7.5%左右。

B.5

国外新能源客车的发展历程、现状及趋势

周 玮　朱一方　姚占辉*

摘　要： 自1888年世界第一辆电动公交车在英国诞生以来，电动客车经历了漫长的发展过程。受能源、环境危机的影响，国外电动客车进入21世纪以来的推广规模逐渐扩大。本文首先回顾了国外电动汽车由起源到走入低谷并最终复兴的发展历程，介绍了影响电动汽车产业发展的几个重要历史阶段。其次对美、日、欧针对电动汽车尤其是电动客车的扶持政策进行了梳理，并介绍了国外主要电动客车企业及其代表产品。最后对国外典型电动客车推广应用项目进行了简要介绍。

关键词： 国外　电动客车　典型企业　推广应用　能源危机　电动汽车

一　国外电动汽车产业发展历程

（一）电动汽车的起源

1834年，世界上第一部电动汽车由美国人托马斯·戴文波特（Thomas Davenport）发明，这比内燃机汽车的发明早了近半个世纪。到了1881年，法国

* 周玮，工程师，中国汽车技术研究中心汽车产业政策研究室，主要从事国内外新能源汽车市场动态及技术发展趋势分析研究；朱一方，工程师，中国汽车技术研究中心汽车产业政策研究室；姚占辉，工程师，新能源汽车研究部副部长，中国汽车技术研究中心汽车产业政策研究室。

人古斯塔夫·图沃（Gustave Trouve）发明了第一辆装备有铅酸蓄电池的电动汽车（见图1），这标志着世界上第一辆真正意义上的可充电电动汽车的诞生。

图1　世界上第一台可充电电动汽车

1888年，世界上第一辆电动公交车诞生①（见图2）。该款电动公交车由英国华德电气公司制造并投入伦敦的公交运营。与马车相比，电动公交车既不会造成路面的损坏，也不会污染街道，受到伦敦市民高度赞誉。不久之后，伦敦又陆续出现了电动轿车及电动出租车。

图2　世界上第一辆电动公交车

① 公交车起源——世界上第一辆公共汽车诞生于法国，http：//www. cnbuses. com/history/history/201309/1212. html。

到1897年，第一批用于商业的电动出租汽车车队在美国纽约诞生，车队中电动汽车由费城电动运输公司制造，这也开了美国电动车辆商业运营的先河（见图3）。

图3　世界上第一个电动出租车队

1899年，为了替代当时在汽车上普遍使用的链条传动，德国人波尔舍（Porsche）发明了轮毂电机，随后又开发了Lohner－Porsche电动车（见图4）。该车采用铅酸蓄电池作为动力源，由前轮内的轮毂电机直接驱动。随

图4　Lohner－Porsche电动车（早期）

后，波尔舍在后轮也装上两台轮毂电机，由此诞生了世界上第一辆四轮驱动的电动车。但由于其装备的蓄电池体积和重量较大，导致最高时速仅为60公里，且行驶里程较短。因此，1902年波尔舍又在这辆电动车上加装了一台内燃机来发电，以驱动轮毂电机，这也是世界上第一台混合动力汽车的雏形。

从19世纪末到20世纪前期，电动汽车在欧美发达国家逐渐流行，并进入了第一次商业化发展阶段。1912年，美国已有超过3.4万辆电动汽车注册，电动汽车迎来第一次发展浪潮。贝克电气公司、底特律电气公司、伦敦电动汽车公司等企业成为当时重要的电动汽车制造商。

但随着内燃机技术的发展，电动汽车的高价与续驶里程短等劣势越发明显，并且由于电机技术和电池技术不够成熟，成本、体积和效率都不理想，导致电动汽车逐渐被内燃机汽车所取代。到20世纪30年代，早期的电动汽车已基本退出了市场，发展近乎停滞。

（二）石油危机促使电动汽车开始第二轮研发

20世纪70年代石油危机的爆发，给世界各国能源消费带来巨大冲击，各国政府纷纷开始着手开发能够替代石油的其他能源，包括风能、太阳能、电能等可再生能源。由此，电动汽车凭借其对石油的低依赖优势，迎来了第二次发展机遇。

1976年，美国国会表决通过了《纯电动汽车和混合动力电动汽车的研究开发和样车试用法令》，同时批准拨款1.6亿美元用于电动汽车技术的研发。

1977年，首届国际电动汽车会议在美国举行，有一百多辆电动汽车在会议期间向公众开放展示。

1978年，美国通过《第95~238公法》，加大对支持电动汽车研发的拨款力度，并责成美国能源部电力研究所与电力公司加大电动汽车的技术研发和资金投入，责成美国阿岗实验室与电池公司合作研制电动汽车用高性能蓄电池。从此，电动汽车迎来了第二轮发展高潮。

但到了20世纪70年代末，国际油价进入下跌通道，能源危机的影响逐渐散去，而电动汽车的研发又过于缓慢，于是各汽车工业发达国家的政府开始倡导汽车制造商加大对内燃机节能技术的研发。在这种环境下，电动汽车再次失去了商用化动力，发展进入低谷。

（三）能源环境压力给电动汽车发展带来新的机遇

第三次机遇开始于20世纪末至21世纪初，世界各国开始面对越发严重的能源、环境危机。内燃机汽车排放的大量污染物，给各个发达国家的环境带来巨大压力，开发低污染甚至零污染的交通工具成为各国迫切的需求，发展电动汽车作为减少环境污染和解决石油危机的重要手段，越发得到各国政府的重视。

在各国政府的推动下，汽车制造商纷纷推出电动汽车产品，如美国通用汽车公司开发的纯电动轿车EV1于1996年上市后累计销售了上千辆，而同期日本丰田汽车推出的混合动力电动汽车普锐斯，更是先后推出三代车型，到2013年全球累计销量已突破300万辆。

图5　通用EV1与丰田普锐斯（一代）

尽管在电动汽车第三次发展时期，各主要汽车生产企业尝试推动电动汽车的推广应用，期望能够与传统汽车进行竞争，但除了丰田的混合动力电动汽车以外，其他企业的电动车型均未实现大规模生产，原因主要包括两方面：一是电池功能不足。当时电动汽车主要使用铅酸或者镍氢电池，在成本、续驶里程、使用寿命等方面与内燃机汽车尚有较大差距。二是成熟的内燃机汽车产业在一定程度上阻碍了电动汽车的发展。主要汽车生产企业在内燃机汽车领域的长期投入已产生了较为深厚的积累，因此并不积极推动尚不成熟的电动汽车产业发展，多数企业仅仅是相应政府的号召，进行小批量的试生产。

（四）步入21世纪，各国节能减排战略的实施给电动汽车发展带来了新的生机

21 世纪初，受到当时成本和技术水平的制约，电动汽车产业化受挫，但各国的电动汽车研发并未停滞，电动汽车研发进入以纯电动汽车、混合动力电动汽车和燃料电池电动汽车为主要发展方向的新一轮更大规模的探索期。

同时，随着现代高新技术的发展，新材料、新工艺的出现，计算机技术的进步以及锂离子电池等更先进电池技术的应用，众多大型汽车公司对电动汽车产品的重视程度和推广信心逐渐加强，电动汽车开始在美国、日本、欧洲和中国转向产业化和实用化，并涌现出许多成熟的新能源汽车产品（见表1）。

表 1　国外典型新能源汽车产品

车型名称	制造企业	类型	纯电续驶里程(km)	起始售价(美元)
Spark EV	通用汽车	BEV	132.0	27495
Volt	通用汽车	PHEV	61.2	34170
Cadillac ELR	通用汽车	PHEV	59.5	75000
C-MAX Energi Plug-in Hybrid	福特	PHEV	32.2	31635
Fusion Energi Plug-in Hybrid	福特	PHEV	32.2	34700
Focus Electric	福特	BEV	122.3	35200
i3 REX	宝马	PHEV	115.9	45200
i8	宝马	PHEV	24.1	135700
i-MiEV	三菱	BEV	99.8	22995
Leaf	日产	BEV	135.2	28980
Model S 85kWh	特斯拉	BEV	426.5	79900
RAV4 EV	丰田	BEV	165.8	49800
Prius Plug-in Hybrid	丰田	PHEV	17.7	29990
Accord Plug-in Hybrid	本田	PHEV	20.9	39780
Fit EV	本田	BEV	132.0	36625

资料来源：www. fueleconomy. gov。

目前，发达国家非插电式混合动力汽车（HEV）已占据重要市场份额。在节能减排的压力下，许多国家的政府通过多种手段鼓励消费者购买使用如 HEV 等节能环保车型。且随着技术的逐渐成熟，以及油价的增长，越来越多

的国外消费者也开始偏向于购买使用更加经济的 HEV 车型，如美国作为目前全球最大的电动汽车市场，HEV 乘用车的市场份额保持稳定增长，已从 2005 年的 2% 增长到 2013 年的 6.3%，年销量更是突破 47 万辆（见图 6）。

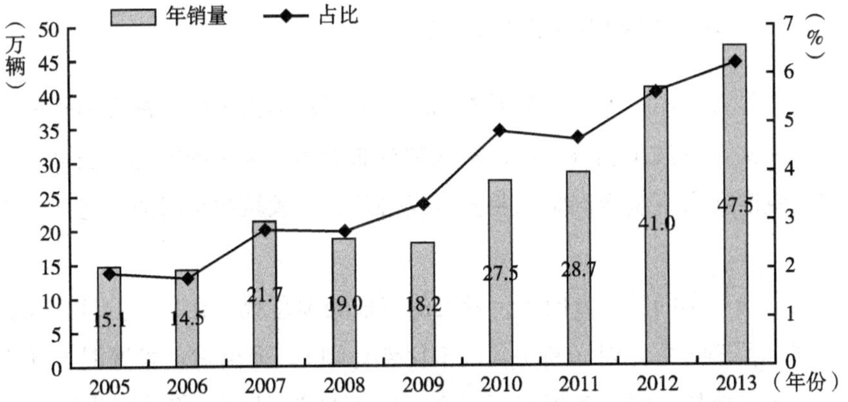

图 6　2005～2013 年美国非插电式混合动力乘用车销量及市场份额

数据来源：Marklines。

同时，美国也已成为当前世界上最大的新能源汽车消费市场。2013 年，美国新能源汽车（插电式混合动力和纯电动汽车）销量达到 9.7 万辆，与 2012 年相比增长 82%。日本则凭借 2013 年 3.1 万辆的销量，成为紧随美国之后的全球第二大新能源汽车市场（见图 7）。

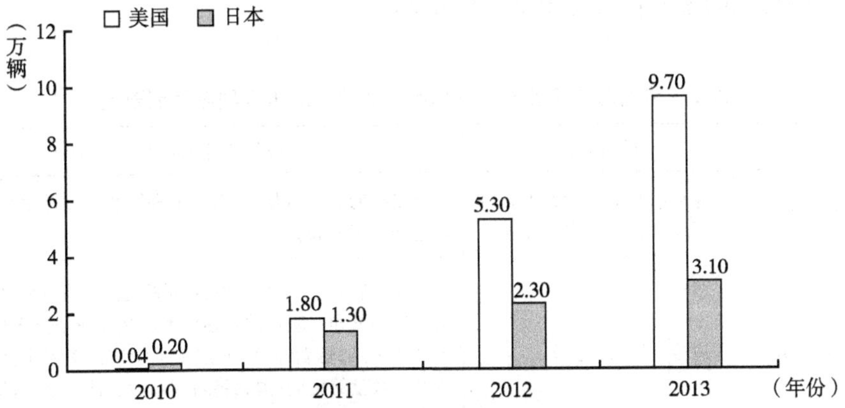

图 7　近年美国、日本新能源汽车销量

数据来源：Marklines。

二　主要国家电动汽车发展政策

（一）美国电动汽车发展政策

美国是石油消耗大国，交通领域的石油消耗约占美国石油总消费的三分之二，因此调整汽车燃料结构，降低对石油依赖，确保国家能源安全，一直是美国政府在研究制定汽车工业发展战略及交通领域政策时的立足点和出发点。

在电动汽车的发展方向上，最近的三任美国总统存在较大分歧。克林顿政府制订了 PNGV 计划（新一代汽车伙伴计划），提出重点发展混合动力电动汽车。布什执政时，其提出了“FreedomCAR”计划，将国家燃料电池电动汽车作为支持发展的重点。奥巴马政府上台后，美国电动汽车支持方向又发生调整，改为重点加速推动插电式混合动力汽车的商业化。但美国政府通过支持电动汽车发展进而减少对进口石油的依赖这一核心目标一直未曾改变，并围绕这个目标出台了多项汽车交通领域的能源法案及国家计划。在发展车用能源的战略选择上，美国从以往重点进行燃料电池技术研发的单一化发展格局向支持氢燃料电池、混合动力、生物乙醇、生物柴油等多种技术路线共同发展的多元化格局转变（见表 2）。

表 2　美国历年促进电动汽车发展的相关政策和国家计划要点

时间	政策名称	政策或计划要点
1976 年 7 月	《电动汽车和复合汽车的研究开发和样车试用法令》	通过立法的形式，利用政府资助和财政补贴等手段支持电动汽车发展。
1990 年 10 月	《清洁空气法修正案》	在其颁布后的 42 个月之内，各州政府必须在其管辖范围内的臭氧和一氧化碳未达标地区建立清洁汽车（含电动汽车）的运营车队，并规定了清洁汽车占车队新购汽车数量的比例；国家将对超前达到法律要求的清洁车队运营者给予适当的税收优惠。

续表

时间	政策名称	政策或计划要点
1991 年 10 月	先进电池联合体(USABC)	由美国三大汽车公司联合成立,美国电力研究院参与,共同研究开发新一代电动汽车所需要的高能电池;与美国能源部签订协议,在 1991 ~ 1995 年的 4 年时间内共投资 2.26 亿美元用于电动汽车用高能电池的研究。
1993 年 9 月	PNGV 计划	联合商务部、国防部、能源部、交通部、环保署、国家航空航天局及国家科学基金会等 7 个联邦政府机构,以及三大汽车厂、一些大学和系统供货商,共同研究开发一系列新型纯电动汽车和混合动力汽车;目标是在 10 年内将当时车辆的燃油效率提高 3 倍。
1994 年	先进车辆技术项目(AVP)	对 PNGV 计划的补充,是政府"EV/HEV 研发计划"的延续,推动其研发的成熟技术向商业化推广转化。
2001 年	未来能源保证法案	为鼓励发展和使用电动汽车(包括纯电动、混合动力、燃料电池车辆)技术提供税收优惠和资金支持。
2002 年	FreedomCAR 计划	能源部与通用、福特、戴姆勒 - 克莱斯勒等汽车制造商联合开发的"政府企业合作伙伴"项目,该计划的重点是研发燃料电池汽车。
2003 年	氢燃料计划(Hydrogen Fuel Initiative)	旨在发展商业上可行的氢燃料电池技术和基础设施,并提出了到 2020 年实现燃料电池汽车商业化的目标。
2005 年	《能源政策法案》	将氢燃料计划以法律的形式确定下来,并制定了政府优先采购、财政支持、税收减免等一系列措施,支持各种电动汽车的技术开发与示范应用。
2007 年	"20/10"计划(twenty in ten)	在 10 年内减少 20% 的汽油消耗,其中 15% 通过促进乙醇、生物柴油等可再生燃料的应用来实现;另外 5% 则通过提高汽车燃油经济性标准达成。
2008 年	H. R. 6323 法案	2009 ~ 2011 年,每年为重型插电式混合动力车辆的研发、生产及销售提供 1600 万美元补贴。

2009 年奥巴马就任美国总统后,提出到 2015 年美国道路上行驶的充电式电动汽车要超过 100 万辆,并出台政策,向购买充电式电动汽车的消费者提供最高 7500 美元的税收抵扣。

2009 年 8 月,美国能源部设立了一项规模达 20 亿美元的政府资助项目,用来支持未来电动汽车所需的电池及关键部件的开发,另外还投入 4 亿美元用于支持充电基础设施的建设。

2011年1月，奥巴马政府推出新的电动汽车发展计划，一是将购买电动汽车时每位消费者可减税7500美元的措施改为退现金措施；二是出台新的针对电动汽车关键零部件、电池技术的研发激励政策，研发预算增加30%；三是对美国国内致力于导入电动汽车的30个地区给予1000万美元的补贴。

2011年底，美众议院两党代表提出了《2011电力驱动机动车部署法案》，计划在美国的十个选定地区累计投入共40亿美元，用于生产和推广电动汽车。被选定的地区最高可以获得3亿美元的资助，用来进行电动汽车的生产、规划和示范；另外的10亿美元为十个试点地区的五十万名（每个试点地区各五万名）电动汽车购买者提供包括每人2000美元补贴在内的其他优惠。

2012年，美国能源部发布“电动汽车普及计划”，提出用十年时间，通过技术创新方式提高插电式电动汽车的性价比和市场竞争力，计划到2022年，美国国内可制造出价格令每位美国消费者都能负担得起的电动汽车。相关的技术开发目标包括：电池成本从当时的500美元/千瓦时降低到125美元/千瓦时；通过轻量化技术使汽车重量降低30%；电驱系统成本从当时的30美元/千瓦降低到8美元/千瓦。

美国政府大力支持电动汽车的研发和推广，投入了大量的资金和科研力量，相关零部件和共性技术水平不断提高，美国电动客车行业的发展也受益颇多。

此外，美国政府还曾推出多项针对电动客车的扶持性政策。在2002~2006财政年度之间，美国政府总共投入1.5亿美元开展“公共汽车氢燃料演示项目”，以推动氢的生产、储存及氢燃料电池技术在公共汽车中的使用。

美国能源部还建立了一个总额3亿美元的“绿色校车示范项目”，旨在鼓励学校使用纯电动汽车、燃料电池汽车和超低硫柴油机校车，拨款的20%用于基础设施建设，50%用于示范项目建设。为了促进天然气燃料电池校车发展和验证天然气燃料电池校车的可行性，其中的2500万美元将用于与私人燃料电池制造商合作，地方政府则应保证使用不少于2辆天然气燃料电池校车用于评价天然气用作燃料电池的效果。

2009年，时任美国能源部部长的朱棣文宣布启动一项插电式混合动力校车示范测试项目，旨在推动插电式混合动力校车的研发、测试和推广。该项目执行期为3年，预算总额达到2000万美元，其中美国能源部提供一半（1000万美元）的资金。

（二）日本电动汽车发展政策

日本长期坚持提升产业竞争力与确保能源安全的复合战略，通过设定国家级能源发展目标来引导汽车产业向节能环保发展，同时高度重视技术创新，着重提升本国产业竞争力。在此背景下，日本政府大力支持企业对电动汽车、燃料电池和生物燃料等技术的开发，日本电动汽车之所以得到快速发展，与日本政府的大力支持密切相关。

在产业发展政策方面，从1965年开始，日本通产省正式将发展电动汽车列入国家项目，开始推动企业进行电动汽车的研制；1971年，日本通产省颁布了《电动汽车开发计划》，进而组织实施了日本第一代零排放电动汽车研发项目；1991年，日本通产省又制订了《第三次电动汽车普及计划》，提出到2000年日本电动汽车的年产量要达到10万辆，保有量达到20万辆的目标；1997～2003年，日本政府组织实施了“高效率清洁能源汽车研究开发项目（ACE）”，有7家汽车公司参加了该项目，其中混合动力汽车和高效燃料电池成为该计划的重要研发方向；2001年，日本经济产业省、国土交通省和环境省三方联合制订了开发普及低公害汽车（包括电动汽车、混合动力汽车等）的综合性行动计划，希望尽可能在2010年前使低公害汽车的保有量达到1000万辆；2004年，日本经济产业省启动了氢能与燃料电池示范项目（JHFC Project），重点进行真实条件下的燃料电池汽车性能和可靠性测试评价，旨在加速燃料电池技术的实用化；2006年，日本公布了新国家能源战略，明确提出通过提高传统汽车的燃料经济性标准，推进生物质燃料的应用（如生物乙醇、甲醇等），以及促进电动汽车和燃料电池汽车的应用等方式，使日本交通运输领域在2030年对石油的依赖程度从100%降低至80%；2007年，为配合新国家能源战略的实施，日本政府又提出“下一代汽车与燃料行动计划”，旨在提高动力电池和燃料电池的性能及寿命、降低成本，力争在2030年左右实现纯电动汽车和燃料电池电动汽车的商化。

日本新能源产业技术综合开发机构（NEDO）于2009年发布了“新一代汽车用蓄电池技术开发规划2008”。该规划制定了针对功率密集型（常用于插电式混合动力车与非插电式混合动力车）和能量密集型（常用于纯电动汽车）两类车用动力电池的开发目标，分别按照“现状”“2010年左右”“2015年左右”“2020年左右”及“2030年以后”五个时间节点，设定了当到达节点时应达到的性能及成本的目标值。根据该规划的目标，到2030年左右，日本国内的动力电池功能指标会有大幅提升，而成本会显著降低。

2010年日本政府发布《下一代汽车战略2010》[①]，提出到2020年“下一代汽车”销量应占车辆总销量的50%，到2030年“下一代汽车”销量应占车辆总销量的70%。其中，根据公交车等商用汽车的特点，提出积极推进固定路线和固定距离的城市公共汽车实现纯电动化，提出的各类车型电动化概念如图8所示。

在财税优惠政策方面，为推进2001年颁布实施的《低公害汽车开发普及行动计划》，促进低公害汽车的开发和应用，日本经济产业省、国土交通省、环境省共同实施了低公害汽车补助金制度。纯电动汽车作为清洁能源车，享受与原型车差价一半的中央政府补贴，在有些县、市还能享受更多的地方补贴。

日本于20世纪90年代开始提出绿色税制的概念和计划，2001年税制改革后开始实施，并将其作为降低二氧化碳排放战略的核心。绿色税收体系确定了一组具有高能效和低排放量的车辆，并为用户购买和使用这些车辆提

① “下一代汽车”包括纯电动汽车、混合动力汽车、插电式混合动力汽车、燃料电池汽车、清洁柴油汽车等环境友好型汽车。

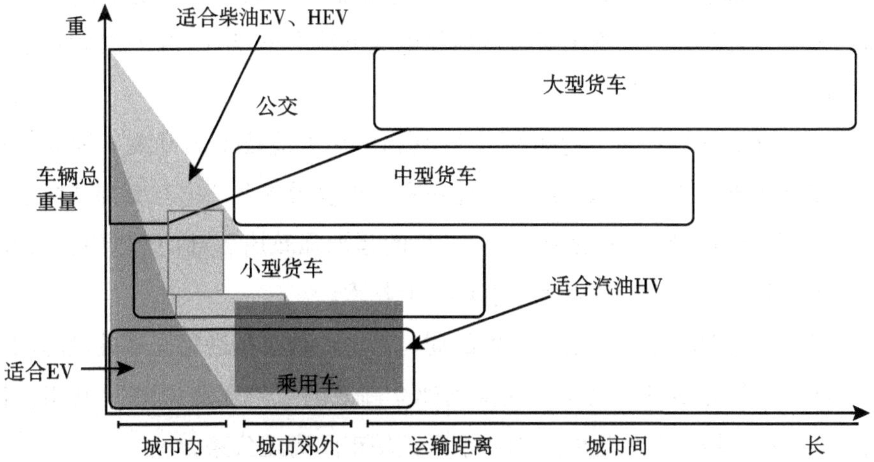

图 8 《下一代汽车战略 2010》中提出的各类车型电动化概念

供税收激励政策。日本于 2009 年 4 月开始实施一项为期三年的绿色税制，该税制扩充了针对新能源汽车的税收减免政策，并免征下一代汽车的重量税和购置税。2012 年 4 月后，日本政府决定继续以 2015 年度油耗标准达标车为对象，实施“机动车吨位税”及“机动车购置税”减税措施。

日本政府支持电动汽车的发展，是面向整个产业链条，现已形成官、产、学共同推动电动汽车产业发展的趋势。从世界范围来看，日本是目前电动汽车技术和产业化发展速度最快的国家，特别是其混合动力汽车已成功实现了市场化。日本汽车企业将燃料电池的开发视为今后发展的根本，各汽车企业均在燃料电池开发方面获得了巨大进展。

（三）欧洲国家电动汽车发展政策

欧洲从可持续发展的战略高度，将发展电动汽车作为车用能源发展战略的重要组成部分，通过组织实施大规模的产品研发与示范推广活动，有效推动了节能环保汽车的发展。目前，欧洲电动汽车发展的主要驱动力是促进温室气体减排，满足日益严格的二氧化碳排放限值要求。以欧洲汽车产业高度发达的德国为例，其将降低二氧化碳排放作为发展电动汽车的主要目标。

2000年前后，德国的电动汽车研究主要集中在氢能驱动的电动汽车方面，奔驰、大众等公司推出了数款燃料电池电动汽车产品，宝马公司推出了系列的氢能发动机产品。

2006年，德国投资5亿欧元支持氢和燃料电池技术的开发。同年，德国联邦经济技术部联同德国运输、建筑和城市发展部及德国教育部共同发布“国家氢和燃料电池技术发展计划”，目的是加强政府各部门和研究机构间的合作，并共同研究、开发氢和燃料电池技术。

德国在推动电动汽车技术研发的同时，也在积极推进相应基础设施的建设，如通过各类项目、机构共同推动建立高效的“汽车充电站”网络，该网络首先在大城市开始运营，随后推广到城市间高速公路。

2009年，德国政府颁布了《国家电动汽车发展计划》，旨在促进电动汽车的研发工作，提高德国汽车业在全球市场的竞争力。发展计划明确将重点放在电动汽车技术的研发、相应框架协议的制定、市场准备与市场引导三大方面。计划共耗资5亿欧元，用于促进电动汽车的研发及其相关基础设施的建设，其中1.7亿欧元用于支持研发为电动汽车提供动力的电池；而开发新的电池技术、其他混合动力驱动技术和燃料电池技术将获得低息贷款和补助金。德国政府希望借助这项计划，让德国成为世界电动汽车市场的领军者。

此外，欧盟还出台了多项鼓励节能客车应用的政策。如欧盟委员会于2008年通过一项有关鼓励清洁节能汽车发展的立法议案，该议案要求公共部门、公营企业及从事公共客运服务的企业今后采购车辆时必须符合清洁节能指标。根据该议案，欧盟第一次把汽车的能耗、二氧化碳和其他污染物的排放指标列入了公共采购的要求，在采购车辆时需要考虑车辆对环境可能产生的影响，涉及的部门包括公共部门、公营企业及从事公共客运服务的企业。

2011年3月，欧盟委员会又发布了一份名为《单一欧洲交通运输区路线图——发展具有竞争力、资源节约型运输体系》的白皮书，提出到2050年欧盟交通运输业的温室气体排放量要在1990年的基础上减少60%，届时，使用汽油或柴油作为动力的传统汽车将在欧洲的城市交通中被逐步淘汰掉。

三 国外主要新能源客车企业及产品

20 世纪 70 年代，国外已开始进行新能源汽车尤其是混合动力电动汽车的研发，但由于混合动力电动汽车的结构较为复杂，以当时的技术水平实现难度较大。在混合动力客车领域，仅有戴姆勒等少数企业推出产品并投入试验性运营。

直到 20 世纪 90 年代，国外主要汽车企业才相继推出了混合动力概念车或样车，并有小批量的混合动力轿车上市和少量的混合动力客车开始示范运行。当时，串联式混合动力客车作为混合动力客车的主流技术类型，占据了全球大部分混合动力客车市场。

表 3 国外主要混合动力系统供应商

企业名称	国别	混动系统名称	混合动力类型
BAE	英国	HybriDrive	串联
Allison	美国	Ep40/Ep50	串联/并联
ISE	美国	ThunderVolt	串联
Siemens	德国	ELFA	串联
Eaton	美国	EHPS	并联
Volvo	瑞典	I - SAM	并联
Voith	德国	DIWAhybrid	并联

资料来源：The Application of Electric Drive Technologies in City Buses.

而燃料电池汽车的推出时间则比其他电动车型晚很多。1889 年，Mond Ludwig 和 Carl Langer 设计出第一块具有实用价值的燃料电池。之后燃料电池一直处于研发状态，直到 1959 年燃料电池才首次作为一种全新的电力能源系统应用于电动汽车的驱动。由于燃料电池功能的特殊性，在美国宇航局的推动下，燃料电池迅猛发展，并用于多个太空项目。但是，在汽车领域，由于燃料电池初期是使用氢气作为燃料，在生产、存储和运输等环节一直受限，发展缓慢。直到 20 世纪末，戴姆勒等企业才开始将其作为未来汽车发展的重要方向而投入力量从事研发和示范工作。

进入21世纪后，混合动力公交车开始在欧美发达国家公交系统中推广普及，并涌现出一批专业的混合动力公交车系统供应商（见表3）。而燃料电池公交车经过戴姆勒等企业多年的努力，产品技术水平获得显著提升，初步具备商业化运营条件。目前，国际上知名的新能源客车企业主要有英国的Alexander Dennis Limited（ADL）、戴姆勒、沃尔沃、New Flyer、Orion、三菱扶桑和日野汽车等。

（一）Alexander Dennis Limited（ADL）

ADL是目前英国最大的客车制造企业，其在英国、亚洲和北美都设有工厂，旗下拥有三个著名客车品牌，分别是亚历山大（Alexander），丹尼士（Dennis）和Plaxton。产品覆盖单层客车、双层客车、微型客车、旅行客车、城市客车和特殊用车等几乎全部客车种类。ADL具有代表性的混合动力客车产品包括：

1. Enviro 200H

图9　Enviro 200H混合动力公交车

Enviro 200H混合动力公交车是英国热销的ADL Enviro 200公交车的混合动力版，车长8.9～10.8m，配有一台由康明斯提供的额定功率138kw的4.5L柴油涡轮增压发动机，并使用由ADL和英国BAE Systems公司共同开发的 TB 100 串联式混合动力系统，该系统装备有一台额定功率 175kW 的电机并配有锂离子电池组，该车型节油率可达 30%。

2. Enviro 350H

图 10　Enviro 350H 混合动力公交车

Enviro 350H 混合动力公交车的车长为 12m，配有与 200H 相同的额定功率 138kw 的 4.5L 柴油涡轮增压发动机及 TB 100 串联式混合动力系统，该车型节油率最高可达 30% ~40%。

3. Enviro 400H

Enviro 400H 混合动力公交车的车长为 10.2 ~11.4m，配有与 200H 相同的额定功率 138kw 的 4.5L 柴油涡轮增压发动机及 HybriDrive 混合动力系统，该车型节油率约为 30%。

4. Enviro 500H

2008 年，为了进一步开拓美国市场，ADL 在美国推出了 Enviro 500H 混合动力客车。与之前的车型不同，Enviro 500H 采用了由美国 Allison system 公司提供的并联式柴电混合动力系统。

图 11　Enviro 400H 混合动力公交车

（二）戴姆勒[①]

早在 1906 年，使用电力驱动或混合动力驱动的梅赛德斯乘用车和商用车就已面世。20 世纪 60 年代末，梅赛德斯－奔驰在法兰克福 IAA 国际汽车展览会上推出了 OE 302 混合动力电动公交车原型车（见图 12）。该款混合动力电动公交车的动力系统由一台 65 马力（48kw）的柴油发动机和一台额定 156 马力（115kw）的直流电机组成，可通过柴油发电机为车载电池组提供电力。车辆装备有一块由 189 块电池组成、额定电压达到 380V、总能量达到 91kwh 的电池组供电，最高车速可达 70km/h，纯电续驶里程可达 55km。此外，该车已具备基本的制动能量回收功能，也使其成为现代混合动力汽车的雏形[②]。

① 梅赛德斯－奔驰驱动技术创新历程，http://info. xcar. com. cn/201003/news_ 89825_ 1. html。

② http：//media. daimler. com/dcmedia/0 －921 －657479 －1 －1104531 －1 －0 －0 －1124708 －0 －1 －12759 －614216 －0 －0 －0 －0 －0 －0 －0. html.

图 12　世界上第一辆混合动力电动公交车 Mercedes – Benz OE 302②

1979 年开始，奔驰开始一项为期五年的模型试验，最终共有 13 辆 OE 305（见图 13）柴电混合动力公交车投入斯图加特的日常运营中。

奔驰于 2007 年正式对外推出了 Citaro G BlueTec Hybrid 串联式柴电混合动力公交车（见图 14）②。该车型装备有一台额定功率 160kw 的 4.8L 柴油发动机，车顶有一块总能量为 19.4kwh 的锂离子电池组，并由四台额定功率 80kw 的轮毂电机驱动。首批试验车辆于 2008 年开始试运行，并于 2009 年正式量产交付运营。截至 2013 年底，共有 76 辆 Citaro G BlueTec Hybrid 公交车在汉堡、克雷菲尔德、米尔海姆、鲁尔、斯图加特、鹿特丹和米兰等欧洲城市投入日常运行③。

在氢燃料电池汽车方面，奔驰于 1994 年推出了首款由燃料电池驱动

① http://www.daimler.com/dccom/0-5-1200802-1-1400984-1-0-0-1201129-0-1-8-7165-0-0-0-0-0-0-0.html.
② http://www.greencarcongress.com/2008/01/mercedes-benz-c.html.
③ Daimler Busesata Glance Edition 2014.

图 13　奔驰首款投入正式运营的 OE 305 柴电混合动力公交车

图 14　Mercedes - Benz Citaro G BlueTec Hybrid

的 NECAR 1 汽车（见图 15），并在此基础上取得了 180 余项专利。NECAR 1 是在 MB - 180 厢式货车的基础上打造的试验用原型车，内部装备有一台功率为 50kw 的燃料电池，最高时速可达 90km，续驶里程最大可达 130km。

奔驰的首款燃料电池公交车是 2003 年推出的 Citaro BZ（O 530BZ）燃料电池公交车。此后，共有 36 辆 Citaro BZ 燃料电池公交车陆续在世界各主

图 15　奔驰 NECAR 1 燃料电池汽车

要城市由 20 个交通运营商开展为期 3 年（2003 ~ 2005 年）的试验运营，运营时间超过 14 万小时，行驶里程超过 220 万 km。但是第一代燃料电池客车寿命仅有约 2000 小时，经济性较差。2009 年，奔驰又推出了换代产品 Citaro FuelCELL Hybrid 燃料电池公交车（见图 16），其主要性能达到了国际先进水平，燃料电池寿命大幅提升至 1.2 万小时，能耗也得到大幅降低。

图 16　奔驰 Citaro FuelCELL Hybrid 燃料电池公交车

2013 年，共有 22 辆奔驰燃料电池公交车在欧洲各地运行①。奔驰两代燃料电池公交车性能对比如表 4 所示。

表 4 奔驰两代燃料电池公交车性能对比②

技术指标	Citaro BZ(O 530BZ)	Citaro FuelCELL Hybrid
推出时间	2003 年	2009 年
空载质量(t)	14.2	13.2
满载质量(t)	18	18
乘员数	72	76
燃料电池效率(%)	38～48	51～58
电池容量(kWh)	—	26.1
氢耗(kg/100km)	20～24	10～14
寿命(h)	2000	12000

（三）沃尔沃客车

沃尔沃客车公司是全球最大的客车和客车底盘制造商之一。目前，沃尔沃已成为欧洲混合动力客车的领导企业之一，旗下全部低地板欧 6 排放城市公交车型已实现混合动力化。

2008 年，沃尔沃推出了 Volvo B5LH 柴电混合动力底盘，该底盘装备有额定功率为 210 马力的沃尔沃 D5 柴油机和一台额定功率为 160 马力的电机。

首批采用 B5LH 底盘的客车于 2009 年开始在英国伦敦运营，这也是目前在英国运行的唯一一种并联式混合动力公交车产品。根据英国 BBC 和卫报于 2013 年 2～5 月联合开展的一项调查，采用 B5LH 底盘的客车产品的实际节油率可达到 25%～40%③。

① Daimler Busesata Glance Edition 2014.

② 李建秋等：《燃料电池汽车研究现状及发展》，《汽车安全与节能学报》2014 年第 1 期。

③ Hybrid Fuel Consumption At Last The Truth？，http：//www.boriswatch.co.uk/2013/06/24/hybrid－fuel－consumption－at－last－the－truth/.

在此底盘基础上，沃尔沃客车公司推出了7700H、7900H混合动力公交车产品。其中，沃尔沃7900H混合动力公交车已累计销售1700余辆[①]。此外，Wrightbus公司的Gemini2和ADL公司的Enviro 400H混合动力公交车产品也使用了该混合动力底盘系统（见图17）。

图17 Volvo 7700H（左）和Wrightbus Gemini2（右）混合动力公交车

2014年9月，沃尔沃客车公司对外公布其最新开发出的插电式混合动力Volvo 7900 Electric Hybrid公交车产品，其车长12m，额定载客95人（见图18）。据称，该产品可在70%的运行时间内保持纯电驱动状态（EV），节

图18 Volvo 7900 Electric Hybrid插电式混合动力公交车

① http：//www. volvobuses. com/bus/global/en－gb/products_ services/buses/City%20buses/volvo_ 7900_ electric_ hybrid/Pages/introduction. aspx.

油率最高可达70%，并可减少75%的二氧化碳排放；配备容量为19kwh的锂离子二次电池，纯电动模式下可连续行驶2~5km，电压为600V。锂离子二次电池利用设置在车顶的集电弓来充电，公交车站等设有供电装置，在公交车停车过程中连接充电，使用快速充电，最多6分钟即可充满。用于驱动的电动机是沃尔沃集团开发的“I-SAM”，最高输出功率为150kw，最大扭矩为1200N·m。

沃尔沃客车公司计划在2014~2015年首先向德国汉堡、卢森堡大公国卢森堡市以及瑞典斯德哥尔摩这三个城市提供7900 Electric Hybrid，并从2016年初开始再向更多城市供货。

（四）MAN

德国曼（MAN）商用车辆股份公司是国际领先的商用车辆与运输解决方案提供商，总部位于德国慕尼黑，旗下产品包括市内公共汽车、城际巴士、长途客车和各种卡车、特殊用途重型车辆，以及柴油、天然气和氢动力发动机等。

2010年，由MAN和西门子联合开发的旗下首款串联式柴电混合动力客车Lion's City Hybrid正式上市，该车型最多可以减少约30%的燃油消耗和二氧化碳排放（见图19）。首批车辆由德国的慕尼黑交通运输公司购买并投入日常运营，随后又进入法国、西班牙、意大利、奥地利和荷兰等国家公交客运市场。凭借其优良的节能潜力，Lion's City Hybrid获得了包括西班牙“2011年度公交车车型”、德国“OekoGlobe 2011”及“2012绿色公交”等多个奖项，其目前已成为欧洲最常见的混合动力客车车型之一。

在2014年9月举行的汉诺威商用车展上（2014 IAA），MAN展示了内部和外部设计经过优化的Lion's City Hybrid。该车应用了“MAN能效设计（Efficiency Design）”，不但流线型设计更佳，而且可降低燃料消耗量。在内部，它使用更轻且质量更高的City Light座位代替以前的Cityschale；新驾驶员座椅按照人体工程学设计，具有较高的座椅舒适度；分段的侧围裙板，维护时间短。

图 19 MAN Lion's City Hybrid

（五）斯堪尼亚

斯堪尼亚（SCANIA）是全球领先的重型卡车和客车制造商之一，其总部设在瑞典南泰利耶市。2007 年，在芬兰赫尔辛基举行的 UITO 公共交通大会上，斯堪尼亚对外展示了其历时 3 年开发的首款混合动力概念客车（见图 20）。该款客车使用串联式混合动力系统，该混合动力系统由一台 9 升的发电机、一台 150kw 的驱动电机以及 4 个麦克斯威尔的 BOOSTCAP 超级电容组成，并可以酒精为燃料，可减少 90% 的二氧化碳的排放量和至少 25% 的燃油消耗，满足了欧 5 和 EEV 的排放标准。

从 2008 年开始，共有 12 辆斯堪尼亚混合动力公交车在瑞典斯德哥尔摩的城市公共交通运营商 SL（Storstockholms Lokaltrafik）营运，其中 10 辆车获得了瑞典能源处资助。

在 2014 年汉诺威国际商用车展览会（IAA）上，斯堪尼亚展示了其最新的 Citywide LE 混合动力客车。该车型配备有可使用 100% 纯生物柴油的 9 升 5 缸欧六发动机，功率达到 250 马力，最高时速可达 100km（见图 21）。

图 20　斯堪尼亚 2007 年展示的酒精燃料混合动力概念客车

图 21　斯堪尼亚 Citywide LE 生物柴油混合动力公交车

（六）New Flyer

始建于 1930 年的 New Flyer 工业公司是目前北美地区规模最大、产品线最全的客车制造企业。公司目前在北美地区拥有位于加拿大温尼伯、美国圣克鲁和克鲁士顿的三家客车生产基地。

2003 年，美国西雅图国王郡交通局一次性订购了 New Flyer 工业公司生产的 213 辆混合动力公交车，这也是当时世界上最大的单笔混合动力公交车订单①。2008～2011 年，New Flyer 工业公司更是凭借其产品的节能环保特性，连续四年被评为加拿大百家绿色环保企业之一②。

目前，New Flyer 工业公司的客车产品主要有以下七大系列，分别是 30LF（R）、35LF（R）、40LF（R）、40/60LFA、41LF（R）、60LF（R）和 Xcelsior。

其中 1996 年上市的 35LF 系列公交车有油电混合动力版本，这也是 New Flyer 工业公司的首款混合动力公交车，该款车型仅在美国销售（2009 年停止销售）（见图 22）。

图 22　35LF 混合动力公交车

40LF 系列公交车于 1989 年面世，1996 年 New Flyer 工业公司以该系列公交车为基础推出了旗下首款燃料电池原型公交车 F40LF。2006 年，公司又在该系列该款车型的基础上推出了燃料电池样车 HE40LF（见图 23）。

在美国交通领域节能及温室气体减排计划等一系列政策的扶持下，2012

---

① http：//www. newflyer. com/index/news－app/story. 47.

② http：//www. newflyer. com/index/awards_ and_ recogniti.

图 23　HE40LF 燃料电池公交车

年 New Flyer 工业公司发布了基于 Xcelsior 混合动力车型平台开发的纯电动公交车，目前已有 2 辆 Xcelsior 纯电动公交车在芝加哥投入运营（见图 24）。

图 24　Xcelsior 纯电动公交车

2014 年下半年，New Flyer 工业能宣布将与加拿大巴拉德电力系统公司和西门子公司合作研发北美首辆 18.288 米的燃料电池电动客车 New Flyer Xcelsior X60，并将交付美国康涅狄格州运输公司运营。巴拉德公司将为该车提供新一代燃料电池动力装置，其较之现有款型容积更小、重量更轻且更加经济。该款 New Flyer Xcelsior X60 客车配备美国标准的电力驱动系统，包括蓄电池组、燃料电池和储氢罐，可保证燃料电池处于相对稳定状态；电池组可对制动能量进行回收，用于之后的加速行驶。

（七）Orion

Orion 客车公司原本隶属戴姆勒集团旗下客车业务部，其产品主要面向北美地区销售。2013 年 3 月，戴姆勒将 Orion 客车公司出售给 New Flyer 工业公司。

Orion 客车公司是较早进入混合动力客车领域的制造企业之一，其于 1995 年发布了 Orion VI 油电混合动力低地板原型客车，并于 1998 年投入纽约公交系统试运行。

2003 年，Orion VII 油电混合动力客车面市（见图 25）。2005 年，纽约市的两家客车运营商共同向 Orion 客车订购了 500 辆 Orion VII 系列混合动力客车。

图 25　Orion VII 混合动力公交车

（八）三菱扶桑

三菱扶桑是戴姆勒集团控股的亚洲重要的商用车制造商之一。目前，三菱扶桑旗下混合动力客车产品主要有 Aero Star 系列串联式柴电混合动力公交车。该系列首款车型是1993 年发布的第一代 Aero Star MBECS 混合动力公交车，随后欧三菱扶桑又于 1996 年、2004 年分别发布了代号为KC – MP737（MBECS – III）和 KL – MP37 kai（Aero Star HEV）的换代产品。

2007 年，三菱扶桑发布了新一代混合动力公交车 Aero Star Eco（代号 BJG – MP37），起售价约为 4180 万日元（见图 26）。该车型由两台额定功率 79kW 的电机驱动，并装备有一台由日产提供的 4. 9L 柴油发动机来驱动发电机发电为车载锂离子电池组充电，三菱扶桑声称该产品的尾气污染物排放量比日本政府设定的 2005 年客车尾气排放限值低 10% 以上，并可以达到政府设定的 2015 年燃油经济性要求①。

图 26　三菱扶桑 Aero Star Eco（BJG – MP37）柴电混合动力公交车

---

① http：//www. greencarcongress. com/2007/09/mitsubishi – fuso. html.

（九）日野汽车

日野汽车总部位于日本东京，是日本重要的商用车制造企业之一。目前丰田汽车持有其50.1%股权。日野汽车在混合动力客车和货车方面具有较强实力，旗下有蓝带系列和Selega系列混合动力客车、HIMR混合动力垃圾清运车及Canter Eco Hybrid混合动力卡车等产品。

日野于2005年发布第一代蓝带HIMR混合动力城市公交车，采用并联式混合动力方案。此外，日野还在2004年发布了Selega R混合动力客车，随后又在2008年发布了基于高地板（HD）第二代Selega客车的Selega HD混合动力客车（见图27）。

图27　Hino 300混合动力卡车（左）、蓝带HIMR混合动力公交车（中）、Selega HD混合动力客车（右）*

* http：//www.chinabuses.com/overseas/2009/0806/article_ 1807_ 1.html.

此外，丰田、日野曾于2001年和2002年联合推出了日本首辆燃料电池客车FCHV－BUS1及其改进型号FCHV－BUS2（见图28）①，并开展小规模示范运行。目前，日野正在与丰田共同开发新一代的燃料电池公交车，输出功率为200kw以上（配备两个100kw以上的电池组），目标是在2016年内投放到东京都及爱知县丰田市等地形起伏小的地区进行试运行。

① http：//www.toyota.co.jp/en/environmental_ rep/02/fchv/fchv10.html.

图 28　日野燃料电池客车 FCHV－BUS2

四　国外主要市场新能源客车推广应用情况

（一）欧洲

欧洲各国早已开始公交电动化的尝试，并开展了一系列的示范推广工作。在各国政府的努力下，部分城市电动公交车已实现规模化运营，如截至 2014 年 8 月，英国伦敦已有超过 800 辆混合动力公交车上路运行，而到 2016 年，这个数字将上升到 1700 辆以上，占伦敦公交车总量的 20%①。

1. 欧洲清洁都市交通（CUTE）项目

2000 年，欧洲 9 个大型城市②的交通管理部门决定与戴姆勒－克莱斯勒及其子公司 EVOBUS 公司一起，联合英国石油、挪威海德鲁、壳牌等大型

① https：//www. tfl. gov. uk/info－for/media/press－releases/2014/august/new－hybrid－bus－charging－technology－trial－announced.

② 9 个城市包括：阿姆斯特丹、巴塞罗那、汉堡、伦敦、卢森堡、马德里、波尔图、斯德哥尔摩和斯图加特。

基础设施公司共同开展一项燃料电池客车试验运行项目，该项目的总体目标是尝试建立一种零排放、低噪声的交通运输系统，并促进配套的氢气生产及加氢基础设施产业的发展。

为了支持新技术开发和补贴公交运营公司的成本，2001 年欧盟委员会决定将其列为当时最大的单一研究及示范项目，并正式命名为“欧洲清洁都市交通（CUTE）”项目。化石燃料的日益枯竭及燃烧所造成的温室气体排放已成为各国急需解决的环境问题，本项目也得到了更多国家和地区的关注和参与，冰岛雷克雅未克、澳大利亚珀斯和中国北京分别于 2001 年、2002 年和 2004 年开展了类似的示范项目。

在得到欧盟委员会的支持后，CUTE 项目于 2001 年 11 月正式启动。自 2003 年 5 月首辆由奔驰提供的 Citaro BZ 燃料电池公交车在马德里开始试运行，到 2006 年项目结束，共有 27 辆燃料电池公交车投入示范运营①。项目总花费约 5250 万欧元，其中欧盟委员会提供了 1850 万欧元的补贴。同时，为了获取更多的示范经验，9 座示范城市还建设了 9 座采用多种制氢方案的加氢站以保障氢气的供应。

图 29　CUTE 项目期间在街头运营的燃料电池公交车

---

① 另外有 9 辆燃料电池公交车投入冰岛雷克雅未克、澳大利亚珀斯和中国北京的示范运营。

经过为期2年多的实际运行，9座示范城市累计有超过400万人次乘坐了燃料电池公交车，这个数字超过了当时其他所有燃料电池示范项目的参与人数之和，总运营里程达到86.5万公里，总运营时间超过6.4万小时，累计加氢超过192吨。

CUTE项目示范的最终结果显示，燃料电池公交车和部分氢基础设施建设方案体现出较高的实用性，但与传统的柴油公交系统相比成本尚不具备竞争优势。但如果对相关技术进行优化并最终实现量产，建立一套氢燃料电池公交系统的目标可以实现。

2. 零排放城市交通系统（ZeEUS）

ZeEUS项目建立的目的是扩大电动交通解决方案在城市交通系统中所发挥的作用，其符合欧盟委员会希望建立一个有竞争力的可持续交通系统的愿景。项目计划通过评估电动城市公交系统在经济性以及对环境和社会的影响等方面的表现，来促进电动公交车在欧洲市场的应用。

该项目由UITP（International Association of Public Transport）负责组织40个成员单位进行为期42个月的示范运营。通过开发大载客量的电动公交车，建立一套满足欧洲公交系统使用需求的充电基础设施体系。项目将会在6个欧盟国家的8个城市（巴塞罗那、波恩、格拉斯哥、伦敦、明斯特、比尔森、罗马和斯德哥尔摩）测试使用不同充电设施方案的电动公交车（见表5），以验证不同方案的经济性及环境和社会的接纳程度，参与项目的整车企业包括ADL、Irizar、Skoda、Solaris、Volvo、VDL等。

表5　ZeEUS示范城市车辆推广计划及充电解决方案

城市	车型	数量	充电方案
斯德哥尔摩	插电式混合动力	8	终点站快充
格拉斯哥	插电式混合动力	4	终点站无线充电
伦敦	插电式混合动力	4	终点站无线充电、车库慢充
明斯特	纯电动	5	终点站、车库快充

续表

城市	车型	数量	充电方案
波恩	纯电动	4	车库夜间慢充、终点站快充(按需)
比尔森	纯电动	2	车库慢充、终点站快充
巴塞罗那	纯电动	4	车库夜间慢充
罗马	—	—	—

资料来源：zeeus. eu.

该项目已于2013年11月正式启动，总预算达到2250万欧元，其中欧盟委员会将提供1350万欧元支持资金。2014年8月，首批由Irizar（西班牙伊利萨尔）提供的纯电动公交车开始在西班牙巴塞罗那运行。预计到2017年4月示范运营结束时，将累计有35辆电动公交车投入示范运营①。

（二）美国

1. 美国混合动力公交车的推广

美国于20世纪末开始尝试推广混合动力公交车，但初期发展缓慢，近年才开始逐渐普及。1998年，首批10辆BAE－Orion串联式混合动力公交客车开始在纽约示范运营，但直到2004年美国混合动力公交车占公交车总保有量的比例仍小于0.5%。

2005年，美国混合动力公交车的保有率首次突破1%，当年有超过40家公交运营单位在运营中使用混合动力公交车，美国混合动力公交车应用开始加速，而到了2011年，美国已有将近9%的公交车使用混合动力技术，使用该技术的公交运营单位也超过60家，当年混合动力公交车订单已达到公交车订单总量的17%。纽约也成为目前美国混合动力公交车运营规模最大的城市，2011年初，纽约MTA②已有1600辆混合动力公交车投入运营，占到其公交车总量的28%。此后，美国混合动力公交车运营规模继续保持

---

① 指纯电动公交车、插电式混合动力公交车和无轨电车。

② The Metropolitan Transportation Authority.

稳定增长，据美国公共交通协会统计，截至2013年底美国公交车中已有13.2%的车辆使用了混合动力技术（见图30）。

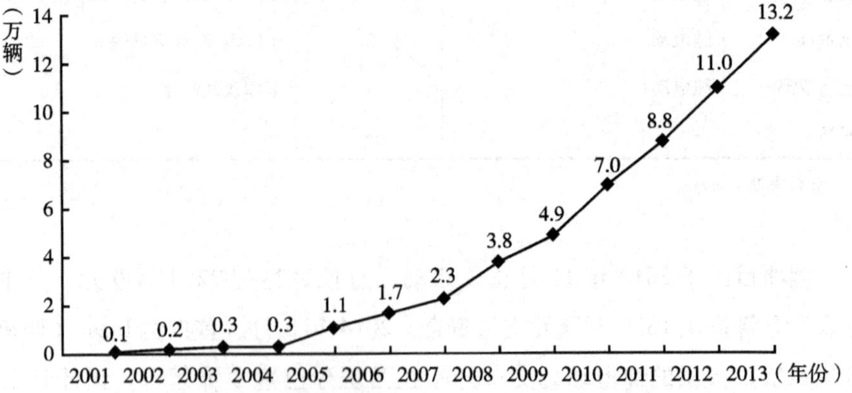

图30　美国混合动力公交车占公交车总保有量的比例

数据来源：美国公共交通协会。

2. 国家燃料电池公交车计划（NFCBP）

美国和加拿大是燃料电池研发和示范的主要区域，在美国能源部（DOE）、交通部（DOT）和环保局（EPA）等政府部门的支持下，燃料电池技术取得了很大的进步。通用汽车、福特汽车、丰田、戴姆勒奔驰、日产、现代等整车企业均在美国加州参加燃料电池汽车的技术示范运行推广工作，培育出美国的UTC（联合技术公司）、加拿大的巴拉德（Ballad）等国际知名的燃料电池研发和制造企业。①

美国在2006年专门启动了国家燃料电池公共汽车计划（National Fuel Cell City Bus Program，NFCBP），该计划旨在推动燃料电池技术在美国公交车上实现商业化。由美国能源部（DOE）和联邦运输管理局（FTA）共同出资9000万美元用于补贴项目参与企业的研发和示范推广工作②。截至2013年8月，NFCBP项目下有38辆燃料电池公交车在北美参与实际示范运营（见表6）。

① 李建秋等：《燃料电池汽车研究现状及发展》，《汽车安全与节能学报》，2014年第1期。

② NREL：Fuel Cell Buses in U. S. Transit Fleets：Current Status 2013.

表 6　目前北美示范燃料电池公交车运营情况

运营单位	运营地	示范车辆总数	实际运营数量	车辆生产企业	燃料电池供应商	已运行里程（万公里）
ZEBA	旧金山	12	12	Van Hool	ClearEdge Power	25.23
CTTRANSIT	哈特福德	4	1	Van Hool	ClearEdge Power	3.94
SunLine Transit Agency	千棕榈	1	1	New Flyer	Ballard	1.5
SunLine Transit Agency	千棕榈	1	1	ElDorado	Ballard	5.85
BC Transit	惠斯勒（加拿大）	20	20	New Flyer	Ballard	—
Capital Metro/得克萨斯大学	奥斯汀	1	0	Proterra	Hydrogenics	0.22
BurbankBus	伯班克	1	0	Proterra	Hydrogenics	—
SFMTA	旧金山	1	0	Daimler	Hydrogenics	—
特拉华大学	纽瓦克	2	2	Ebus	Ballard	—
GNHTD	纽黑文	1	1	Ebus	Ballard	—
合　计		44	38			

细分市场报告

Subject Report

B.6

中国推广应用天然气客车的现状和前景

姚明德 *

摘　要：天然气是当今世界应用最广泛的理想的汽车替代燃料。实践证明，天然气汽车的发展与应用与政府的支持政策密切相关。中国为减少大气污染，保障能源安全，降低燃料成本，积极推广应用天然气客车，并取得了显著成效。目前中国已经形成比较完整的天然气汽车产业链，截至 2013 年底全国天然气公交车和公路客车已超过 20 万辆。但天然气的价格上涨和对天然气汽车的财政扶持政策，将直接影响天然气客车的发展与应用。预计在国家强力治理大气污染和稳步发展天然气交通运输的宏观政策引导下，天然气客车将继续稳步

* 姚明德，中国道路运输协会名誉会长，研究员，道路运输装备及安全节能工委燃气汽车推广应用专家组组长。曾任交通运输部办公厅主任、中国道路运输协会会长。

发展，2020 年将比 2013 年增长约 2.3 倍，保有量将达到 65 万辆左右。

关键词： 替代燃料 天然气客车 节能减排 LNG 客车 CNG 客车

天然气（Natural Gas，简称 NG）客车是指以天然气为动力的公路载客汽车（含旅游车）、城市公交汽车和载客出租汽车等营运性车辆。本文主要介绍公路载客汽车（以下简称公路客车）和城市公交车。

随着全球汽车数量的迅猛增长和大气污染的日益加剧，汽车使用清洁替代能源已势不可挡。天然气因其性能、资源、技术等方面的优势已渐成全球汽车使用最广泛的替代燃料。中国推广应用天然气客车效果良好，受到各方青睐和欢迎，成为客运行业绿色发展的一道亮丽风景线。

一 推广应用天然气客车的动因和目的

长期以来，道路客运车辆的燃料是柴油和汽油。但是近半个世纪以来，随着经济发展和科技进步，天然气已逐步成为客车能源家族中的主要成员之一。分析其应用的发展历程，尽管不同时期推广使用天然气客车的动因和目的各有侧重，但利用天然气清洁、经济的优势，达到保护环境、替代燃油、降低成本的目的，始终是天然气客车发展的基本动力。

在 20 世纪 60 年代初期，中国燃油供应十分困难。为应对汽车燃油短缺，节省燃料成本，从 19 世纪 60 年代起的近 20 年中，四川、重庆、河南、北京等地，都曾使用天然气气包公交车和公路客车（气包是指在客车顶部采用橡胶帘布制造的储存天然气的柱状袋子）。这一时期使用天然气客车的主要动目的是替代燃油，以解决燃油短缺的困难。

图1　四川省60年代的天然气气包公交车

图2　四川省60年代的天然气气包客车

进入90年代以后，随着汽车数量的快速增长，大气污染日益严重。为了减少车辆污染，改善大气环境，国家在1999～2009年开展了“空气净化工程——清洁汽车行动”，大力推广使用压缩天然气公交车和出租车。

到“十一五”末期，在天然气、电能、醇醚燃料等多种汽车替代能源竞相发展的情况下，交通运输行业决定在“十二五”期间大力推广应用天然气汽车，总体上是国家政策导向、运输市场需求、汽车技术进步和天然气行业发展等多种因素综合推动的结果；但其主要动力和目标仍然是保护环境、替代石油、降低成本。至少在今后10年，这仍将是天然气汽车继续发展应用的直接动力和目标。

（一）国家为治理大气污染、保障能源安全，鼓励交通运输工具使用天然气等清洁替代能源

“十一五”期间中国汽车工业飞速发展，2009年汽车产销量已居世界之首。中国已成为世界石油消费和二氧化碳排放大国，大气污染加剧，节能减排任务繁重，迫切需要使用清洁能源，减少车辆污染。据国家统计局和环保部统计，2010年，中国汽车产销量双超1800万辆，机动车保有量达2.2亿辆，其中汽车达9086万辆；石油消费已达4.32亿吨，对外依存度达58.6%；全国113个环保重点城市中三分之一的城市空气质量不达标；氮氧化物排放量比上年增加9.4%，达1852.4万吨，其中约1/3是来自机动车的污染。

道路客运行业“十一五”期间快速发展，为经济社会发展做出了巨大贡献，同时也成为大气污染的主要“贡献者”之一。据交通运输部、国家统计局和环保部的统计，2010 年全国公路客车总量为 83. 13 万辆，公路客运量 305. 27 亿人/年、旅客周转量 15020. 81 亿人公里/年，分别占全社会客运量和客运周转量的 93. 4% 和 53. 8%。全国拥有城市公共汽电车和出租车分别为 42. 05 万辆和 122. 57 万辆，年运送旅客分别为 670. 12 亿人和 346. 28 亿人，分别占城市客运总量的 62. 4% 和 32. 2%。2010 年全国公路客车和公交车的汽柴油消费量（按照平均每车年消费 16 吨计算，约 2000 万吨）约分别占全国和交通运输业（含仓储、邮政业）汽柴油总消费量的 9% 和 17% 左右，客车的尾气排放成为城市雾霾污染的主要因素之一。

为治理大气污染、保障能源安全，1999 ~ 2010 年，国家及有关部门发布了《国务院关于印发〈重点区域大气污染防治“十二五”规划〉的通知》、《中华人民共和国节约能源法》、《国务院关于加强节能工作的决定》、《中国节能技术政策大纲》等至少 10 个有关节能减排的法律和政策方面的文件，明确提出鼓励支持交通运输工具使用包括天然气在内的清洁替代能源。进入“十二五”以后，国家大力发展天然气，调整能源结构。2011 ~ 2014 年，国务院和有关主管部门发布了《节能减排“十二五”规划》、《天然气利用政策》等至少 15 个有关规划和政策性文件，并开展“节约和替代石油”工程，进一步提出鼓励和支持城市公交车、出租车、公路客货运输车和营运船舶等交通运输工具使用天然气等清洁替代能源。表 1 是按照时间顺序选择其中 13 个文件摘要汇总的有关推广使用天然气汽车的内容。从中可以看出，自“十一五”以来国家把交通运输工具使用天然气等清洁能源，作为治理大气污染和节能减排的主要措施，力度越来越大，要求越来越高。特别是 2014 年 6 月国务院办公厅发布的《能源发展战略行动计划（2014 ~ 2020 年）》（国办发〔2014〕31 号），明确提出大力发展应用天然气汽车和船舶。这一系列文件指明了客运行业乃至整个交通运输业推进“以气代油”的方向，为推广应用天然气客车提供了强大政策动力和可靠依据。

表1　部分有关推广应用天然气等清洁能源的文件内容摘要汇总

序号	发文时间、单位和文号	有关推广使用天然气等清洁能源的内容摘要
1	2000年4月第九届全国人大常务委员会第十五次会议通过《大气污染防治法》(主席令第32号)	“第三十四条国家鼓励生产和消费使用清洁能源的机动车船。”
2	2004年11月国家发改委关于印发《节能中长期专项规划》(发改环资〔2004〕2505号)	实施“节约和替代石油工程”。“实施清洁汽车行动计划,发展混合动力汽车,在城市公交客车、出租车等推广燃气汽车”。
3	2006年8月《国务院关于加强节能工作的决定》(国发〔2006〕28号)	“鼓励发展节能环保型交通工具,开发和推广车用代用燃料和清洁燃料汽车。”
4	2007年1月国家发改委、科技部印发《中国节能技术政策大纲(2006年版)》(发改环资〔2007〕199号)	提出:“发展以天然气为燃料的公交车辆。”
5	2007年10月第十届全国人大常委会第三十次会议修订通过《中华人民共和国节约能源法》	“第45条国家鼓励开发和推广应用交通运输工具使用清洁燃料、石油替代燃料。”
6	2011年7月财政部交通运输部印发《交通运输节能减排专项资金管理暂行办法》(财建〔2011〕374号)	将天然气汽车应用纳入交通运输节能减排专项资金鼓励范围,对“采用替代燃料的按被替代燃料每吨标准油不超过2000元给予奖励”。
7	2012年6月国务院印发《节能与新能源汽车产业发展规划》(国发〔2012〕22号)	“鼓励天然气(包括液化天然气)、生物燃料等资源丰富的地区发展替代燃料汽车。”
8	2012年8月国务院印发《节能减排“十二五”规划》(国发〔2012〕40号)	“开展交通运输节油技术改造,鼓励以洁净煤、石油焦、天然气替代燃料油。在有条件的城市公交客车、出租车、城际客货运输车辆等推广使用天然气和煤层气。”
9	2012年9月“国务院关于印发《重点区域大气污染防治“十二五”规划》的通知”(国函〔2012〕146号)	“(五)强化机动车污染防治,有效控制移动源排放”。“鼓励选用节能环保车型,推广使用天然气汽车和新能源汽车,并逐步完善相关基础配套设施”。
10	2012年12月国家发改委发布《天然气发展“十二五”规划》(发改能源〔2012〕3383号)	实施“天然气替代工程”,“在经济相对发达地区和天然气产区,按照科学规划、因地制宜原则稳步实施以气替油工程,如以气替代油发电,以气替代车用和船用燃料等”。

续表

序号	发文时间、单位和文号	有关推广使用天然气等清洁能源的内容摘要
11	2012年12月国家发改委修订2007年8月发布的《天然气利用政策》(发改委令第15号)	把"天然气汽车(尤其是双燃料及液化天然气汽车),包括城市公交车、出租车、物流配送车、载客汽车、环卫车和载货汽车等以天然气为燃料的运输车辆"和"在内河、湖泊和沿海航运的以天然气(尤其是液化天然气)为燃料的运输船舶(含双燃料和单一天然气燃料运输船舶)"列入天然气利用第一类用户(优先利用类)予以保证气源供应。
12	2013年2月国务院办公厅发布的《国务院办公厅关于加强内燃机工业节能减排的意见》(国办发〔2013〕12号)	要求积极发展车船用"柴油/天然气双燃料内燃机",实施"替代燃料内燃机应用示范工程","开展天然气单一燃料及天然气/柴油双燃料燃烧技术在车船用发动机上的推广应用"。
13	2014年6月国务院办公厅印发《能源发展战略行动计划(2014~2020年)》(国办发〔2014〕31号)	"大力发展天然气","积极发展交通燃油替代","实行绿色交通行动计划","稳步发展天然气交通运输。结合国家天然气发展规划布局,制定天然气交通发展中长期规划,加快天然气加气站设施建设,以城市出租车、公交车为重点,积极有序发展液化天然气汽车和压缩天然气汽车,稳妥发展天然气家庭轿车、城际客车、重型卡车和轮船"。

(二)企业为降低燃料成本，促进节能减排，通过调研比较选择使用天然气

目前客车燃油费用已占客运企业运营成本的30%~40%。为响应国家节能减排号召，降低燃料成本，各地大型客运企业和客运行业主管部门，积极寻求使用理想的清洁替代燃料。例如，北京公交总公司、贵阳公交公司、石家庄公共交通总公司、郑州交运集团、福建汽车运输总公司、苏州客运集团、河北保定交通运输集团、南京金陵交运集团、辽宁虎跃客运集团等大型运输企业，都曾以天然气汽车、新能源汽车为重点，对各种替代燃料车辆的技术性能和成本效益等使用情况进行了调研和分析比较，有些企业还通过试用才决定使用哪一种替代燃料。

近十年来，为加快替代能源的推广应用，国家有关主管部门在道路运输车辆中进行了一系列试点和示范。例如，自2009年开始在北京、上海、重

庆等13个城市示范推广以电动汽车为重点的新能源汽车，到2014年示范推广活动已经扩大至39个城市群（共88个城市）；在黑龙江、吉林、辽宁等10个省区进行推广乙醇汽油的试点；在上海、山西、陕西等地进行甲醇汽车试点；在安徽、山东等少数地区进行生物柴油和二甲醚的试点应用。近十多年来的实践证明：在天然气、电能、甲醇、乙醇、生物柴油和二甲醚等营运车辆目前可选择的各类替代能源中，天然气可以满足城市公交车、出租车和公路客货运输车等各种营运车辆的需求；使用天然气汽车不仅减排效果明显，而且燃料成本可以降低10%~30%。电动汽车目前的技术和价格水平，只宜依靠财政补贴在城市公交车、出租车中示范推广应用，还难以完全满足客车（特别是中长途客运）运营的需求；而甲醇、乙醇、生物柴油、二甲醚和氢燃料等其他替代能源，都因各种原因还不具备在营运车辆中全面推广应用的条件。因此，众多的客运企业通过实际调研、实践和比较，普遍认为，推广应用天然气客车是目前比较理想和现实的选择。这是企业推广应用天然气客车的主要内在动力。

（三）天然气客车能够适应客运绿色发展和减排增效的需求

天然气具有污染排放少、热值高、使用安全可靠等优势，是汽车理想的替代燃料。天然气的主要成分是甲烷（CH_4，约占99%~75%），其次是乙烷（C_2H_6，约占15%~0.5%）、丙烷（C_3H_8，约占5%~0.1%）和丁烷（C_4H_{10}，极微量，小于1%）等烷烃类物质；此外还有极少量的二氧化碳（CO_2）、氮气（N）、硫化氢（HS）、氢气（H）等非烃类物质。天然气作为汽车燃料有压缩天然气（Compressed Natural Gas，简称CNG）和液化天然气（Liquefied Natural Gas，简称LNG）两种形态。CNG是将天然气加压至20.7~24.8MPa（兆帕）的高压状态下的气态天然气，储存于高压气瓶中，其体积约为常压下天然气的1/200。LNG是对天然气进行脱氢、脱硫、脱水、除酸、清除CO_2等净化处理后，再实施分馏、低温冷凝至零下162℃的液态天然气，储存于低温绝热容器中，其体积仅为常压下天然气的1/625。

天然气客车按照用气种类分为CNG客车和LNG客车；按照燃料使用的

方法分为单一燃料天然气客车（只使用天然气）、两用燃料天然气客车（既可以使用天然气，也可以使用汽油或柴油）、双燃料天然气客车（可以同时使用燃油和天然气；在车辆统计中，常将两用燃料和双燃料客车列为双燃料客车进行统计）。天然气客车具备广泛推广的优势和条件，主要是：

（1）减少尾气污染。燃油汽车尾气的有害成分主要是一氧化碳（CO）、碳氢化合物（HC）、氮氧化合物（NOx）和粉尘等。天然气客车无论是在城市、农村，还是在城际公路上，都可明显减少污染排放。与燃油车相比，天然气客车在 WTW（井口到车轮）内，CO 减少 20% 以上，HC 减少 22%（与柴油车相比）至 72%（与汽油车相比），NO_X 减少 29%（与汽油车相比）到 63%（与柴油车相比），CO_2 可减少 9%（与柴油车相比）到 33%（与汽油车相比），粉尘减少 90% 以上，且无铅、苯等致癌物质，也基本不含硫化物（李开国：《中国燃气汽车发展现状与前景》）。根据清华大学环境科学与工程系提供的实验数据，国四排放标准的柴油公交车每行驶 1 公里会排放 0.075 克 PM2.5，而同样排放标准的天然气公交车同等路程仅排放 0.005 克 PM2.5，减排比率达 93%。根据瑞士联邦环境办公室（FOEN）于 2010 年 9 月 19 日公布的一项有关“天然气汽车的减排优势”研究结果，天然气汽车与同等功率的汽油车相比，可使 CO_2 排放减少 25%。表 2 提供的各种燃料汽车污染物排放的比较，可以概括说明天然气汽车的减排效果。

表 2　各类燃料汽车尾气排放比较

项　目	汽车尾气排放					
	CO	CH	NO_X	颗粒悬浮物	氧化铅(PbO)	有毒物质
汽油(无尾气处理)	100	100	100	100	100	100
汽油(有尾气处理)	25～30	10	25	无	无	50
柴油	10	10	50～80	100	无	50
柴油－天然气双燃料	8～10	8～10	50～70	20～40	无	3～10
液化石油气	10～20	50～70	20～40	无	无	3～10
天然气	0～1	1～3	10～20	无	无	3～10

数据来源：第 20 届世界 NGV 学术会议报告《SAFTYOFGASMOTORFUEL》，俄罗斯。

按照汽车生命周期分析，在各类新能源汽车中，天然气汽车的减排效果也是比较理想的。2008 年上海汽车集团股份有限公司技术中心曾根据瑞士和美国学者 J. Hackney 与 R. Neufville 等人基于全生命周期分析方法，对不同种类新能源汽车的排放、能源效率和成本等因素进行了分析和比较。其中，结合不同类型新能源汽车的技术发展水平以及其对环境影响因素的研究成果，对几种典型新能源汽车进行分析和比较，结果如表 3 所示。总体上看，天然气汽车对环境的影响较好，具备广泛推广应用的条件。

表 3　新能源汽车环境影响分析和比较

类型		NOx	CO_2	颗粒物	能源效率	行驶里程	障碍
燃气汽车	CNG LNG	较好	好	少	较高	较差	—
	LPG	差	好	很少	较高	好	—
醇类汽车	甲醇	较好	差	少	较低	好	毒性
	乙醇	差	差	较多	低	好	—
电动汽车		好	好	较多	高	差	蓄电池、技术、成本
混合动力		好	好	较少	高	好	成本
燃料电池汽车		很好	很好	极少	很高	差	技术、成本、燃料供应、基础设施建设

说明：（1）本表资料引自 2008 年 6 月《上汽汽车》刊载的《基于全生命周期的新能源汽车环境影响评估》，作者为上海汽车集团股份有限公司技术中心的范俊峰、何健、周峰、黄伟科、周庆伟。（2）文中分析的新能源汽车，是指在 2008 年前后已经商业化应用和处于研发阶段的汽车，主要有：燃气汽车（CNG、LNG 和 LPC）、醇类汽车（如 M85、M5、E85、E10 等）、电动汽车（EV）、混合动力汽车（HEV）和燃料电池汽车（PCV）等。

（2）降低燃料成本。世界各国车用天然气的价格都低于燃油，与汽油价格之比基本上在 0.5 ~0.6。中国自 2010 年以来先后 3 次调整车用天然气价格，天然气客车的成本优势已明显减小，但根据各地车用气价格，出租车仍可节省燃料成本 10% ~30%；公交车和公路客货运输车可节省 5% ~25%。2014 年以来，随着国内燃油多次降价，天然气客车的价格优势继续减小。预计随着天然气行业的发展和天然气汽车的技术进步，天然气客车还将继续保持一定的成本优势。

（3）技术相对成熟。相对于其他替代燃料汽车，天然气汽车技术更成熟，能够满足各类营运车辆的需求。目前，我国已经基本建立了天然气汽车的技术标准（规范）体系；有58家企业（其中商用客车企业30余家）的347个天然气汽车车型（包括底盘）进入新产品公告，OEM原产客车生产能力超过10万辆/年；18家企业生产天然气发动机，共98款产品在市场销售，气瓶产能超过80万只/年；加气站设备国产份额达90%以上，部分产品达到100%。我国天然气汽车整车及零部件的研发、制造和天然气的生产、利用已经形成比较完整的产业链。天然气客车的生产不仅满足了国内市场需求，而且批量出口到国外亚、美、欧等地区。

（4）运行安全可靠。天然气的自燃温度（630℃～730℃）、爆炸极限（3.6%～17%）和辛烷值MON（抗爆性指标，在115～130）都高于汽油和柴油（自燃温度：汽油510℃～530℃、柴油300℃～380℃，爆炸极限：汽油1.1%～5.9%、柴油1.4%～4.5%，汽油的辛烷值MON在81～89）；天然气的相对密度比空气小（在0.55～0.75），如有泄漏立即挥发到空气中。2013年，国家发布了《燃气汽车专用装置的安装要求》（国标GB 19239－2013），天然气汽车的燃料供给系统（包括压力容器、管路、连接器等）均按要求特殊设计，装有过流防止阀、安全阀等安全装置。另外，天然气客车冷启动性能好，解决了燃油车在寒冷冬季启动困难的问题。因此，总体上使用天然气比汽油和柴油更安全。

LNG客车与CNG客车各有优势。LNG客车续驶里程长、加气时间短、污染排放更少，适宜在运距较长的城际客运和城市公交使用；但其运行中产生的BOG（Boil Off Gas，蒸发气）不容忽视。CNG客车的车价和CNG价格较低，但气瓶体积大、加气时间长、续驶里程短，适用于城市公交客运、近距离公路客运使用。

与燃油车相比，天然气客车的主要缺点是：①CNG贮气瓶的体积比油箱大，LNG气瓶虽然远小于CNG气瓶，但结构比油箱复杂，体积也略大于油箱。②车辆价格高于燃油车，CNG客车一般高2万～6万元，LNG客车一般高4万～10万元。③目前加气站少，加气不如加油方便。④燃油车改装的天然气/柴油（汽油）双燃料客车动力性能下降5%～

10%。

综合上述分析，天然气客车可以满足城市公交客运和公路客运减排增效、绿色发展的需求，具备广泛推广应用的条件。自进入“十二五”以来的10年，是天然气客车发展的难得机遇期。客运行业应紧抓机遇，积极推广应用天然气客车，为交通运输实现绿色低碳发展和保护大气环境做出新贡献。

二 世界天然气汽车发展的概况和经验

（一）全球天然气汽车发展应用概况

自1931年世界上第1辆CNG汽车问世以来，经过60多年的漫长岁月，到1997年全球天然气汽车达到100万辆，此后天然气汽车进入快速发展期。根据国际天然气汽车协会（IANGV）的统计，全球天然气汽车和加气站保有量，2009年达到1135.6万辆（首次超过1000万辆）和16513座；2012年达到1673.3万辆和21292座，分别比2009年增长了47.3%和28.9%，年均增长分别为13.8%和8.8%。2013年世界天然气汽车总量增长到1809万辆，其中列前十位国家的保有量为1555万辆，占全球总量的86%（详见表4）。据IANGV预测，到2020年，全球天然气汽车将达6500万辆。

（二）世界天然气汽车发展应用的特点

1. 全球天然气汽车的主体是客车

根据GVR的统计，2012年全球天然气汽车中，轿车和轻卡共计1587.51万辆，占92.13%；中型和重型公交车70.39万辆，占4.09%；中型和重型卡车36.88万辆，占2.14%；其他车辆28.26万辆，占1.64%。由此可以判断，全球天然气汽车的结构主体主要是轿车，包括出租车，其次是公交车。由于受到加气站数量和布局的制约，长途客车很少。

表 4　2013 年天然气汽车数量世界排名前 10 位的国家

单位：万辆，%

排序	国家	数量	排序	国家	数量
1	伊朗	350	6	印度	150
2	巴基斯坦	279	7	意大利	82
3	阿根廷	228	8	哥伦比亚	46
4	巴西	175	9	乌兹别克斯坦	45
5	中国	158(336.5)	10	泰国	42
10 国 NGV 总量		1555(1733.5)	占天然气汽车总量		86

注：表中数据来源于国际天然气汽车协会（IANGV）。其中，中国天然气汽车数量，IANGV 发布数据为 158 万辆；括号内 336.5 万辆，是中国媒体报道数量；10 国 NGV 总量一栏中，括号内 1733.5 万辆是按中国 336.5 万辆计算的结果。

说明：（1）全球天然气汽车的统计数据不同机构统计的结果略有差别。根据 2013 年 6 月《国际石油经济》刊载的《天然气汽车、加气站数量及天然气消费量分国别统计》，2012 年全球 85 个国家天然气汽车的总量为 17230460 辆，加气站为 21503 座，均多于 IANGV 的统计数量。（2）IANGV 和 GVR 的统计中，都存在各国数据统计截止时间不同的问题，2013 年的统计，多数国家为 2012 年和 2011 年的数据，少数国家为 2010 年之前和 2013 年 1～4 月的数据。本文主要依据 IANGV 发布的数据进行分析，但对客车的分析将使用 GVR 的数据。（3）表中中国天然气汽车的数量，括号内 336.5 万辆，是《中国石油石化》杂志 2014 年第 18 期《开往春天的天然气汽车》一文提供的数据。本文以下的分析主要使用 IANGV 统计的数据。

2. 天然气汽车主要集中在发展中国家

发展中国家在天然气汽车领域的技术水平，总体上落后于发达国家，但其推广应用走在前面。2013 年全球天然气汽车保有量排前 10 名的国家，除了意大利之外，全都是发展中国家；这 9 个发展中国家的天然气汽车保有量共 1473 万辆，约占全球总保有量的 81.43%；尤其是前 5 名国家（伊朗、巴基斯坦、阿根廷、巴西和中国）的天然气汽车保有量达 1190 万辆，占全球保有量的 65.78%。全球汽车总量主要集中于发达国家，但天然气汽车的总量主要集中于发展中国家。这说明，发展中国家对天然气汽车的重视和需求远高于发达国家。

3. 亚太和南美地区天然气汽车发展最快

天然气汽车的发展，19 世纪 30 年代起源于欧洲，亚太和南美地区大体上在 20 世纪 60～80 年代前后进入，21 世纪初才加速发展，但后来居上。

2013年全球天然气汽车保有量位居前10名的国家中，亚太地区6国（伊朗、巴基斯坦、中国、印度、乌兹别克斯坦和泰国）共有1024万辆，占全球总量的56.6%；南美区域3国（阿根廷、巴西、哥伦比亚）共有449万辆，占世界总量的24.8%。

4. 发达国家天然气汽车技术先进，保有量落后

美国、加拿大、德国、日本等国家拥有世界先进的天然气汽车整车、天然气发动机和加注站等装备的研发制造技术，但是天然气汽车的保有量很少。根据IANGV的统计，2012年全球天然气汽车、加气站保有量和天然气汽车的数量排名，美国为127735辆、1120座，排第18位；德国为95498辆、915座，排名第19位；日本为42590辆、314座，排名第24位；加拿大为12500辆、47座，排名第29位。

（三）国外发展应用天然气汽车的做法和经验

世界各国发展应用天然气汽车的做法和历程不同，但有两个明显的特点：一是天然气汽车的发展应用与政府采取的财税和天然气价格鼓励政策密切相关，凡是鼓励政策有力并坚持实施的，天然气汽车就会快速发展；鼓励政策摇摆不定的，天然气汽车的发展就会波动起伏；鼓励政策减弱或停止的，天然气汽车就难以发展，甚至萎缩或停滞。二是各国都把天然气公交车和出租车作为优先鼓励和支持的重点。以下根据媒体报道收集整理的资料，略述几个国家和地区天然气汽车的发展概况，来说明这一观点。

1. 意大利——世界最早使用天然气汽车的国家

1931年意大利建成世界上第一座CNG加气站，改装了全球首批CNG汽车，此后其天然气汽车的保有量稳居世界第1位长达66年。2013年天然气汽车的保有量达82万辆，加气站900多座，居世界第7位，但其在欧洲和全球发达国家中，仍居第1位。意大利天然气汽车的发展得益于政府采取的优惠政策。例如：（1）规定购置公交车辆要同时购买一定数量的天然气汽车。（2）对购买和改装天然气汽车提供经济激励措施。2006～2009年对购买原装天然气汽车的个人和公司，根据车辆排放和种类每车补助1500～

2000欧元；2007～2009年政府每年拨款5000万欧元，对改装天然气汽车每车补助350～600欧元。（3）为每座CNG加气站提供25%的基础设施投资补助。（4）天然气进口不征收关税，增值税控制在4%以内；严格监管价格，使天然气的价格相当于汽油价格的1/4、柴油价格的1/2。（5）在实行按照车牌单、双号允许通行的城市，天然气汽车可以不受限制通行。

2. 伊朗和巴基斯坦——天然气汽车发展最快的国家

（1）伊朗。20世纪末期伊朗的天然气汽车保有量不到1000辆。2003年，伊朗政府为节省原油用于出口，决定大力发展天然气汽车，并制订了发展计划。从2004年起伊朗天然气汽车的发展突飞猛进，到2011年天然气汽车保有量达285.9万辆，比2003年增长了280多倍，超过巴基斯坦跃居世界第1位（加气站数量1574座，居世界第4位）。伊朗政府的做法：①对推广使用天然气汽车给予财税政策扶持，仅2004年就拨款20亿美元用来推动天然气汽车产业发展。②对进口天然气汽车整车和零部件减免关税，对加气站建设给予补贴。轻型汽油车的进口税按到岸价的100%征收，而对天然气汽车则按到岸价的65%缴税，对进口天然气汽车组件按照到岸价的4%缴税；对公共CNG加气站每座补贴10亿里亚尔（约合10.75万美元），对内部加气站每座补贴4亿里亚尔（约合4.3万美元）。③控制天然气价格，对车用天然气财政给予补贴，价格长期维持在汽油价的50%以下。④支持改装天然气汽车。在37个城市中有107个改装厂，2006年改装的天然气汽车占其总保有量的77%。⑤大力开展天然气汽车工程管理和技术人员培训。

（2）巴基斯坦。1980年，巴基斯坦在卡拉奇建设了第1座CNG示范站，进入21世纪以来，天然气汽车飞速发展。2008年底天然气汽车保有量达200万辆、加气站达2700座，跃居世界第1名。其天然气汽车快速发展的主要原因是政府制定实施了一系列鼓励措施：①进口天然气车辆、装备、改装件海关一律免税；对于天然气汽车原装车免除销售税；②CNG市场价控制在比柴油低35%、比汽油低45%的水平上；③加快并简化加气站建设项目审批；④支持改装天然气汽车，大力推进燃油发动机改装为天然气单燃料发动机，其天然气汽车90%以上是改装车。

3. 美国和加拿大——资源丰富、技术先进，保有量落后的国家

（1）美国。美国天然气储量丰富、汽车保有量居全球之首，天然气汽车技术世界领先。美国有全球著名的天然气发动机制造商（如康明斯）、加气站装备和气瓶制造商（如林肯、CPI、查特等）、气体计量制造商（如罗斯蒙特等）、电子设备制造商（伍德沃德等）和西南研究院等天然气汽车领域先进的科研和装备制造机构。但美国同时鼓励使用天然气汽车和液化石油气汽车（LPGV）。美国1990年颁布的《清洁空气修正法案》（CAAA）和1992年公布的《能源政策法》（EPACT）规定联邦政府和各州政府车队购买新车，1993年必须有10%、1997年必须有30%、1999年则必须有75%以上是替代燃料汽车；联邦政府还对购买或改装天然气汽车每车减税2500美元，免征天然气公司的销售税。到1998年，美国有天然气汽车7.99万辆、有液化石油气汽车17.72万辆，加气站1247座，天然气汽车列世界第3位。但由于鼓励政策不到位等种种原因，天然气汽车发展缓慢，到2005年有天然气汽车12.04万辆，年均增长约5%；到2012年仅有12.77万辆，7年间仅增加6%。

（2）加拿大。加拿大天然气资源丰富，拥有世界著名的天然气发动机和加气站设备供应商［如IMW工业公司和克劳斯（KRAUS）、西港公司等］。加拿大从1982年开始推广天然气汽车，到2001年天然气汽车保有量仅为2.05万辆，加气站222座，居世界第11位；但到2012年天然气汽车保有量降至1.25万辆，加气站减为47座，世界排名下降至第29名。

4. 俄罗斯——天然气汽车发展起步早、周折多的国家

俄罗斯的天然气资源丰富，天然气汽车技术比较先进，但由于国家对发展天然气汽车的政策波动变化，导致天然气汽车的发展一波三折。俄罗斯的前身——苏联，从20世纪30年代末期就开始使用天然气汽车，50年代拥有天然气汽车约25万辆。但是在60年代天然气汽车数量逐渐减少。1981年苏联又把推广使用天然气汽车列入国家发展计划积极推动。到1995年俄罗斯的天然气汽车保有量增长至约28万辆（独联体38万辆），当时与意大利并列世界第一。但此后又迈入萎缩阶段，到2001年天然气汽车保有量仅有3.1万辆，世界排名下滑到第11位。之后又缓慢回升，2012年天然气汽

车保有量为8.6万辆、有加气站250座，世界排名降至第20位。

5. 南美洲——天然气汽车发展起步较晚但增速较快的地区

南美洲天然气汽车的发展与亚太地区并驾齐驱，其主要的特点是天然气资源丰富，虽起步较晚，但政府重视支持，发展较快。例如：（1）阿根廷。1997年其天然气汽车保有量达40.1万辆，有加气站531座，从此连续11年世界排名第一。2004年国会通过一部推进天然气汽车使用的法规，规定政府部门和公共车辆必须使用CNG作燃料，鼓励改装天然气汽车，全国有CNG改装厂100多家。2012年天然气汽车保有量达214万辆，加气站1902座，居世界第3位。（2）巴西。巴西是全国都使用乙醇汽油的国家。1996年1月总统签署了允许使用天然气作为全国汽车通用燃料的法令，天然气汽车的推广应用加快了步伐，2005年保有量超过100万辆、加气站超过1000座，居世界和南美第2位；2012年天然气汽车保有量达174万辆、加气站1701座，居世界第4位。（3）哥伦比亚。进入21世纪后制定了五大城市天然气汽车发展规划，并认真实施，按期实现，十多年来，天然气汽车保有量年均增长37%。2001年仅有天然气汽车1.2万辆，加气站28座，列世界第12位；2012年天然气汽车保有量增加至38万辆，加气站690座，升至世界第9位。（4）委内瑞拉。该国油气储量丰富，为增加石油出口赚取外汇，政府对天然气汽车改装提供50%的资金补贴。1996年该国仅有20座加气站、1500辆天然气汽车，但步入21世纪后发展步伐明显加快。2012年天然气汽车保有量达18.5万辆，加气站166座，居世界第15位。

6. 新西兰——因政策变化导致天然气汽车发展由盛变衰的国家

新西兰天然气资源丰富，1979年就制定了鼓励使用天然气汽车的财政补助和减免税负等政策，还制定了有关推广天然气汽车的国家技术标准。1985年天然气汽车保有量达20万辆，名列世界第3，列亚太地区第1。但是，1986年新西兰政府取消了鼓励使用天然气汽车的优惠政策，从此天然气汽车保有量和加气站便逐年减少，到2007年天然气汽车仅剩283辆，加气站也从450座陡降至14座。由此，新西兰成为全球因政府政策变化而导致天然气汽车发展停滞的典型案例。

三 中国天然气客车推广应用的现状

（一）天然气客车推广应用的历史概况

在中国天然气汽车50多年的发展进程中，天然气客车（尤其是公交车）始终走在前列；四川省是中国天然气客车的发源地和数量最多的省份。中国第1辆天然气汽车是1960年诞生于四川省自贡市公交公司的气包公交车，第1座CNG加气站1989年在自贡市建成。1995年全国约有CNG汽车2400辆，其中大约70%在四川省。1999~2009年在全国开展的“空气净化工程——清洁汽车行动”把天然气客车带进了示范推广阶段。国家成立了由科技部、国家计委、国家经贸委、环保总局、交通部等13个部委组成的“协调领导小组”，确定了12个（后增加到19个）示范城市和重点推广地区，组织开展了“清洁汽车关键技术攻关与示范推广”活动，以公交车和出租车为重点，大力推广燃气汽车。根据2009年5月13~14日，由全国清洁汽车行动协调领导小组等单位在重庆联合举办的“清洁汽车行动实施十周年工作总结表彰活动暨2009天然气汽车技术与产业发展论坛”的相关报道，到2009年我国已有30个省（自治区、直辖市）推广使用天然气汽车共近40万辆，初步建立起天然气汽车产品管理、技术开发和生产的技术标准和推广应用体系，为天然气汽车产业链今后的发展奠定了基础。也有专家认为，2009年全国CNG汽车保有量已约达60万辆，CNG加气站超过1400座，全国282个地级以上城市中已有202个有CNG汽车，9个城市有LNG汽车（李永昌：《中国天然气汽车的发展历程掠影》）。由于“清洁汽车行动”的重点领域是出租车和公交车，因此在这40万~60万辆天然气汽车中，出租车和公交车等营运性车辆是主体，占50%~60%。

（二）天然气客车推广工作的新进展

2010年以来中国天然气汽车步入了快速发展新阶段。“十二五”期间，国家下硬功夫治理大气污染；交通运输行业建设绿色循环低碳交通运输体系，都把使用天然气汽车作为重要抓手，开展了一系列工作，加快了天然气客车推广应用的步伐。

1. 加强调研宣传，重视推广应用

2010年10月交通运输部在济南召开了“推广使用天然气汽车座谈会”，2011年11月交通运输部政策法规司与国家能源局油气司在北京联合召开了“交通运输业推广使用天然气车船研讨会”。中国道路运输协会受交通运输部委托开展“城际客货运输车辆推广应用天然气汽车”专题研究，多次举办推广天然气汽车的培训研讨班，并于2013年召开“全国道路运输推广天然气汽车经验交流会”。与此同时，在各有关政府部门的指导和支持下，国内众多有关能源、交通、汽车的行业协会、学术团体、科研院校、新闻媒体、中介咨询和会展公司等机构，以及中石油、中海油、中石化等大型能源企业和天然气产销及车辆装备制造企业，通过多种形式，围绕天然气汽车的发展应用，在全国各地举办了一系列论坛研讨、展览展示、学术交流和技术培训等活动，编印了大量宣传资料和书刊。这些工作对于有关方面提高认识，统一思想，加快天然气客车的推广应用发挥了重要作用。

2. 纳入工作部署，积极推进应用

2011年，交通运输部印发《建设低碳交通运输体系指导意见》（交政法发〔2011〕53号）和《公路水路交通运输节能减排“十二五”规划》（交政法发〔2011〕315号），把“推广使用天然气汽车”列入“节能与新能源车辆示范推广工程”，要求“在有条件的地区鼓励道路运输企业使用天然气、混合动力等燃料类型的营运车辆”，“逐步提高城市公交、出租汽车中天然气车辆的比重，在城市物流配送、城际客货运输车辆中积极开展试点推广工作，以新购置天然气车辆代替淘汰的老旧车辆”。2013年5月交通运输部印发《加快推进绿色循环低碳交通运输发展指导意见》（交政法发〔2013〕323号），进一步要求“加快推广节能与清洁能源装备。”“推进以天然气等清洁能源为燃料的运输装备和机械设备的应用，加强加气、供电等配套设施建设。”2014年6月，交通运输部印发《关于交通运输行业贯彻落实〈2014～2015 年节能减排低碳发展行动方案〉的实施意见》（交办法〔2014〕110 号）再次强调："推广应用绿色交通运输装备"，"继续推进天然气汽车在道路运输和城市公交中的应用"。交通运输部还把推广应用天然气汽车列入"车船路港"千家企业低碳交通运输专项行动和节能减排年度工作计划，加强督促检查，鼓励引导道路运输企业"以气代油"。全国许多地方，特别是全国防治大气污染的重点地区和城市，都把天然气汽车的推广应用纳入"十二五"节能减排或能源发展规划，作为治理大气污染的重要措施，积极推进。

3. 实施财政政策，鼓励推广应用

2011 年 5 月国家财政部和交通运输部发布《交通运输节能减排专项资金管理暂行办法》（财建〔2011〕374 号），采取以奖代补的办法，鼓励支持天然气汽车的应用，对"采用替代燃料的按被替代燃料每吨标准油不超过 2000 元给予奖励"。2011～2014 年，财政部和交通运输部使用"节能减排专项资金"奖励天然气汽车应用项目 262 个，占奖励项目总量的 32.96%；补贴资金 62558 万元，占项目补贴总额的 30.79%。其中补贴天然气客车应用项目占 40% 左右。江苏、山东、四川、重庆、陕西、宁夏等地政府结合本地实际，分别出台了车辆更新购置补贴、客运线路审批、天然气汽车改装和管理等方面支持企业应用天然气汽车的政策措施。

4. 通过试点示范，引导推广应用

一是通过试点推动公路客货运输应用天然气汽车。多年来中国主要在公交车和出租车中推广天然气汽车，而占营运车辆 85% 以上的公路客货运输车辆很少应用。为推进公路客货运输应用天然气汽车，交通运输部自 2011 年开始，以 LNG 汽车的应用为重点，在山东、江苏、辽宁、宁夏四省区和山西汽运集团、广东汽运集团，开展了城际道路客货运输推广使用天然气汽车的试点，带动了 LNG 客车在公路客运中的应用。二是把天然气汽车的应用纳入建设低碳循环绿色交通运输体系建设试点（天津、深圳、厦门等共 26 个试点城市）和创建公交都市活动（已经批准北京、天津、南京、大连等37个城市为公交都市创建城市），并提出具体要求。三是将福建省汽车运输总公司和河南省道路运输局等单位推广应用使用天然气公路客车项目评为节能减排示范项目，总结推广其经验。在这些试点、示范和典型的带动下，全国涌现出一大批推广应用天然气客车的先进企业和示范线路。江苏、山东、山西、河北、四川、湖北、重庆等许多省市都总结宣传了一批典型经验，加速了天然气客车的推广应用。

5. 上下纵横联动，协力推进应用

全国交通运输系统齐心合力，把天然气汽车的推广应用作为节能减排、绿色发展的抓手积极推进。各省（自治区、直辖市）交通运输厅（委）加强与地方政府发改委、住建委等各有关主管部门的沟通和合作，积极推进公交车、出租车和长途客货车辆使用天然气。山东、江苏、陕西、福建等交通运输厅都与当地发改委、住建厅和能源管理等有关部门协商研究或制定了沿着高速公路建设LNG加气站的规划或计划。许多地方交通运输主管部门充分发挥行业协会和科研机构的作用，开展了多项推广应用天然气汽车的专题调研、交流研讨和培训活动。

6. 开展调研总结，深化推广应用

为总结经验，促进天然气汽车更广泛深入的推广应用，2014年5月交通运输部办公厅发出《关于开展天然气汽车推广应用情况调研工作的函》（厅函法〔2014〕211号），委托中国道路运输协会采用书面调研和现场调研相结合的方法，首次对全国道路运输推广应用天然气汽车情况进行全面调研。全国31个省（自治区、直辖市）交通运输厅（委）报送了书面调研报告，中国道路运输协会组织燃气汽车推广应用专家组到河北、山东、江苏、辽宁、山西、北京、天津和上海等八省市进行现场调研，召开了20多个座谈会，听取交通运输主管部门、城市公交和公路客货运输企业的意见和建议。通过调研，比较全面地掌握了全国道路运输推广应用天然气汽车的成果、经验和存在的问题，为改进天然气汽车推广应用工作和研究制定天然气汽车推广应用的规划和政策提供了依据。

（三）天然气客车推广应用的新成果

综合分析最近的调研情况和有关资料，“十二五”以来客运行业推广应用天然气客车开展了一系列工作，取得了丰硕成果，主要体现在以下几方面。

1. 天然气客车保有量快速增长，应用范围进一步扩展

截至2013年底，全国除西藏只有天然气出租车、没有天然气公交车和公路客车外，30个省（自治区、直辖市）共有营运性天然气客车202457辆（其中，公交车161454辆、公路客车41003辆），占全国营运客车保有量的14.86%。

“十二五”以来中国天然气客车的应用规模逐步扩大，西部气源丰富的地区继续领先，东部省份步伐加快。目前天然气客车超过万辆的四川、新疆、陕西和重庆，以及天然气客车总量不多但比例较高（超过40%）的宁夏、青海和甘肃等都在西部，其所在地区不仅天然气资源丰富，而且都出台了扶持政策，鼓励使用和改装天然气汽车，因而近年来天然气汽车的应用继续走在前列。如天然气客车总量雄踞榜首的四川省，规划“十二五”期间新建加气站346座（其中LNG站166座），新增天然气汽车11.8万辆，力争到2020年天然气汽车保有量达到100万辆；2012年天然气汽车总量已约达35万辆，加气站280余座。东部地区天然气客车超过万辆的山东、江苏和广东，虽然气源主要依靠外地输入，但天然气汽车的推广应用后来居上。尤其是山东和江苏作为交通运输部的试点省份，天然气汽车数量增长更快一些，其营运性天然气汽车保有量已分别达8.2万辆和6.5万辆；其中，客车分别为1.56万辆和1.29万辆，居全国第3位和第4位。内蒙古天然气资源丰富，其营运性天然气汽车达9.24万辆，居全国第1位，但由于地广人稀，煤炭业发达，其主要车辆是货车（6.68万辆）和出租车（2.19万辆），天然气客车仅有3651辆。广西、云南等地近年来随着天然气的发展，天然气客车也开始得到应用。各地区天然气客车应用情况见表5。

表 5　2013 年中国各省（自治区、直辖市）天然气客车数量排名

单位：辆，%

排名	地区	客车数量			公路客车数量			城市公交车数量		
		客车总量	NG 客车	比例	总量	NG 客车	比例	总量	NG 客车	比例
0	合　计	1362196	202457	14.86	852566	41003	4.81	509629	161454	31.68
1	四　川	80135	34913	43.57	53337	11807	22.14	26798	23106	86.22
2	新　疆	48244	16454	34.11	37381	8053	21.54	10843	8401	77.48
3	山　东	71982	15569	21.63	32206	3121	9.69	39962	12448	31.15
4	江　苏	78543	12932	16.46	44005	3032	6.89	34538	9900	28.66
5	陕　西	39669	12492	31.49	26605	1796	6.75	13064	10696	81.87
6	重　庆	31302	12268	39.19	19214	2121	11.04	12088	10147	83.94
7	广　东	96374	10633	11.03	43092	342	0.79	53556	10291	19.22
8	河　北	51634	9156	17.73	29731	1316	4.43	21903	7840	35.79
9	湖　北	61025	8020	13.14	42237	1237	2.93	18999	6783	35.70
10	吉　林	26024	7162	27.52	14263	584	4.09	11761	6542	55.62
11	河　南	71205	6535	9.18	50031	996	1.99	21291	5539	26.02
12	山　西	24799	5324	21.47	14029	564	4.02	10903	4760	43.66
13	北　京	77826	4895	6.29	54822	344	0.63	23592	4551	19.29
14	宁　夏	9621	4430	46.05	5964	1239	20.77	3657	3191	87.26
15	安　徽	51033	4383	8.59	34410	975	2.83	16623	3408	20.50
16	浙　江	59961	4378	7.30	31684	485	1.53	28378	3893	13.72
17	黑龙江	35702	4331	12.13	18062	30	0.17	17640	4031	22.85
18	福　建	32917	3997	12.14	18765	715	3.81	14152	3282	23.19
19	辽　宁	47357	3875	8.18	25220	479	1.90	22198	3396	15.30
20	内蒙古	22696	3651	16.09	12880	108	0.84	9816	3543	36.09
21	青　海	7528	3350	44.50	3731	268	7.18	3797	3082	81.17
22	甘　肃	27532	3219	11.69	20494	45	0.22	7038	3174	45.10
23	贵　州	36256	2959	8.16	29772	125	0.42	6484	2834	43.71
24	天　津	18975	2112	11.13	9305	487	5.23	9670	1625	16.80
25	湖　南	66128	1865	2.82	48266	133	0.28	17862	1732	9.70
26	海　南	8852	1692	19.11	5902	0	0	2950	1692	57.36
27	江　西	27789	867	3.12	17976	75	0.42	9813	792	8.07
28	云　南	61693	544	0.88	48844	52	0.11	12849	492	3.83
29	广　西	44076	223	0.51	33883	20	0.06	10193	203	1.99
30	上　海	37911	84	0.22	21312	4	0.02	16717	80	0.48
31	西　藏	5637	0	0	5143	0	0	494	0	0

说明：本表客车数据来源于交通运输部规划司；天然气客车数据来源于中国道路运输协会 2014 年对道路运输推广应用天然气汽车的调研资料，其中包含天然气/燃油双燃料车。由于统计口径不同，天然气公交车数量高于交通运输部 2013 年统计年报公布的数量。

2. 天然气客车的结构改善，LNG 客车比例明显提高

20 世纪 80～90 年代，在四川、重庆、陕西、新疆等地天然气客车（主要是公交车）发展较早的地区，以改装的天然气/汽油（柴油）双燃料车为主。到全国开展“清洁汽车行动”期间，重点推广 CNG 汽车。进入 21 世纪以来，随着 LNG 的技术进步，城市公交和公路客运企业使用 LNG 越来越多。目前天然气客车已经形成以 CNG 汽车为主体、LNG 汽车快速发展和油气双燃料车逐步减少的结构格局。2013 年，全国 20.2 万辆天然气客车中，CNG 车辆 11.2 万辆，占 55.4%；LNG 汽车 5.2 万辆，占 25.6%；双燃料车 3.8 万辆，占 19.0%。公交车中 CNG 汽车比例更高，占 59.8%；LNG 汽车的比例已达 24.2%。例如，成都市有 10025 辆 CNG 公交车，堪称世界最大的 CNG 公交车队；重庆、银川、石家庄、乌鲁木齐、西安等地的公交车基本上都是 CNG 汽车；但北京、广东、山东、江苏等地近年来新增的公交车和公路客车绝大多数是 LNG 车。公路客车中 LNG 车的比例高于公交车，占 31.2%（详见表 6）。双燃料车中主要是改装的 CNG/柴油车。根据目前天然气汽车的技术状况，预计 LNG 车的比例将逐步提升，CNG 车的比例会略有下降，而双燃料客车在双燃料发动机技术没有新的突破之前将可能进一步减少。

表 6　2013 年中国天然气客车结构和燃料结构分析

单位：辆，%

	天然气客车数量	占比	天然气公路客车		天然气公交车	
			数量	占比	数量	占比
合计	202457	100	41003	100	161454	100
CNGV	112113	55.4	15542	37.9	96571	59.8
LNGV	51944	25.6	12802	31.2	39142	24.2
双燃料	38400	19.0	12659	30.9	25741	16.0

说明：本表数据来源于中国道路运输协会 2014 年对全国道路运输推广应用天然气汽车的调研资料。

3. 天然气公交车的应用步伐进一步加快

中国自第 1 辆天然气汽车诞生以来，城市公交客运始终是天然气汽车推广应用的重点领域，国家有关鼓励汽车使用清洁能源的政策都把公交车列为

重点。在10年“清洁汽车行动”中，重点之一是开展天然气公交车的应用示范。进入“十二五”以后，在国家治理大气污染和加快淘汰黄标车的双重动力推动下，全国各地，特别是大中城市几乎都把公交客运作为重点，积极推广应用天然气汽车。因此，近年来公交车的燃料结构明显改善，天然气公交车的比例快速增长。根据交通运输部的统计年报，截至2013年底，全国有CNG和LNG公交车12.38万辆（不含天然气/柴油或汽油双燃料车、气电混合动力车等），占公交车总量的24.3%；与2010年相比，增长126.4%，年均增长31.3%；同期，柴油公交车仅增长4.2%，汽油公交车下降了49.3%（详见表7）。天然气公交车超过10000辆的五个省（直辖市）中，四川省名列榜首，达23106辆；山东省和陕西省紧随其后名列第2位和第3位，分别为12448辆和10696辆。天然气公交车占公交车的比例超过80%的五个省（自治区、直辖市）均在西部地区，名列前三甲的是宁夏回族自治区（占87.26%）、四川省（占86.22%）和重庆市（占83.94%）。天然气公交车数量和比例排名前10位的省份见表8。

表7　2010～2013年中国天然气和燃油公交车数量统计

单位：万辆，%

年份	数量和比例	公交车总量	天然气车	柴油车	汽油车
2010	公交车数量	42.05	5.47	29.01	3.41
	同比或占比	同比↑2.1	占比13.0	占比69.0	占比8.1
2011	公交车数量	45.33	6.89	30.42	2.81
	同比或占比	同比↑7.8	占比15.2 同比↑26.0	占比67.1 同比↑4.9	占比6.2 同比↓17.6
2012	公交车数量	47.49	8.64	31.06	2.37
	同比或占比	同比↑4.8	占比18.2 同比↑25.4	占比65.4 同比↑2.1	比5.0 同比↓15.7
2013	公交车数量	50.96	12.38	30.22	1.73
	同比或占比	同比↑7.3	占比24.3 同比↑43.3	占比59.3 同比↓2.7	占比3.4 同比↓27.0

说明：（1）数据来源：交通运输部统计年报。表中，天然气公交车的数据仅包括LNG和CNG公交车，不含天然气/柴油或汽油两用燃料和双燃料公交车。

（2）表中，“同比”指比上一年的增长比例；“占比”指占同年公交车总数的比例。

表 8　2013 年中国天然气公交车数量和比例排名前 10 位的省份

单位：辆，%

地区	公共汽车数量	天然气公交车数量排名			地区	公共汽车数量	天然气公交车比例排名		
		数量排名	NGV 总量	占比			比例排名	NGV 总量	占比
四川	26798	1	23106	86.22	宁夏	3657	1	3181	87.26
山东	39962	2	12448	31.15	四川	26798	2	23106	86.22
陕西	13064	3	10696	81.87	重庆	12088	3	10147	83.94
广东	53556	4	10291	19.22	陕西	13064	4	10696	81.87
重庆	12088	5	10147	83.94	青海	3797	5	3082	81.17
江苏	34538	6	9900	28.66	新疆	10843	6	8401	77.48
河北	21903	7	7840	35.79	海南	2950	7	1692	56.36
新疆	10843	8	8401	77.48	吉林	11761	8	6542	55.62
湖北	18788	9	6783	36.10	甘肃	7038	9	3174	45.10
吉林	11761	10	6542	55.62	贵州	6384	10	2834	43.71

注：表中公共汽车数据来源于交通运输部规划司，天然气公交车的数据来源于中国道路运输协会 2014 年对全国道路运输推广应用天然气汽车的调研资料。

全国各地推广应用天然气公交车涌现了许多先进典型，选择其中的 3 个有代表性的单位简介如下。

（1）重庆公共交通控股（集团）有限公司——天然气公交车几乎达 100%。重庆市是中国“清洁汽车行动”的试点城市之一，重庆公交是重庆市推广应用天然气汽车的重点单位。该公司 20 世纪 60 年代初开始应用天然气气包客车，1994 年承担完成了由重庆市城乡建委立项的“重庆城市客车 CNG 应用研究”课题。1995 年 5 月建成该市第 1 座实用性 CNG 加气站，并改装 CNG/汽油两用燃料公交车 28 辆，于 1999 年开始大批量推广应用。2004 年开始推广应用恒通 CNG 单一燃料公交车，近年来又引入 LNG 公交车和气电混合动力客车。该公司推广天然气汽车始终把保证安全放在首位，围绕 CNG 客车的“管用养修”制定了一系列标准和规定，全面开展了技术培训，严格执行驾驶和修理持证上岗、气瓶定期强制检测等制度。通过多年的推广，目前已拥有天然气公交车 8310 辆（含气电混合动力客车 780 辆），占公交车总数的 99.5%。2012 年公交车消耗 CNG 约 2.2 亿立方米，减少碳排放约11500吨，节约燃料成本约30%。

（2）贵阳市公共交通（集团）有限公司——LNG客车数量居全国之首。贵阳公交于2004年开始车辆“油改气”工作，2005年主要改装汽油车，2006年开始改装柴油车。截至2008年底，在线运营的400多辆柴油车全部改装为LNG车辆。随着燃气发动机技术的升级，贵阳公交将改装旧车改为以采购原产天然气汽车为主。其“油改气”的主要特点是，坚持“先确定气源，再实施建站、后匹配车辆”的原则。截至2013年，自建和合建加气站10座，公司1900多辆公交车全部使用LNG。目前贵阳公交是中国乃至全球LNG公交车最多且车辆100%使用LNG的公交企业。

（3）北京公共交通控股（集团）有限公司——LNG公交车增速最快。北京公交公司从1999开始使用CNG公交车，最多时达到4200多辆，约占公交车的20%。为进一步减少公交车对城市的大气污染，北京公交公司开展了《北京公交车辆能源结构和车型结构发展战略研究》，通过对多种能源类型公交车技术特点和运行成本进行一年多的深入分析，得出结论：应该大力推广LNG公交车。2012年1月北京市成立液化天然气公交车示范应用工作协调小组。此后市交委运输管理局制定了推广应用天然气汽车工作方案，决定2013～2015年自然淘汰的公交车将逐步更换为清洁能源车。市政府先后与中石油、中石化分别签署了关于联合推广LNG清洁能源公交车辆战略合作协议，计划到2017年通过车辆更新增加7950辆天然气公交车，并配套建设一批加气站，平均每年更新增加1590辆。截止到2013年底，北京公交有天然气公交车4551辆，其中，CNG车2749辆，LNG车1802辆。2013年计划新增LNG客车3000辆，但由于加气站建设遇到困难，实际投入运营1212辆。北京公交推广应用LNG公交车的速度居国内之首，预计到2015年将成为中国乃至世界LNG公交车最多的公交公司。

4. 天然气公路客车的推广应用进入快速发展期

由于气源供应和车辆技术等多种原因，天然气客车在公路客运中的推广应用起步较晚，进展迟缓。进入“十二五”以来，交通运输部在使用“节能减排专项资金”和通过试点推进公路客运使用天然气客车的同时，还将其纳入低碳交通运输体系建设，要求天津、重庆、北京、昆明等26个“建设低碳交通运输体系试点”城市，“力争在试点期末，试点城市所有二类及以上客运班线天然气及混合动力车辆使用比例达到5%以上”；并鼓励各地沿着高速公路建设加气站。截至2013年底，公路客运领域天然气客车已达4.1万辆，占公路客车保有量的4.8%。其中，四川省天然气公路客车保有量居全国第1位，达11807辆；新疆天然气公路客车比例居全国之首，达22.75%。总体上看，公路客运中天然气汽车的数量和比例都远远落后于城市公交客运；但公路客运推广天然气汽车的潜力很大，目前已经进入快速发展阶段。全国天然气公路客车数量和比例排名前10位的省（自治区、直辖市）见表9。

表9　中国天然气公路客车数量和比例排名前10位的省份

单位：辆，%

地区	客车总量	天然气客车数量排名			地区	客车数量	天然气客车比例排名		
		数量排名	NGV总量	占比			比例排名	NGV总量	占比
四川	53337	1	11807	22.14	新疆	37381	1	8503	22.75
新疆	37381	2	8503	22.75	四川	53337	2	11807	22.14
山东	32206	3	3121	9.69	宁夏	5964	3	1239	20.77
江苏	44005	4	3032	6.89	重庆	19214	4	2121	11.04
重庆	19214	5	2121	11.04	山东	32206	5	3121	9.69
陕西	26605	6	1796	6.75	青海	3731	6	268	7.18
河北	29731	7	1316	4.43	江苏	44005	7	3032	6.89
宁夏	5964	8	1239	20.77	陕西	26605	8	1796	6.75
河南	50031	9	996	1.99	天津	9305	9	487	5.23
安徽	34410	10	975	2.83	河北	29731	10	1316	4.43

注：公路客车数据来源于交通运输部规划司；天然气汽车数据来源于中国道路运输协会2014年对全国道路运输推广应用天然气汽车的调研资料，天然气汽车数量包括双燃料汽车。

公路客运企业推广应用天然气汽车虽然起步较晚，但先进典型案例很多，这里仅选择几个具有代表性的单位作简要介绍。

（1）山西汽车运输集团有限公司和广东粤运交通股份有限公司——天然气客车应用和加气站建设齐头并进。这两个公司都是交通运输部“在城际道路运输推广应用天然气汽车试点”成员单位，其共同特点是：公司规模大、营运车辆多、站场资源丰富，在推广应用天然气汽车的同时，利用各自资源优势建设加气站；同时总结试点经验，向交通运输部提出了推广应用天然气汽车的建议和意见。

山西汽车运输集团有限公司始建于1949年，截至2013年，拥有营运车辆15230辆（其中客车6483辆）、客运营运线路1863条、客运站113个。该公司制定了《气化客运通道工作推进方案》和《天然气发展利用及加快加气站建设指导意见》，采取“试点运行、以点带线、以线带面”的模式，积极推广使用天然气客车，并利用自有客运站场和物流园区多的优势建设加气站网络。目前该集团有天然气汽车1348辆（占车辆保有量的9.12%）；其中投入313辆天然气客车，开辟了大同—右玉、运城—河津、晋城—郑州等一批示范客运班线，并采用LNG客车对侯马与周边曲沃、新绛、闻喜、翼城、绛县的跨区客运班线进行公交化改造，实现了“一市五县”互通公交。2011年经省政府批准成立了天然气利用有限公司，并获得山西省“四气”加气站类从业资格；按照“重点太原、兼顾地市、延伸县乡”的发展思路，规划建设70座加气站，其中，4座CNG母站、50座CNG子站、16座LNG（L-CNG）子站。截至目前，已在太原、长治、运城和晋城四市建成6座CNG加气站，在建和列入建设计划的LNG加气站10座（其中5座为橇装站）。

广东粤运交通股份有限公司（原名为广东省汽车运输总公司）成立于1999年12月，截至2013年，有营运车辆5000多辆，管理59个站场。该公司现有天然气汽车1053辆（占公司车辆总数的20.96%），运营在珠三角地区的38条公路客运线路和各主要城市的61条公交线路上；在广州、佛山、肇庆、河源、梅州五市累计建成15座加气站。该公司的主要做法和经验是：一是推广应用天然气汽车，买车严把准入关、用车加强运营组织管理和维修保障。采购车辆时，先对车辆运行线路需求进行调研分析，选用适合车型；再优选国内成熟厂家、招标集中采购，关键部件全部优选成熟产品。为使用好车辆，制定了《LNG客车驾驶技能操作规范》《LNG车辆燃耗定额以及节亏燃料奖惩制度》《LNG车辆使用维修管理规定》《LNG车辆事故应急救援预案》等管理规章，并邀请车辆制造、发动机和气瓶厂家对管理、维修和驾驶等人员进行业务培训，开展营运安全演练，普及LNG车辆知识，规范管理和驾驶操作；加强车辆的定期保养和检查，以确保天然气汽车的车况完好。二是建设加气站，调动各类资源、采用多种模式。公司与中石油、中石化等能源公司合作，通过利用自有停车场和客运站的土地、租赁土地等多种模式建设加气站（包括撬装站)。该公司下属的广东通驿高速公路服务区有限公司负责管理广东省高速公路66.5对服务区（含停车区)，经营109座加油站，已经与有关能源公司协商合作，计划利用加油站的土地资源建设LNG加气站，在高速公路沿线形成服务全省的LNG车辆加气站网络。

（2）福建省汽车运输有限公司——推广应用LNG客车的示范单位。福建省汽车运输有限公司（简称“闽运”）成立于1950年7月，主营公路和城市公交客运，截止到2013年6月，拥有营运车辆2815辆。该公司推广应用的LNG客车项目，于2011年6月被评为交通运输行业第四批节能减排示范项目，现有LNG客车841辆、气电混合动力公交车100辆；与闽能燃气公司合作建成LNG加气站6座。该公司制定了《LNG车辆管理制度》《LNG安全知识汇编》《LNG客车维护及使用规范》《LNG客车驾驶技能操作规范》和《CNG、LNG车辆事故应急救援预案》等一系列规章制度，并详细记录驾驶员出车前和收班后气瓶的气压、容量及车辆状况，定期进行整车漏气检查，对LNG车辆驾驶员进行岗前培训，制定车辆燃耗节亏奖惩制度。从表10可以看出，该公司推广应用LNG客车取得了减排增效的良好效果。

表10 闽运2011~2013年上半年应用LNG客车效益分析

项目	车辆数	公交车平均燃耗（千克/百公里）	公路客车平均燃耗（千克/百公里）	年替代柴油量(万升)	年节省燃料成本(万元)	年减排二氧化碳(吨)
2011年全年	611	33.4	17.3	1093	2431	7000
2012年全年	810	29.71	17.15	1633	3752	10464
2013年上半年	841	27.59	16.48	850	1953	5447

（3）苏州汽车客运集团有限公司——推广应用 LNG 客车后来居上。苏州汽车客运集团有限公司（以下简称苏汽）成立于 1949 年 8 月 1 日，截至 2013 年，拥有营运车辆 7973 辆、汽车客运站 14 个、客运班线 656 条，是交通运输部和江苏省节能减排工作先进企业。苏汽推广应用 LNG 客车起步较晚，但进展很快，后来居上，主要有四个特点：一是深入调研、科学决策。对于推广应用 LNG 客车的必要性和可行性、技术路线、车辆采购和 LNG 供应商的选择等重大问题，都在进行深入调研和反复论证后才做出决定。二是站车齐抓、快速推进。从 2011 年决定使用 LNG 客车到 2014 年 5 月，已有 884 辆 LNG 客车分别在江苏省内的 135 条客运班线和苏州市内的 30 多条公交线路上运营；与此同时，自建和合建加气站 6 座（其中撬装站 4 座），另有合作加气站 2 座。三是人车双管、严格周密。一方面，对管理人员、驾驶员、修理工等各级员工全面进行 LNG 知识培训，对所有 LNG 车辆驾驶员按照《LNG 客车驾驶技能操作规范》进行岗前培训，并全面开展燃料定额考核，按燃耗量决定驾驶员和管理人员的奖罚；另一方面，制定了《LNG 客车使用、维护技术规范》，严格做好车辆日常和一、二级维护，对车辆典型和共性技术事故案例进行认真分析和处置，并总结经验；认真执行气瓶、安全阀、压力表的定期检测制度，以保证车辆在良好的技术状态下运营。四是效果显著，不断改进。到 2014 年 5 月底，苏汽的 LNG 客车共行驶 15179 万公里，总耗气量 32124 吨，平均百车公里消耗 LNG21.16 千克，替代柴油量近 4000 万升，节约燃料成本约 30%（约 5000 万元），减少二氧化碳排放超过 3.5 万吨。其 LNG 公路客运班线被江苏省交通运输厅命名为“LNG 客车绿色明珠客运班线”。LNG 车辆推广使用项目在 2012 和 2013 年度分别获得交通运输节能减排专项资金 244 万元和 848 万元的奖励性补贴。

（四）天然气客车发展应用的趋势和特点

2010 年以来，天然气客车大范围的推广应用带动了客车及相关产业的快速发展。根据中国汽车技术研究中心和中国公路学会客车分会的统计数据分析，我国天然气客车发展应用的趋势和特点有以下几方面。

1. 天然气客车产量快速增长，增速远超燃油客车；但其占天然气商用车比例下降

根据中国汽车技术研究中心对近4年来商用客车按产品合格证进行的产量统计（见表11），天然气客车的产量和其占客车总产量的比例都在逐年增长。2013年天然气客车产量达5.2万辆，为2009年的2.75倍，年均增长29%；占客车产量的比例上升到26.63%，为2009年的2.26倍，年均增长22.5%。同期，客车产量为19.57万辆，比2009年增长21.55%，年均增长4.8%，增速仅为天然气客车的1/6。但天然气客车占商用车的比例逐年下降。主要原因是：天然气客车的发展早于天然气卡车，多年来是天然气商用车的主体，至2009年仍占天然气商用车年产量的94.46%。但随着国家政策的调整和技术进步，天然气卡车的产量快速增长，2008年仅有0.27万辆，到2013年增长到5.09万辆。因此，天然气商用汽车的结构逐年变化，到2013年客车占商用车的比例降至46.55%。

表11　2009～2013年商用天然气（NG）客车原产车（OEM）产量统计表

分类＼年份	2009年	2010年	2011年	2012年	2013年	合计
NG商用车产量(辆)	20053	27901	36719	72172	111952	268797
客车总产量(万辆)	16.10	16.91	17.75	18.64	19.57	88.97
NG客车产量(辆)	18979	22566	30544	46002	52115	170206
NG商用车中客车比例(%)	94.64	80.89	83.18	63.74	46.55	63.32
客车产量中NG客车比例(%)	11.79	13.34	17.21	24.68	26.63	19.13
NG客车比上年增长(%)	15.39	18.90	35.35	50.61	13.29	

数据来源：中国汽车技术研究中心王成：《中国的NGV政策及市场——中国天然气汽车产业的成就、发展环境及展望》。

2. 天然气公交车的增速远高于天然气公路客车

天然气客车发展很快，但主要领域仍然在城市公交客运。根据金龙联合汽车工业（苏州）有限公司（以下简称苏州金龙）提供的全国天然气客车销售统计数据，2011～2013年中国销售天然气公交车87506辆，年均增长34.3%；其年销售量占公交车销售总量的比例从34%上升到58%，

年均增长 30.8%；同期销售天然气公路客车 23713 辆，仅为天然气公交车销售量的 27.1%，占公路客车销售总量的比例从 3.9% 上升至 9.5%（见表 12）。

表 12　2011～2013 年天然气公交车和公路客车的销量变化和对比

销售量 \ 年份		2011	2012	2013
公交车	公交车销量(辆)	62647	60149	67066
	天然气公交车销量(辆)	21540	27120	38846
	天然气公交车占比(%)	34.4	45.1	57.9
公路客车	公路客车销售量(辆)	140636	114164	111937
	天然气公路客车销售量(辆)	5527	7545	10641
	天然气公路客车占比(%)	3.9	6.6	9.5

数据来源：金龙联合汽车工业（苏州）有限公司李中延：《LNG 客车技术发展》。

3. 天然气客车的市场集中度越来越高

据中国公路学会客车分会对 2013 年全国 33 家汽车制造厂天然气客车销售情况的统计，雄踞世界客车产量第 1 位的宇通客车是中国天然气客车行业的龙头老大，2013 年销售天然气客车 11487 辆，占全国销量的 26.0%；排名第 2 位的苏州金龙年销售 5090 辆，占总销售量的 11.5%；年销售量 3000 台以上的中通客车和厦门金龙共销售 7198 辆，占总销售量的 16.3%；以上排名前 4 家客车厂的销售量占全国总销售量的 53.9%（见表 13）。

表 13　2013 年销售天然气客车 1000 辆以上的客车厂

单位：辆

排名	单位名称	合计	公路客车	公交客车	校车	其他
1	郑州宇通集团有限公司	11487	3893	7507	39	48
2	金龙联合汽车工业(苏州)有限公司	5090	1684	3406	—	—
3	中通客车控股股份有限公司	3763	1629	2117	17	—
4	厦门金龙联合汽车工业有限公司	3435	1455	1980	—	—
5	北汽福田汽车股份有限公司欧 V 客车分厂	2671	210	2461	—	—

续表

排名	单位名称	合计	公路客车	公交客车	校车	其他
6	重庆恒通客车有限公司	2310	—	2310	—	
7	成都客车股份有限公司	1857	1	1856	—	—
8	厦门金龙旅行车有限公司	1847	522	1325	—	—
9	扬州亚星客车股份有限公司	1557	23	1533	1	—
10	安徽安凯汽车股份有限公司	1414	284	1130	—	—
11	上海申沃客车有限公司	1372	—	1372	—	—
12	河南少林汽车股份有限公司	1075	2	1064	9	—

数据来源：中国公路学会客车分会。

4. 市场对天然气客车的需求以大型客车为主

2012 年和 2013 年中国天然气客车在市场上销售最多的是长度 10 ~ 11 米和 11 ~ 12 米的客车，占总销售量的一半以上；其次是 8 ~ 9 米的客车，约占总销售量 1/5（详见表 14）。

表 14　2012 ~ 2013 年 33 家客车厂销售天然气客车车长分析表

单位：辆，%

车　长	2012 年		2013 年	
	合计	占比	合计	占比
	33944	100	44120	100
12 < L	429	1.26	311	0.07
11 < L≤12	10541	31.05	13299	30.14
10 < L≤11	7784	22.93	11302	25.62
9 < L≤10	2923	8.61	3535	8.01
8 < L≤9	6870	20.24	8035	18.21
7 < L≤8	3714	10.94	4543	10.30
6 < L≤7	1651	4.86	2735	6.20
5 < L≤6	32	0.09	360	0.08

数据来源：中国公路学会客车分会。

说明：因数据来源的统计口径不同，表 11、12、13 中天然气客车产销量有差别。

（五）天然气客车节能技术的应用

近年来，中国天然气汽车的技术水平明显提高，但在推广应用过程中，客运企业对两个问题十分关注：一是天然气客车减排增效不节能。目前，客车使用天然气替代燃油可减少石油消耗量和大气污染，降低燃料成本，但按热值计算的车辆总能耗略有增加。主要原因是天然气的主要成分甲烷与空气混合气的热值（3.36MJ/m^3）低于柴油与空气混合气的热值（3.79MJ/m^3），目前天然气发动机的气耗偏高，导致在同等功率条件下天然气客车的总能耗高于柴油车。二是LNG客车的BOG问题导致其减排效果的弱化和气耗的增加。因此，如何降低气耗、减少天然气泄漏，已成为天然气汽车产业链普遍关注的问题。为促进天然气汽车节能减排，客运企业、车辆制造厂和各级管理机构都积极采取了一系列措施，并取得明显效果。

1. 加强车辆燃气消耗和使用管理

交通运输部已经发布了《压缩天然气汽车维护技术规范》，目前正在组织制定《液化天然气汽车维护技术规范》和《天然气汽车燃料消耗量限值及测量方法》。国家技术监督主管部门组织制定的有关加气站标准要求加气站必须安装BOG回收装置。客运企业普遍通过采购性能优越的车辆、建立车辆使用和维修保养制度（规范）、制定气耗定额并与奖励挂钩、对管理和技术人员以及驾驶员进行培训考核等措施，减少天然气的消耗和泄漏。

2. 改善和提高发动机性能和效率

目前客运企业关注或使用的这类新技术主要有：（1）缸内高压直喷技术。潍柴动力西港新能源发动机有限公司于2012年3月在国内率先推出的缸内高压直喷天然气发动机（简称HPDI发动机），与火花塞点燃式燃气发动机相比，功率和扭矩提高约20%，动力性与柴油机相同；燃气消耗减少10%～15%，CO_2排放降低约20%，可达到国Ⅴ排放标准，噪声也明显减小，解决了天然气汽车气耗偏高的问题。但目前该发动机价格高、品谱少，尚未大范围推广。预计HPDI发动机随着价格的降低和品种的增加，将得到普遍应用，天然气汽车的竞争力也将进一步提升。（2）发动机智能恒温节能冷却技术。苏州驿力科技有限公司推出的这项节能技术于2012年12月被国家发改委列入《国家重点节能技术推广目录（第五批)》，并被列入《2013年交通运输行业节能减排工作要点》“重点推广的节能技术”。该技术实现了发动机运行温度恒温可控，车辆动力性能明显增强，节能率平均在5%以上，解决了车辆在寒冷条件下启动难、在炎热条件下“水箱开锅”的问题，已成为天然气客车重点选用的节能技术，该项技术装备的市场保有量已超过4万台。(3）双燃料发动机技术。《国务院办公厅关于加强内燃机工业节能减排的意见》（国办发〔2013〕12号）要求发展车船用“柴油/天然气双燃料内燃机”。预计双燃料内燃机研发应用将加速，并逐步扩大推广应用。

3. 提高天然气客车整车性能

郑州宇通、苏州金龙、厦门金龙、厦门金旅、山东中通、重庆恒通等大型天然气客车制造厂分别采用（或选用）全承载车身、车辆轻量化、优化系统设计、精选零部件、严格检测和安装标准、采用先进制造装备等技术或措施，提高天然气客车的整车性能。近来苏州金龙利用G－BOS数据采集平台，根据路谱情况对整车和发动机进行“二次标定”，取得明显降低车辆气耗和排放的效果。

4. 推广使用气电混合动力技术

公交公司普遍反映，插电式气电混合动力公交车经过改进后，性能比较稳定，节气率可达20%以上，不仅明显降低了车辆的气耗和燃料成本，而且还可以享受新能源汽车鼓励政策，获得财政补贴，因而受到各地公交企业的青睐，预计今后几年将在天然气公交车中得到更广泛的推广应用。

（六）推广应用天然气客车的效果和存在的主要问题

天然气客车大范围的推广应用，不仅明显减少了客车的污染排放和燃油消耗、降低了燃料成本，而且带动了天然气汽车产业的发展。表15是对2013年天然气客车在年度和车辆寿命期（按8年计算）内使用效果的简要测算和分析。2013年，全国20.2万辆天然气客车年消费天然气约52.1亿立方米，替代柴油约342.1万吨、减少二氧化碳104.2万吨、节约燃料成本约48.8亿元（未核减增加的维修和检测成本）；平均每辆车年耗气量2.57万立方米、替代柴油16.9吨、减少二氧化碳排放5.1吨，节约燃料费用2.4万元。这些车辆在8年寿命期内的效果更为可观。除此以外，天然气客车的应用还明显减少了一氧化碳、氮氧化合物和颗粒物的排放，并带动天然气汽车和发动机、气瓶等零部件，以及天然气运输、储存、加注、计量等装备制造业和天然气整个产业链的发展。

表15　2013年推广应用天然气客车效果分析

项　目	NG客车（万辆）	替代柴油（万吨）		减排 CO_2（万吨）		节约成本（亿元）	
		2013年	寿命期	2013年	寿命期	2013年	寿命期
公交车	16.15	244.5	1956.0	74.3	594.4	29.1	232.8
公路客车	4.10	97.6	780.8	29.9	239.2	19.7	157.6
合　计	20.25	342.1	2736.8	104.2	833.6	48.8	390.4
平均每车		16.9吨	135.2吨	5.1吨	40.8吨	2.4万元	19.3万元

说明：表15车辆运行效果的计算参数和依据，参考部分客运企业和公交公司天然气汽车的燃耗数据确定。（1）公交车和公路客车的百公里气耗分别按40立方米和28立方米、日均行驶分别按180公里和360公里、年运营时间均按330天计算；（2）柴油价格按7.5元/升、车用天然气价格按4.8元/立方米计算；（3）天然气替代柴油的比例，公交车按照1.35∶1、公路客车按照1.2∶1（天然气单位为立方米、柴油为升）；柴油密度0.86千克/升；（4）柴油二氧化碳排放量按照2.63千克/升、天然气二氧化碳减排系数按10%（理论值为24%）计算。按此计算结果：公交车每车年均消费天然气2.38万立方米，替代柴油15.14吨，减少 CO_2 排放4.6吨，节省燃料成本1.8万元；公路客车年均消费天然气3.33万立方米，替代柴油23.8吨，减少 CO_2 排放7.29吨，节省燃料成本4.82万元。

“十二五”以来，天然气客车的推广应用成效显著，但也存在一些困难和问题，根据各地交通运输主管机构和运输企业的反映，主要是：（1）普遍反映车用天然气的价格上涨过快过高，自2010年以来各地车用气价格上涨50%～100%，天然气汽车的燃料成本优势明显降低，个别地区甚至消失；尤其是在近年来燃油价格连续大幅下跌的情况下，企业普遍存在等待观望情绪。（2）国家对天然气汽车的发展应用缺乏战略研究和定位，至今还没有发展的宏观规划和顶层设计，鼓励政策和措施的力度不够。（3）天然气加气站建设滞后，建站用地难、审批难、费用高；站点数量少，布局不合理。例如，较多地方反映“车多站少”，有车无法上路；也有个别地方“站多车少”，有些LNG站不得不暂停营业；许多城市加气站建在城市边缘地区，公交车和出租车加气空驶里程多，时间长；而高速和干线公路沿线加气站更少；加气站标准规范不健全或不合理等。这些因素导致车辆加气难，制约天然气客车应用。（4）车辆技术和管理需要改进和提高，主要问题是车辆气耗偏高、电控器件等零部件故障率较高；车辆检测机构少、时间长、费用高；车辆维修养护标准缺失、费用偏高等。（5）LNG在运输、储存、加注和车辆运行等环节中BOG问题影响减排效果和燃料成本。以上这些问题和困难直接影响天然气客车的推广应用，需要认真研究解决。

四 天然气客车推广应用的前景

天然气客车推广应用的前景与国家政策、天然气供应（包括气源供应能力、价格、加注设施等）和天然气汽车装备技术等因素密切相关。分析这些影响因素的发展趋势，可以预见，“十二五”和“十三五”期间是天然气客车发展难得的机遇期。

（一）主要影响因素及其发展趋势

1. 国家政策的发展趋势和影响

综合分析我国能源、环保、交通和财政等方面的政策，国家将继续支持交通运输工具使用清洁能源替代燃油，鼓励推广应用天然气汽车；与此有关的政策在不同时期会有调整，但总体趋势是加大力度促进天然气汽车的发展应用。

（1）环境保护政策和能源政策。进入“十二五”以来，中国的汽车产销量和保有量、石油消费量继续快速增长，大气环境状况虽有好转，但污染依然十分严重。2013年，汽车产销量双双超过2000万辆，连续5年蝉联世界第1位，汽车保有量达1.37亿辆，比2010年增长52%；石油消费量达4.98亿吨，比2010年增长15.3%。2013年按照《环境空气质量标准》对京津冀、长三角、珠三角等重点区域及直辖市、省会城市和计划单列市等共74个城市进行监测的结果显示，仅海口、舟山和拉萨3个城市空气质量达标，占4.1%；超标城市占95.9%（环保部：《中国环境公报〈2013〉》）。因此，近年来国家治理环境污染、推进节能减排的决心和力度不断增强和加大，先后发布了《国家环境保护"十二五"规划》、《重点区域大气污染防治"十二五"规划》、《大气污染防治行动计划》和《大气污染防治行动计划实施情况考核办法（试行）》等一系列文件；并由国家环保部与31个省（自治区、直辖市）政府主要负责人签订了治理大气污染的责任书。全国各地防治大气污染的规划或行动计划，绝大多数把推广天然气汽车作为一项重要措施。2014年6月国务院办公厅发布《能源发展战略行动计划（2014～2020年）》，进一步明确要求："积极发展交通燃油替代"，"实行绿色交通行动计划"；"稳步发展天然气交通运输。结合国家天然气发展规划布局，制定天然气交通发展中长期规划，加快天然气加气站设施建设，以城市出租车、公交车为重点，积极有序发展液化天然气汽车和压缩天然气汽车，稳妥发展天然气家庭轿车、城际客车、重型卡车和轮船。"这些文件表明，中国为治理大气污染和调整能源结构采取的新政策，为天然气汽车的推广应用注入了新的强大动力，带来了难得的新机遇。

（2）道路运输发展政策。"十二五"以来，道路运输继续快速发展。2013年全国营运车辆已达1689.7万辆，比2010年增长30.20%；其中公路客车和城市公交车分别为85.26万辆和50.96万辆，分别比2010年增长2.56%和21.19%。交通运输部为加快建设绿色循环低碳交通运输体系，出台了一系列文件，大力推进天然气动力车船的应用。这些政策和工作在"十二五"和"十三五"期间都必将继续坚持，并将根据国家有关"稳步发展天然气交通运输"的新政策扩展深化，这也必将为天然气客车的发展带来巨大的市场需求。

（3）财政补贴政策。目前国家对公交车的油价补贴政策、利用交通运输节能减排专项资金对天然气汽车应用的以奖代补政策，有力促进了天然气客车的推广应用，受到各级政府和企业的欢迎。但是，近来这两项政策的走向受到客运行业的关注：公交企业担心使用天然气公交车后取消油价补贴，公路客运企业担心对天然气汽车的以奖代补政策能否继续保留。尽管对这两项政策有不同的声音，但综合分析国家的政策走向，预计在强力治理大气污染和发展天然气交通运输的新形势下，国家对天然气公交车的燃料补贴政策，将会按照有利于节能减排和治理污染并与燃油车平等对待的方向发展，最终会以合适的方式保留；国家对天然气客货运输车辆以奖代补的政策，有关主管部门将会全面评价各类清洁能源汽车对治理大气污染的投入产出效果，继续实施对天然气汽车的财政鼓励政策，并有可能进一步加大力度。

2. 天然气供应保障的发展趋势和影响

（1）天然气供应保障能力。“十五”以来，中国天然气行业进入了快速发展期。根据《天然气发展“十二五”规划》《能源发展战略行动计划（2014～2020年）》和国家发改委《关于建立保障天然气稳定供应长效机制的若干意见》，2015年和2020年天然气的供应能力分别达到2695亿立方米和4000亿立方米（力争达到4200亿立方米），分别比2010年和2015年提高143%和55.8%。全国天然气汽车对天然气的需求量，即使按照2015年和2020年全国天然气汽车分别达到500万辆和1000万辆（其中营运性天然气汽车分别为125万辆和250万辆）计算，约分别为320亿立方米和640亿立方米，分别占全国天然气消费总量（分别按照2600亿立方米和4200亿立方米计算）的12%和15%左右。总体上分析，天然气行业的发展能够为天然气汽车的推广应用提供比较可靠的气源保障。但是，由于各地车用天然气的供应渠道和发展程度不同，局部地区难免在冬季发生车用气供应紧张的问题。因此，各地区（单位）推广应用天然气汽车应当首先调研分析气源的保障能力，在确保气源供应的前提下稳步推广。

（2）车用天然气的价格。天然气的价格是天然气汽车发展应用的关键。中国自2010年以来连续三次调整天然气价格，车用气的价格不断上涨，导致天然气客车的推广进程明显减缓。2013年天然气客车的销售量仅增长13.3%，比2012年的增幅（50.6%）下降了37.3个百分点。

最近政府发布的有关发展天然气的一系列文件都提出，要“加快理顺车用天然气与汽柴油的比价关系”。这里的关键是怎样才算科学合理的理顺？2010 年 5 月 31 日国家发改委印发《关于提高国产陆上天然气出厂基准价格的通知》（发改电〔2010〕211 号），要求“各地要按照与 90 号汽油最高零售价格不低于 0.75∶1 的比价关系，理顺车用天然气价格”。其初衷和思路是，既要改变车用气价格偏低的状况，又要保持车用气价格具有竞争优势。但实际上，这一比价关系的确定缺乏科学依据，脱离实际，背离了理顺车用气价格的初衷。根据发动机的台架试验和众多公交公司、出租汽车公司、公路客货运企业的实际运营数据，替代 1 升汽油需要 1 立方米天然气；但替代 1 升柴油，公交车平均需要 1.25～1.4 立方米天然气、公路客车和货车需要 1.2～1.4 立方米天然气。在目前的技术条件下，如果车用气都按照不低于 90 号汽油市场价的 0.75 倍定价，天然气客货运输车的燃料成本将接近甚至高于燃油车；除了出租汽车以外，天然气汽车的推广应用，必将减缓直至停滞。目前，全国各地车用气的价格多数地区达到燃油价格的 0.65 倍左右，部分地区已经达到 0.7～0.8 倍。业内普遍预期，在目前燃油价格连续下跌的情况下，2015 年存量气和增量气门站价并轨后，车用天然气的价格如果继续普遍上调，天然气客车的推广应用，将因燃料成本优势的减小或丧失而减速，甚至停滞。

（3）车用天然气的加注设施。“十二五”以来加气站网络迅速发展。据媒体报道，截至 2013 年底，全国有加气站 5626 座，其中 CNG 加气站 3782 座、LNG 加气站 1844 座（罗艳托、汤湘华、李永昌：《开往春天的天然气汽车》）。预计“十二五”和“十三五”期间，加气设施和天然气汽车将会在相互促进和平衡中加速发展，上述加气站建设和使用中存在的问题，将逐步缓解或解决，在高速公路和干线公路沿线将会建成一批加气设施，预计到 2015 年全国加气站将达到 7000 座左右，到 2020 年将达到 1.2 万座左右。

3. 天然气客车的技术装备和管理

中国天然气汽车产业链的快速发展，基本能够满足天然气客车推广应用的需求。目前天然气客车气耗偏高和车辆检测维修、LNG 汽车 BOG 等问题，将随着客车技术和管理的发展进步，逐步得到解决，有力支撑天然气客车的推广应用。

总之，今后5~10年，天然气客车的推广应用机遇大于挑战，政策给力、市场需要、气源充足、装备改善，天然气客车将会继续较快或加速发展。

（二）天然气客车推广应用的规模预测

天然气客车发展的进度和规模直接受国家政策、市场需求、天然气供应（包括价格和加气设施）、车辆技术等条件的影响和制约。根据上述分析，这里按照政策继续鼓励扶持、天然气能够保障供应、车用气价格基本稳定在90号汽油价的0.6~0.65倍的情景进行分析预测。

营运客车的发展规模。综合分析“十二五”期间影响营运客车增长的因素，特别是高铁和私家乘用车的发展导致公路客运量明显减少、国家优先发展城市公交的政策、轨道交通的发展将分流公交客运量以及城镇化发展对客运需求的增长等因素，并参考“十一五”和近3年客运车辆的增长率，“十二五”和“十三五”期间公路客车的年均增长率按照0.3%、公交客车的增长率分别按照6.5%和5%预测，2015年和2020年全国客运车辆将分别达到143.6万辆和160.9万辆，比2010年分别增长14.7%和28.5%。其中，公路客车和公共汽电车，2015年分别比2010年增长3.2%和37.3%；2020年分别增长4.8%和75.3%。

天然气客车的发展规模。根据上述分析，并考虑车用天然气价格调整和国家强力推动使用新能源汽车政策的影响，并参考2010~2013年天然气客车增长率（公路客车25.4%，公交车31%），以及天然气客车基数对增长率的影响，天然气公路客车和公交车的年均增长率，2014~2015年分别按照25%和30%计算，“十三五”期间分别按照25%和12%计算，2015年和2020年全国天然气客车将分别达到33.6万辆和67.4万辆，具体数据见表16。

表 16 “十二五”和“十三五”天然气客车发展预测

年份 \ 项目	客车(万辆)			公交车(万辆)			公路客车(万辆)		
	总量	NG 客车	占比%	总量	NG 客车	占比%	总量	NG 客车	占比%
2010	125.2	7.3	5.8	42.1	5.5	13.1	83.1	1.8	2.1
2013	136.3	20.2	14.8	51.0	16.1	31.7	85.3	4.1	4.8
2015	143.6	33.6	23.4	57.8	27.2	47.1	85.8	6.4	7.5
2020	160.9	67.4	41.9	73.8	47.9	64.9	87.1	19.5	22.4

按照表 16 和表 15 的有关参数预测，2015 年的 33.6 万辆天然气客车每年消费天然气约 86.0 亿立方米，替代柴油约 564 万吨，减少二氧化碳排放 172 万吨，节约燃料费约 79.8 亿元；此外还可以大量减少一氧化碳、氮氧化物、粉尘颗粒等污染物的排放。

五 推广应用天然气客车的建议

根据近期对全国天然气汽车应用情况的调研，综合分析归纳各地交通运输主管部门和客运企业的意见，建议今后推广应用天然气客车重点应抓好以下几方面的工作。

（一）加强顶层设计，组织制定天然气客车推广应用规划

国务院办公厅印发的《能源发展战略行动计划（2014 ~ 2020 年）》，明确要求“实行绿色交通行动计划”。“稳步发展天然气交通运输。结合国家天然气发展规划布局，制定天然气交通发展中长期规划”。建议将天然气客车的推广应用纳入全国道路运输和天然气交通运输中长期规划，并制定公路客运和公交客运使用天然气客车的专项中长期规划，研究制定相关配套政策措施，有组织有计划地稳步推进天然气客车的应用。

（二）坚持实施财政鼓励政策，并加大扶持力度

目前国家对公交车“油改气”后继续实施燃油价格补贴、利用节能减

排专项资金对天然气汽车的应用给予奖励，成效显著。交通运输行业是节能减排的重点领域。为落实国务院“稳步发展天然气交通运输”的部署，建议继续实施这两项政策，同时总结经验，进一步改进完善。一是根据节能减排的有关政策，尽快修改公交车燃油价格补贴办法，将天然气公交车纳入其中，解决天然气公交车享受国家燃油价格补贴合理“不合规”的问题。二是增加交通运输节能减排专项资金的额度，改进对天然气汽车应用的奖励办法，并提高补贴标准。建议将交通运输节能减排专项资金的额度提高到30亿元/年左右，改进和简化目前通过计算燃油替代量确定补贴额度的办法，并适当提高补贴标准。三是参照对新能源汽车的鼓励政策，对推广应用天然气汽车适当给予税收减免政策。

（三）科学合理地理顺车用天然气与汽柴油价格的比例关系

根据上述对车用气价格与燃油价格挂钩比例的分析，建议修改2010年提出的按照“不低于90号汽油市场零售价75%的比例关系理顺车用气价格”的政策规定，在深入调查研究的基础上，按照保持车用气价格竞争优势、鼓励发展应用天然气汽车的原则，根据发动机台架试验和客货运输车辆的实际运行数据，重新研究确定车用气价格与汽柴油价格的比例关系。建议国内各省（自治区、直辖市）根据当地情况，原则上按照90号汽油价的60%、最高不超过65%的比例关系确定车用气的价格。同时建议改进车用气价格调整机制，将征求交通运输政府主管部门和道路运输企业，以及行业协会的意见，纳入调整车用气的价格的法定程序。

另外，目前CNG和LNG分别按照体积和重量计价，天然气的价格相同、质量（热值）差异较大的问题越来越突出，建议参照燃油分级定价的原则研究制定天然气按照热值分级定价的标准和办法，改变“同价不同质”的不合理现状。

（四）简化加气站审批程序，加快加气站的建设

为解决目前加气站数量少、布局不合理，以及加气站建设用地难、

审批难等问题，建议有关主管部门和地方政府组织制定加气站发展规划，并调整加气站用地政策，允许道路运输企业在自有站场建设自用的加气设施（建站用地不用经过招牌挂）；修改完善现行加气站建设标准，减少建站用地面积；采取联合办公、“一站式”审批等办法简化加气站审批环节和手续，提高审批效率；进一步完善箱式、撬装和移动式加气站（装置）标准，鼓励利用现有加油站土地建设移动式、箱式和撬装等加气设施。

（五）进一步提升天然气汽车的技术和管理水平

建议进一步完善天然气汽车应用的技术标准和规范体系，尽快出台LNG气瓶、天然气汽车燃气消耗限值、车辆及零部件检测和维修养护等技术标准或规范。继续加大对天然气汽车的科技研发和技术攻关的资金投入，加快电控元器件、高压直喷发动机、油气双燃料发动机、BOG回收利用等技术的研发应用，提高加气站计量水平，改进整车设计和气瓶、控制阀体等零部件的设计和工艺，进一步提高天然气汽车技术性能，降低车辆购置成本和燃气消耗。客运企业要建立健全天然气汽车管理、使用和维修等规章制度，坚持按规定对燃气专用装置进行检测，加强对管理、技术和驾驶人员的培训，降低天然气汽车的气耗和BOG，确保其安全高效运行。

参考文献

1. 李开国：《中国燃气汽车发展现状与前景》，《全国道路运输推广天然气汽车经验交流会论文集》，2013。
2. 赵勇强：《车用替代燃料发展状况与前景》，《中国能源》2009年第4期。
3. 曹洪全、何太碧、廖小亮：《代用燃料及清洁汽车技术应用现状分析》，《西华大学学报》2010年第5期。
4. 范俊峰、何健、周峰、黄伟科，周庆伟：《基于全生命周期的新能源汽车环境影响评估》，《上汽汽车》2008 年 6 月。

5. 周怡沛、周志斌：《中国车用 CNG 市场发展现状、趋势与策略》《国际石油经济》2009 年第 10 期。
6. 王海涛、徐博：《世界天然气汽车市场发展现状和主要地区特点分析》，《国际石油经济》2010 年第 6 期。
7. 王秉刚：《关于我国清洁汽车行动情况介绍和展望》，《汽车工程》2005 年第 6 期。
8. 李永昌：《世界天然气汽车发展历程掠影》，《四川省第九届汽车学术交流年会论文集》，2009。
9. 李永昌：《中国天然气汽车的发展历程掠影》，《西部汽车产业・学术论坛暨四川省第十届汽车学会年会论文集》，2011。
10. 中国商用汽车网（综合）：《世界主要地区天然气汽车发展概况》2012 年 4 月 20 日。
11. 《中国经济导报》：《全世界天然气汽车市场加速发展》2011 年 9 月 14 日。
12. 王成：《中国的 NGV 政策及市场——中国天然气汽车产业的成就、发展环境及展望》，《2014 第四届中国天然气汽车暨加气站建设发展论坛（青岛）》论文。
13. 四川省发改委等 6 部门：《关于印发〈关于促进天然气汽车产业健康发展的意见〉的通知》，（川发改产业〔2013〕737 号），2013 年 7 月 1 日。
14. 阳东波：《天然气汽车在道路运输行业的运用——对天然气汽车补贴和燃气经济性管理的思考》，《2014 第四届中国天然气汽车暨加气站建设发展论坛（青岛）》论文。
15. 邵思东：《潍柴燃气发动机介绍》，《全国道路运输推广应用天然气汽车经验交流会论文集》，2013。
16. 李中延：《LNG 客车技术发展》，《中国国际液化天然气大会（2014）》论文。
17. 胡翔成：《走绿色发展之路建生态环保公交（贵阳公交）》，《全国道路运输推广应用天然气汽车经验交流会论文集》，2013。
18. 王定坚：《压缩天然气汽车在公交车上的应用（重庆公交）》，《全国道路运输推广应用天然气汽车经验交流会论文集》，2013。
19. 福建省汽车运输有限公司：《推广应用天然气汽车经验总结》，《全国道路运输推广应用天然气汽车经验交流会论文集》，2013。
20. 边耀璋：《汽车新能源技术》，人民交通出版社，2003。
21. 中国道路运输协会：《全国道路运输推广天然气汽车调研资料》，2014。
22. 中国道路运输协会：《“关于在城际道路客货运输车辆中推广天然气汽车研究”研究报告》，2011。
23. 姚明德、李善、高丰：《2011 年交通运输节能减排专项资金支持“天然气车辆在道路运输中的应用”项目效果评估》，2012。

24. 罗艳托、汤湘华、李永昌：《开往春天的天然气汽车》，《中国石油石化》2014年第18期。

附：本文中专用名词英文及英文缩写表

序号	中文名词	英　文	英文缩写
1	天然气	Natural Gas	NG
2	压缩天然气	Compressed Natural Gas	CNG
3	液化天然气	Liquefied Natural Gas	LNG
4	天然气汽车	Natural Gas Vehicle	NGV
5	压缩天然气汽车	Compressed Natural Gas Vehicle	CNGV
6	液化天然气汽车	Liquefied Natural Gas Vehicle	LNGV
7	(天然气)蒸发气	Boil Off Gas	BOG

B.7
双源无轨纯电动公交车的发展现状及趋势

胡剑平*

摘　要： 本文首先回顾了欧洲双源无轨纯电动公交车的发展现状，然后对北京、上海、杭州、武汉等国内几个主要城市双源无轨纯电动公交车的运行情况做了简要介绍，进而对双源无轨纯电动公交车的未来前景进行了展望，同时对政策制定者和使用单位给出了中肯的发展建议。

关键词： 双源无轨　电动公交　无轨电车　在线充电

近年来，随着国家新能源汽车产业的发展，通过技术的升级换代和新技术的广泛应用，传统的无轨电车已脱胎成为一种节能、环保的新型现代交通工具——双源无轨纯电动公交车。

双源无轨纯电动公交车，是通过电车线网进行移动式充电，采用锂电池组、无轨电车线网两种动力源交替供电运行的一种新型环保交通工具，它充分结合了纯电动车与无轨电车的优点，不仅解决了城市新能源公交车推广面临的基础设施瓶颈问题，更为未来城市交通整体的电动化提供了更加便捷的基础设施网络支持，并可以进一步升级到智慧城市的新能源互联网。

---

* 胡剑平，工学博士，高级工程师。曾任深圳市政府运输局建设处副处长、人事处处长、局长助理，深圳市地铁有限公司常务副总经理，深圳巴士集团股份有限公司总经理、董事长、党委书记，中国交通运输协会副秘书长。现任中国道路运输协会城市客运分会常务副理事长。

一　双源无轨纯电动公交车的特点和优势

与传统柴油客车及新兴的其他形式新能源客车相比，双源无轨纯电动公交车有自身独特的优势。

1. 零排放，低噪声

双源无轨纯电动公交车属于纯电驱动，没有内燃机，在整个行驶过程中不燃烧柴油，因此，行驶过程可以做到零排放。与现有的普通柴油公交车相比，按照年行驶 6 万公里计算，双源无轨纯电动公交车每车每年可减少废气排放约 6 吨。

另外，由于是电机驱动，与内燃机相比，双源无轨纯电动公交车只有少量的电磁噪声和机械噪声，而没有发动机的轰鸣声，行驶过程中的噪声比普通车约低 10 ~ 15 分贝。

2. 装载电池量少

相较其他类型（换电、慢充等）纯电动公交车，双源无轨纯电动公交车主要依靠城市原有架空线网，边行驶边充电，因此无须大量装载电池。它通过配备小容量电池，整车重量大大低于其他类型纯电动公交车，载客量进一步增加，机动性与运营效率提升明显。

这类车辆采用高效率永磁同步电机，集成充电机，搭触线网即为电池快速充电，并回收刹车制动能量回馈到电池，更节能，整车电池用量少，成本低。

3. 无须基础设施，成本低

对于有无轨电车运行的城市来说，双源无轨纯电动公交车可以说是公交车电动化最为理想和低成本的形式。

对于很多城市来说，比如北京、上海、大连、沈阳等城市，可以利用现有的无轨电车的供电网络，无须或很少投资于其他充电基础设施与设备。双源无轨纯电动公交车不需要建造充（换）电站及充电桩，利用现有架空线网快速充电，不仅节约充电设施建设成本，还可避免慢充和换电模式带来的安全隐患和人力管理成本。

不过，双源无轨纯电动公交车采用在线充电的能源系统，对弓网的负荷能力具有较大的依赖性；对应的动力系统也需要有宽电压变化的适应能力。

4. 机动性强

与传统无轨电车相比，双源无轨纯电动公交车机动性更强，同时还集成了电车故障率低、驾驶轻松等优点。双源无轨纯电动公交车可以像其他类型的纯电动车一样，脱离线网运行几十公里，这使得公交公司在车辆运营和配套设施建设上具备更强的灵活性，为优化路线车辆配置提供了保障，为现场营运调度提供了方便，并且解决了线网过多影响城市景观的问题。

5. 维护方便快捷

双源无轨纯电动公交车仍然沿用传统无轨电车的使用与维护经验，维护人员接受快，维护方便快捷。

因此，对于已经有无轨电车运行的城市来说，应重点发展技术相对成熟、基础条件具备、资金投入相对较小的双源无轨纯电动公交车，因为其具有“电驱动、零排放”的突出特点，且技术更成熟，应用推广更符合实际。

二　国外双源无轨纯电动公交车的推广情况

（一）欧洲的整体运营情况

欧洲未来的公共交通发展路线是比较明晰的，这其中就包括发展双源无轨纯电动公交车、先进的车载储能系统和高功率的快速充电电池，从而达到未来公交系统可持续发展的目标。

欧洲近年来在开展未来公共系统项目的同时，还有一个示范项目，就是欧洲电动公交零排放示范项目，包括行业协会、制造商、运营商、能源供应商，巴塞罗那、伦敦、罗马等 8 个示范城市都参与其中。该项目通过不同的技术路线及核心市场示范，目的是要找到一个城市的可持续发展方案。

在这个示范项目中，如何建立方便快捷的公共充电设施网络，对未来的可持续发展至关重要。其中，欧洲有的示范城市，就利用无轨电车的750V高压直流供电网络来解决这个问题。它从750V的高压直流电网络取电下来，每1.5~2公里落地形成一个充电站，可以安装快速充电桩，能够给小轿车甚至是自行车充电。每隔1.5公里到2公里有一个供电区间，最终形成充电站的网络覆盖。

另外，欧洲有些城市利用地铁和有轨电车（欧洲很多城市还使用有轨电车作为公交车）的高压直流牵引供电网络来建立充电设施。这些供电区间可以形成直流的快速充电站，这种充电站可以为出租车、大巴车和电动自行车充电。这样密集的充电设施，可以非常方便地支撑起整个城市的新能源汽车发展网络。

如此一来，欧洲很多城市布局充电站，像加油站一样多，无论是公交车、出租车还是私家车，充电都非常便捷。

（二）伦敦市的运营情况

伦敦交通局推广新能源车的力度很大，该市在多条公交线路上试验双源无轨纯电动公交车。伦敦无轨电车的站台售票模式跟地铁是一样的，换乘非常方便，实际示范运行比传统燃油公交车的实载率提高了20%。

近期，伦敦市还规划了2020年的双源无轨纯电动公交车线路网，从顶层设计的高度指明了未来公共交通的长远发展方向。在伦敦的双源无轨纯电动公交车网络规划中，基本上每条线路都是放射的，在中间公共走廊上建立公共的充电走廊，这些充电走廊为新能源公交车提供非常方便的能源供应网络，基本上不干扰传统公交运行，车辆通过时也不用停车充电。

因此，伦敦有效利用有轨电车与无轨电车的高压直流供电网络，彻底解决了公共交通与城市交通电动化的基础设施问题，为未来城市交通的可持续发展以及新能源汽车的推广奠定了坚实基础。伦敦市的案例也从侧面说明，制定公共交通新能源系统的战略规划，除了要有环球视野外，还必须要有战略眼光与长远目标。

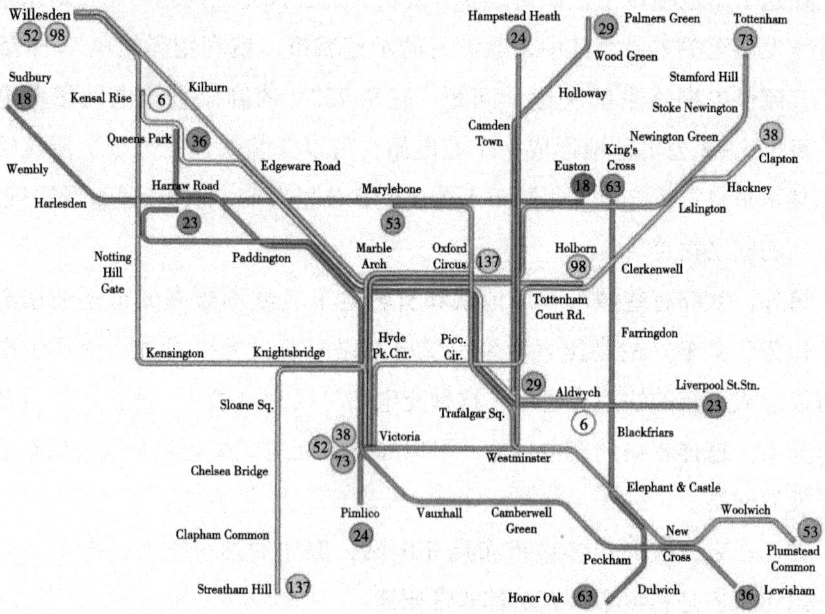

图 1　伦敦 2020 年双源快充无轨纯电动公交车网络规划

图 2　利用无轨电车的电力供应基础设施，开展多用途的为各类电动汽车充电的概念图

注：每一个链接点的交流和直流电源可用 500 千瓦的供电冗余。

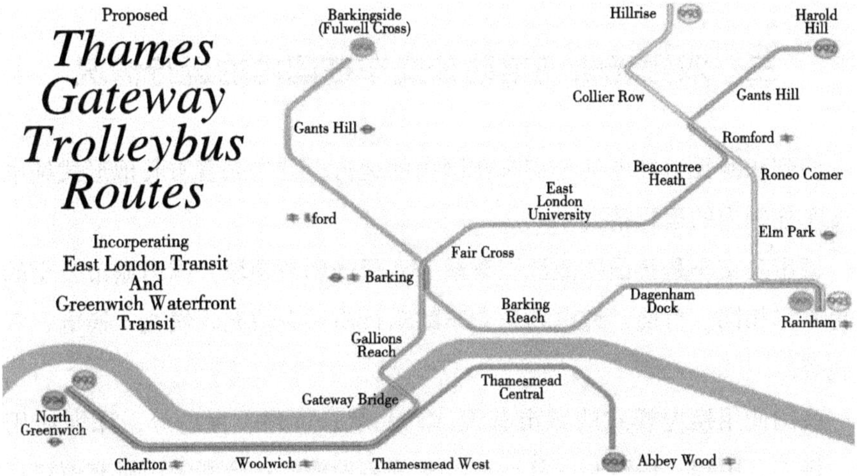

图 3　伦敦东部泰晤士河口的双源无轨纯电动公交车示范线路规划

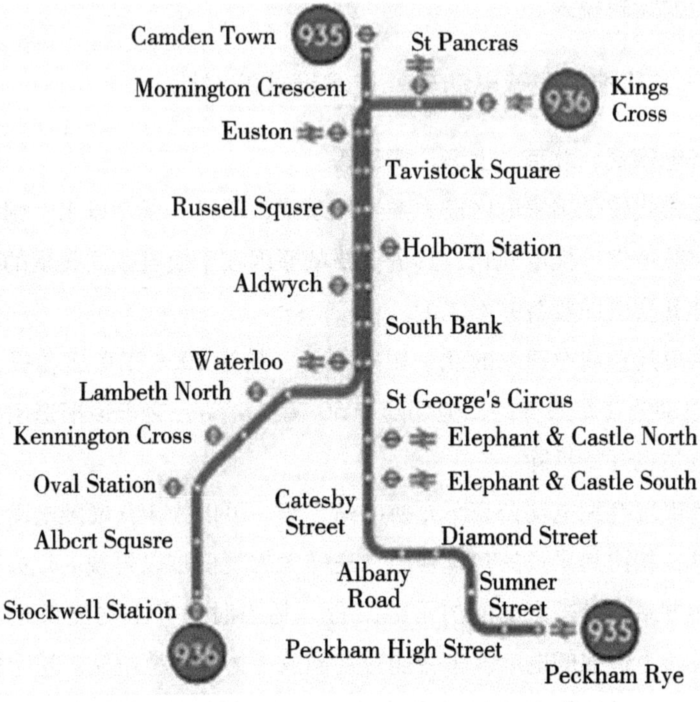

图 4　伦敦的双源无轨纯电动公交车示范项目线路规划

（伦敦的双源无轨纯电动公交车示范项目站台规划拥有 240mm 低地板；站台售票专门的停靠站引导系统；免费换乘常规公交；双站换乘）

三　双源无轨纯电动公交车在国内的运行情况

谈到双源无轨纯电动公交车在国内的运行，首先来看看其他形式纯电动公交车在国内的运行情况。

城市公交车是我国新能源汽车最为活跃的创新领域，国内城市公交的模式也不尽相同。目前，纯电动公交车的运行模式有快充、慢充、换电、双源无轨等。

我国使用换电模式的城市有天津、北京、杭州、青岛等；深圳使用长程、慢充、中程、快慢充、移动充电车等多种模式；合肥使用慢充模式；重庆使用短程、快充模式；北京、上海、广州、武汉在使用慢充模式的同时，还使用双源无轨模式。

（一）几种主要纯电动车辆技术模式的对比

1. 换电模式：北京、上海、青岛等

换电模式曾是国家电网极力推崇的模式，不过，近期以来，国家电网不再大张旗鼓地倡导换电模式，其最重要的原因在于换电模式昂贵的换电站建设费用和其换电的收益并不匹配。

北京奥运会前夕建立的北土城换电站，是为2008年奥运会投入使用的50辆纯电动公交车服务的，但伴随着50辆纯电动公交车逐渐退出运营，北土城换电站也开始拆除。

青岛市现有纯电动公交车充换电站3座，可以为460辆纯电动公交车服务。不过，相比其昂贵的建设费用，这样大的规模难以再现。比如，青岛的薛家岛换电站，是国家电网的示范工程，是当时世界上功能最全、规模最大、服务能力最强的电动汽车智能充换储放一体化示范电站。这个换电站投资3.3亿元，占地面积5814.2平方米，每天可以为约250辆电动公交车提供充换电服务；另外，可为1440块乘用车电池实现集中充电，可满足每天1500车次乘用车电池的更换需求。这个公交车充换电站，由青岛市三家公

交公司一起调度、管理电动公交车的运行及换电，每天可更换540车次公交车电池，按80公里的续驶里程，可满足200辆公交车的换电需求。

截至2014年4月1日，薛家岛充换储放一体化示范电站安全运行1000天，服务的250辆电动公交车累计行驶3221万公里，累计消耗电量3158万电池度，累计换电248492次。

从上述不俗的业绩可以看出，薛家岛充换电站成立3年多，一共卖出去3158万度电，按每度电收益1元计算，获得收益3158万元（不计算其他成本）。按照这个速度，要收回3.3亿元成本，起码还得再有30多年。

正是因为这个投入产出不划算，近两年来，国家电网已经很少在各地建设新的换电站。因此，这种模式难以成为纯电动公交的未来发展趋势。

2. 慢充模式代表：北京、上海、广州、深圳

慢充模式是我国当前纯电动公交车运营的主流模式。其最大的问题，就在于充电站建设难度大，周期长，难以支持纯电动公交车的大规模运营。

北、上、广、深这样的一线城市，城市寸土寸金，在城区，几乎每开发一块土地都难于上青天。假如在城市远郊区建设充电站，对于纯电动公交车来说，本身续驶里程就有限，如果要行驶到远郊区再充电，很不现实。

另外，对于慢充而言，一辆12米的公交车要五六个小时才能充满电，这样一来，一个充电桩一天最多能给3辆公交车充电，一个上千平方米的充电站每天往往只能给几十辆公交车充电。对于一个有着上万辆公交车的城市来说，显然不可能拿出这么多土地建充电站从而大规模推广慢充纯电动公交车。

充电站土地问题，也同样困扰着土地紧张的其他城市，比如武汉、杭州、西安等，很多城市公交车半夜都只能停在大马路上，城市里哪里还有土地去建设充电站呢？

3. 快充模式代表：重庆

快充模式的特点就是少装电池，快速多次充电。

2011年4月，全球第一条快速充电的纯电动大巴线在重庆公交投入商业运营，这条线路采用恒通公司12米公交车，配备78kwh钛酸锂电池组，每次运行后快充10分钟，每天6~8趟。经过3年多的运行，这批纯电动公交车仍然在这条线路上运行，没有一辆纯电动公交车停运，电池整体衰减不到1%，每辆车运营都超过10万公里。

2014年5月5日，位于重庆南岸区的白鹤园电动客车快速充电站落成，这是继2012年渝北空港枢纽首座快速充电站投运以来的由国家电网建设完成的第二座快速充电站。这个充电站总占地面积约3亩，总投资1000余万元。采用与加油站相同的布局，配备6台快速充电桩，使用装载在充电桩上类似油枪的充电枪，可同时为6辆电动公交车提供快速充电服务，单车充电能力为700V/500A。在15分钟内快速充满电，即可满足半天的运营需要，晚间回场可利用电网谷电进行慢充，一次快充结合一次慢充，即可满足公交车辆全天满勤运营。该站设计的桩车比为1:7，可保障40~50辆车正常运营。

不过，自从2013年9月《继续开展新能源汽车推广应用工作》的文件下发后，装载钛酸锂电池的纯电动公交车只能获得15万元补贴，远远低于50万元的其他类型补贴，至此，钛酸锂电池再也没有配装到中国的纯电动客车上。

其后，很多企业开始将复合锂电池用在快充纯电动客车上。从2014年开始，宇通客车、苏州金龙、中通、厦门金龙、福田欧辉都相继推出了装载快充电池的纯电动客车。

4. 双源无轨纯电动公交车模式

双源无轨纯电动公交车在节能减排、改善城市大气环境和PM2.5新标准已经实施的大背景下，凸显出诸多优势。

表1　双源无轨纯电动公交车与燃油、燃气公交车对比

车辆类型	车辆排放	车辆噪声	机动性
双源无轨纯电动公交车	零排放	低	较好
柴油、天然气公交车	有排放	高	好

表 2　双源无轨纯电动公交车与其他类型纯电动公交车对比

车辆类型	电池使用年限	纯电池年均使用费用	电池充/换电服务费	充换电站投入成本
双源无轨纯电动公交车	8～10 年	购买电池组年均摊销 2 万～2.5 万元/车	在线自动充电，无须服务费用	不需要建设专用充电站
其他类型纯电动公交车	4 年	电池组年均租赁费 19 万元/车	3.3 万元/车·年	高投入

表 1、表 2 根据一些城市公交公司提供的数据制作，可以看出，双源无轨纯电动公交车在使用成本上具有明显优势。

（二）北京双源无轨纯电动公交车的运营经验

到 2013 年底，北京公交集团拥有无轨电车的线路总条数为 15 条，线路总长度 200.88 公里，双源无轨纯电动公交车数量 588 辆，运营时间为 4 时 50 分至 23 时，全日发车共 5600 次，日行驶 7.6 万公里，日运送乘客 33 万人次。

北京使用无轨电车由来已久，在建设充电站极度困难的情况下，因地制宜，利用原有的线网和最新的双源无轨纯电动公交车技术，开辟出一条经济适用、节能环保和高效的纯电动公交发展之路。

1999 年，为了在王府井大街、长安街等十字路口拆除无轨电车线网后保证无轨电车通过，北京公交集团开发了双源无轨纯电动公交车。基于当时的技术条件，双源无轨纯电动公交车脱线续驶里程设计为 1.5 公里，铅酸动力电池平均使用寿命为 12～18 个月。2008 年，50 辆纯电动公交车在奥运会期间应用成功，这也是国内第一次大规模应用锂离子动力电池纯电动公交车。奥运会后 50 辆纯电动公交车投入常规公交线路运营，截至 2011 年 10 月，锂离子动力电池使用寿命超过 3 年，每辆车平均运行里程 10.2 万公里，单车最高运行里程达到 21 万公里，纯电动公交车锂离子动力电池的应用实践，为双源无轨纯电动公交车改用锂离子动力电池提供了丰富经验。锂离子动力电池技术移植到双源无轨纯电动公交车上，车辆搭线行驶时可以充电（还不用充电站），这创造了在线充电双源无轨纯电动公交车的新概念。

北京公交集团于2009年7月进行了双源无轨纯电动公交车装车试验，2012年陆续投入180辆装锂离子动力电池的12米双源无轨纯电动公交车，锂离子动力电池拥有额定容量100~180Ah、额定电压384V的配备，并且每车留有装备4~6箱电池的空间（依据脱线需要而定），电池箱具有防尘、防雨和防撞击等多项功能。另外，它还拥有电池管理系统，具备夏季通风降温、冬季保温加热和过流保护等功能，可以快速解锁并与车辆分离，符合无轨电车两级绝缘的要求。

2013年底，北京公交集团实施了104柴油车线路更换在线充电双源无轨纯电动公交车工程，按照1∶1的比例用在线充电双源无轨纯电动公交车进行替换，并将线路号更名为127路。该工程利用线路沿线已有的10.6公里无轨电车行车线网；在场站内建设充电线网1处；新架设2双对公里行车线网，使供电线网长度占总线路长度从原来的约40%提高到54%；线路上行存在4公里和3.3公里两处脱线行驶路段，线路下行存在3.3公里脱线行驶路段。

此外，北京公交集团还开展了供电基础设施技术改造，对15座变电站逐步进行技术改造，提高了变电站内设备的自动化水平和运行可靠性及安全性，建设变电站远程监控系统，提高变电站运行的管理水平。由于原有的供电系统建设时间早、设备不符合标准、不能满足大负荷运行条件，北京公交从2007年起，在北京市发改委的支持下结合安全隐患治理和节能改造整流变电站。到2014年5月已经完成一个中心三个电站的建设并示范运行，系统可对跳闸故障进行智能判断，减少了故障时间；运行技术参数和现场视频图像实时上传，电站实现了远程监控、无人值守。

另外，北京公交集团电车供电所已经开发并应用了橇装式电站，橇装式电站相对于固定式电站优势在于：适应环境能力强，便于安装，建设成本低；减少馈线，降低市政配合难度；可整体移动，电站整体可重复利用；远程监控，保障线网的不间断供电；体积小、占地少，新建电车供电系统大大节省了占地面积。

表3　电站建筑面积对比

电站	建筑面积	电站	建筑面积
老式整流站	400 平方米	新式整流站	200 平方米
橇装式电站	45 平方米		

北京公交还对集电杆捕捉器进行了升级。捕捉器实现双源无轨纯电动公交车定点自动搭接线网；采取减震降噪措施，使搭接噪声从96分贝降至40分贝，并改进捕捉器羽翼，提高导入率。同时开展电驱动车辆保修能力建设，调整车辆维修车间功能布局，实现新能源车维修专业化；将保养车间改造为新能源车维修基地。建设双源无轨纯电动公交车驾驶员培训基地，在已有公交驾校的基础上，配套变电站并架设无轨电车线网，增加双源无轨纯电动公交车驾驶员培训业务，满足北京公交集团对双源无轨纯电动公交车驾驶员的需要。

北京发展双源无轨纯电动公交车的思路是：对大部分路段沿无轨电车线网行驶的燃油车线路，充分利用现有供电线网条件，使用橇装式变电站增设连接供电线路，用在线充电双源无轨纯电动公交车替代燃油车；将现有双源无轨纯电动公交车线路向四环以外适当延伸。在新开电车环行线中，实施用双源无轨纯电动公交车替代燃油或燃气车计划：2014年替换11条线路，2015年替换7条线路，2016~2017年替换33条线路。

目前，北京公交集团已经出台包括双源无轨纯电动公交车在内的公交车辆发展规划。该规划要求：每年新购的公交车中，新能源车和清洁能源车比例要达到70%以上；到2017年，在运营车辆总规模保持21000辆的前提下，在车辆能源结构上实现新能源和清洁能源车占总车数的65%以上，新能源车辆达到6000辆，其中双源无轨纯电动公交车3000辆。实施以电驱动为主的技术路线。另外，规划还明确了未来5年架设充电线网67处300公里（双对），撬装式变电站111座，并超前建设。

（三）上海双源无轨纯电动公交车的运行情况

据上海巴士集团介绍，2010 年在世博会期间投入使用的 120 辆纯电动客车存在几个问题：电池使用以浅充浅放为主，车辆空驶里程高，平均行驶 2～3 圈就要进行充电，无法满足平均每天 150 公里营运需求；装载电池过多致营运投入成本高，安全风险大，需要长期监控；需要建设规模较大换电站或充电桩，基础建设费用高。而 2010 年投入使用的超级电容公交车，受站点充电架建设影响，只能在固定线路上行驶，充电间隔短、电容易发热、发车间隔长等因素造成了车辆利用率低。正是这些问题，让上海把目光投向了双源无轨纯电动公交车。

在上海巴士 2014 年计划更新的 1500 多辆公交车中，纯电动等新能源公交车所占比例要达到 60% 以上，双源无轨纯电动公交车为 200 多辆。

表 4　2014 年上半年上海巴士集团新能源车型更新情况

纯电形式驱动		混合动力形式	
（电容＋电池）双电公交车	双源无轨纯电动公交车	增程式油电混合	常规油电混合
150 辆	200 辆	150 辆	508 辆

2014 年，上海巴士集团采购的 200 辆双源无轨纯电动公交车从 4 月开始分批次投入营运，分别在上海巴士集团下属的巴士电车公司的 22 路、13 路、920 路等 11 条线路上运行。至 2014 年 6 月底，这批车共行驶约 70 万公里，百公里电耗约 150 度，初步达到了预先设定的要求。根据同规格柴油车平均百公里油耗测算（按平均 35L/100 公里），减少柴油使用约 25 万升。

（四）杭州双源无轨纯电动公交车的运行情况

杭州公交集团 2007 年与杭州万向公司合作成立锂电池双源无轨纯电动公交车项目组；2008 年研发出试验车，其中包括 2 辆试验电车：1 辆空调车，1 辆非空调车；2009 年试验铰接式无轨电车。在试验中，电车的机动性增强，电车安全运行性能提高，达到了电池浅充浅放、延长电池寿命的目的，并能满足司机的操作习惯，员工队伍稳定。

在此之后，杭州公交集团明确了双源无轨纯电动公交车配置方案，通过公开招标确定浙江金华青年汽车为整车生产厂家，湖南南车时代为电机系统供应商，杭州万向为动力电池供应商。2013 年5 月，首批30 辆12 米低入口双源无轨纯电动公交车投入 K155 路使用；2014 年 3 月，第二批 50 辆车投入 K151 路使用。截至 2014 年 7 月，这两批车辆总行驶里程为 250 余万公里，百公里平均电耗为 150 ~ 185kwh；性能平稳，故障低于常规柴油客车，车载电池在使用一年后基本没有衰减。

（五）武汉双源无轨纯电动公交车的运行情况

1956 年，第一条无轨电车线路在武汉开始运营；2005 年，第一条油电混合动力车线路开始运营；2010 年，10 辆锂电池纯电动公交车开始示范运营。但武汉公交集团发现几种新能源车均存在一定问题：无轨电车的主要问题是车辆机动性差。供电故障造成“蝴蝶效应”，添堵；路面电杆、接触线网影响城市景观。油电混合动力公交的主要问题是不节能，仍有尾气排放，而且车辆安全隐患突出。而锂电池纯电动公交车的问题是受制于充电设施的不完善；充电时间长，电量不能完全满足公交工况，电池功能衰减快，未来存在如何处理的隐患。

为了制订有效的城市公交电动化解决方案，2012 年武汉市政府到武汉公交集团就第二批新能源车示范推广进行调研时，武汉市公共交通集团有限责任公司董事长陈幼林提出：结合武汉公交现状，充分利用现有无轨电车线网、停保场和社会充电资源，开发基于无轨电车的电动车——在线充电双源无轨纯电动公交车，以在线充电双源无轨纯电动公交车为主，形成有武汉特色的公交电动化解决方案。总体目标是因“线”适宜，采用长线投放在线充电双源无轨纯电动公交车，短线投放锂电池纯电动公交车，充分利用现有无轨电车资源，适量新建区域线网，实现充电线网共享，通过线网辐射周边线路，形成区域公交电动化。实施原则包括：对现有无轨电车实行升级换代，更换双源无轨纯电动公交车，取消复杂路口和交通要道的线网；在新城区，如大光谷、大车都、大临空，新建共享充电线网，形成区域公交电动化；在日行驶里程低于180公里的线路上投放锂电池纯电动公交车；在充电桩完善的充电站周边投放锂电池纯电动公交车，形成充电站周边的区域公交电动化。

2012年底，武汉市确定由武汉理工大学、武汉供电公司、东风扬子江、市公交集团、宇清科技组成项目组，发挥官、产、学、研、用优势，形成合力，确保该项目顺利推进。2013年1月1日，5辆双源无轨纯电动公交车投入电车7路试运行；2014年5月25日，在线充电动车项目通过专家评审；2014年5月29日，在线充电双源无轨纯电动公交车项目通过武汉市科技局组织的公交电动化研制示范推广项目验收。

表5　双源无轨纯电动公交车与锂电池纯电动公交车的运营效果比较

类别	在线充电双源无轨纯电动公交车	锂电池纯电动公交车
充电设施建设投入		
土地占用	很小	大
购车成本	较低	高
电池使用寿命	较长	短
维护、使用成本	较低	高
电池装载量	少	多
公交现有模式的适应性	好	差
载客量/运营效率	高	低
安全性	好	一般
连续行驶里程	长	短
无线网行驶条件	70%里程电池驱动	短距离机动

截至2014年5月，东风扬子江WG6122BEVHM型和WG6121BEVHM型在线充电双源无轨纯电动公交车在武汉示范运行状况良好，5辆双源无轨纯电动公交车已在武汉公交电7路连续安全运行500余天。截至2014年5月，5辆车共行驶里程17.89万公里，总耗电量21.55万度，百公里耗电量120

度，车辆累计故障次数21次，故障时间为百公里59秒，故障率与传统车相当，司乘人员对运营效果很满意。

表6　在线充电双源无轨纯电动公交车运行充放电情况分析

	运行状态	电量	合计
耗电总量	脱线运行(140公里)	149.8kw·h	149.8kw·h
充电总量	在线充电(60公里)	96.84kw·h	189.84kw·h
	静态充电	93kw·h	

注：以上数据根据单台车辆日均运营总里程200公里，其中脱线运行里程占总里程的70%计算。静止充电时间包括：车辆进站10分钟/趟×6趟、司机交接班30分钟、开班前平均维护40分钟，夜间静态充电90分钟及其他运营间隙90分钟等。夜间静态充电仅需值守人员操作即可。

四　双源无轨纯电动公交车的发展机遇与挑战

（一）2014～2015年是纯电动汽车发展机遇期

2014～2015年是新能源汽车发展的历史机遇期，中国城市公共交通行业也面临着前所未有的历史机遇。

2013年9月，财政部、科技部、工信部和发改委启动了2013～2015年新能源汽车推广工作。按照新能源汽车推广应用城市（群）申报计划，2013～2015年39个推广应用城市（群）将累计推广新能源汽车33.6万辆。

交通运输部关于加快新能源汽车推广应用实施意见的核心目标是在2020年城市公交、出租汽车和城市物流配送等领域的总量达到30万辆；新能源汽车配套服务设施基本完备，新能源汽车运营效率和安全水平明显提升，新能源汽车对城市交通运输节能减排的贡献率达到20%。其中，城市公交车20万辆，出租车5万辆，物流车5万辆。在车型选择方向上重点推广应用插电式（含增程式）混合动力汽车，积极推广应用纯电动汽车和燃料电池汽车。

在中国城市公交车电动化之路上，治理雾霾 PM2.5 成为公交车电动化的强劲动力与压力，缓解交通拥堵公交优先是唯一的选择。因此，这几年将是公交车电动化的爆发之年。面对日益紧张的土地，较长的建设周期等问题，双源无轨纯电动公交车因其装载电池少、可利用原有基础设施等优势，在所有已有无轨电车的城市和有条件建设线网的城市将获得快速发展。

（二）挑战

1. 政策能否支持双源无轨纯电动公交车

根据我国现行的新能源汽车补贴政策，双源无轨纯电动公交车并不在国家补贴之列。因此，这影响了整车企业开发双源无轨纯电动公交车的积极性，也影响了这种形式纯电动客车的推广。

不过，2014 年已经有城市承诺，将对双源无轨纯电动公交车进行财政补贴。并且，国家相关部门也在研究对双源无轨纯电动公交车的支持和补贴政策。双源无轨纯电动车要想获得进一步发展，没有财政补贴和支持，是难以做到的。

2. 基础设施建设能否提供支持

双源无轨纯电动公交车的发展是个系统工程。其线网和充变电设施是否到位，也是关乎其发展的一个重要因素。

现在，我国在线网建设等方面缺少明确政策支持，也没有相应标准；很多城市并没有长远规划和资金投入，这都对双源无轨纯电动公交车的进一步发展造成了障碍。

3. 技术发展能否支持

双源无轨纯电动公交车技术应该持续更新和提升，以使其可以脱线行驶的里程越来越长，成本更低，配件更加标准化。假如双源无轨纯电动公交车在使用成本上能够具备相对其他形式的纯电动公交车更加明显的优势，那么就会进一步促进这类无轨电车的普及。

五　双源无轨纯电动公交车未来展望

（一）需要系统化设计

新能源公交不仅涉及车辆本身，还涉及公交系统的整合以及供电系统的整合；如果充电系统建立，受益的不仅是公共交通，还有环卫、物流、私家车等交通体系。因此，无论是国家还是地方政府，都需要对双源无轨纯电动公交车的发展进行系统化的顶层设计，比如，双源无轨纯电动公交车的线网建成后，还应该可以同时给其他车辆充电等。这就需要在建设网线的时候，做更长远和系统的考虑。

（二）要有创新的技术成果

当前，我国的双源无轨纯电动公交车产品以及充电设施还需要持续创新，才能满足我国纯电动汽车产业化运营的需要。

我国现在的无轨电车的标准电压是600W，希望未来的行业标准可以提到750W电压标准。双源无轨纯电动公交车使用750W电压的好处是：能够与现有的有轨电车、地铁电压同步，从而更好地满足未来运营的需要。

此外，还应当创新线网的规划与设计，借鉴欧洲独到的接电杆技术，包括自动升降的功能，可以优先给私家车和其他车充电的功能等。未来，双源无轨纯电动车辆应当可以和线网进行充分互动，达到新能源互联网的水平。

对于双源无轨纯电动公交车的设计，目前还停留在传统客车模式上，未来有可能按照飞机概念来设计，出现非常新颖的车辆造型。

另外，为了有效拓展双源无轨纯电动公交车在接触供电网区域的运行范围，增加车辆的应用范围，应当基于公交客车的运行工况，从系统层面出发，结合动力电池快充技术，考虑架空供电网分布、电池荷电状态、电池寿命、系统生命全周期经济性等因素，建立合理高效的双源快充动力系统结构和功率等级方面的系统匹配关系，并开展双源快充动力系统的匹配与优化设计技术研究。

（三）要加大投资力度

对于新能源车辆的充电基础设施建设，除了工信部等四部委，可以从交通运输部的支持政策中获得补贴，入选“公交都市”的城市还可以从节能减排专项资金中拿到补贴。

未来，做城市充电基础设施规划设计与建设的企业，有可能成为新能源交通中的“两桶油”。这是因为，整个城市交通新能源供电基础设施，未来会形成统一运营与调度的局势，而随着未来汽车往电动化发展，将诞生一个新的通用的交通能源供应商或新能源互联网企业。

因此，各地公交集团绝不能仅仅停留在新能源公交示范作秀的运营水平上，更应该抓住国家对城市公共交通电动化史无前例的支持，创新发展，建立起支撑整个城市交通全电动化解决方案的新能源供应网和互联网，为未来城市交通新能源的可持续发展构建坚实的基础设施支持网络。

B.8

各地纯电动公交车运行情况调查汇总*

舒慕虞**

摘　要：方得网调查组连续多年实地调查了多个典型城市纯电动客车的运行情况，发现其实际运行情况远不如多数媒体报道的那样乐观。事实上，国内多地的纯电动客车实际运行情况与公开的官方数据并不一致，甚至有些城市出现了车辆刚投放就出现故障停用或返厂的严重情况；有些城市车桩比例不合理造成资源浪费；有些城市的车辆运行里程远达不到宣传那样的效果，且电池功能衰减严重。

关键词：新能源客车　纯电动客车　锂电池　续驶里程

方得网调查团队在2010年、2012年、2013年和2014年亲赴全国各地，调查新能源公交车的运营情况。通过对调度员、司机、乘客等的访谈以及亲自乘坐体验，拿到了第一手的、没有任何粉饰的新能源公交车实际运行情况的资料。

或许，司机或者调度员的说法不够全面、权威和严谨，但我们还是能够从中看到市场客观真实的一面。方得网把未经加工的原汁原味的原生态调查记录下来，以供所有准备发展、生产和运营的企业做参考。

---

* 本文调查内容由方得网多位人员完成。

** 舒慕虞，方得网编辑，长期关注新能源客车产业的发展，曾实地走访调查10多个城市的新能源公交车运行现状，采访了众多新能源汽车领域专家及各地公交公司高层，先后发表近50篇新能源客车相关新闻稿件。

一　杭州：两年仅推广5辆　全部选用“本土造”品牌

1. 概述

杭州虽然在新能源公交推广上一直比较积极，但对于纯电动客车的应用，却显得比较保守。

截至2014年8月，杭州仅有5辆纯电动公交车在运行。这批车是2012年6月投放在17线路上的，此后一直未有新车投用。

在2013年7月的杭州新能源汽车创新论坛上，杭州市经济和信息化委员会汽车产业处相关人士曾表示，杭州在2013年要新增100辆纯电动公交车。不过，这100辆纯电动车计划并未如期实施。这一计划延迟的原因在于，与车辆相配套的换电站仍未建好，已完成采购的100辆车无法使用。

据称，无论最初选用的5辆电动车，还是后期未投运的100辆车，均来自万向集团，其装载的磷酸铁锂电池也来自万向集团。全部车辆采用换电模式，售价约为160万元。

杭州市政府初期推广纯电动公交车时，一直较为谨慎。例如，据杭州市公交集团相关人士透露，最初5辆电动车并非由公交集团所购买，而是由公交集团提供试验平台，5辆车的后期使用维护全部由万向集团负责。车辆使用初期，万向集团技术人员要跟车跑几个月进行相关数据的记录，之后也一直在17路站内记录数据及检测车辆（2014年方得网调查这5辆车运行情况时，调查人员还看到站内有一位技术人员在车辆出行前进行相关数据记录）。

2. 电池续驶能力与衰减性

2012年8月，方得网调查人员首次调查杭州纯电动公交时，负责车辆检修的万向集团技术人员表示，每一辆电动车装载了10组磷酸铁锂电池，总重约2.5吨，可以满足200多公里的续驶里程。不过，在实际的运营过程中，公交公司规定这5辆电动车跑3圈（约105公里）后，需要更换一次电池。

2013 年 9 月，方得网调查人员再度调查时发现，使用一年多后，这 5 辆车的电池功能开始明显衰减，充一次电后勉强能跑 3 圈，有些只能跑 2 圈。为了防止车停在半路上，杭州公交公司要求司机每跑 2 圈要去换电池，否则一旦出现问题将处罚相关人员。

2014 年 8 月方得网调查人员第三度调查时，无论是询问司机还是调度室工作人员，所有人都对这 5 辆纯电动公交车的运行情况讳莫如深。司机和调度员拒绝回答任何跟车辆运行情况以及电池相关的问题。方得网调查人员在站内观察了近一个小时，发现这 5 辆车应该还能跑 2 圈（约 70 公里），因为不少车回站后并没有去换电池就直接开始下一趟任务。

3. 故障率情况

方得网三度调查杭州纯电动公交车时，关于这 5 辆车的故障问题，调查人员听到的并不多。2012 年 8 月 8 日首度调查时，恰逢台风“海葵”过境，杭州全城放假，但这 5 辆车照常运营，且涉水性能良好，能经受住台风考验。当时随车的一位工程师表示，万向集团在推出纯电动客车时，对关键电路部位全部采用全密封处理，能够有效防止雨水进入，并进行了反复研发、试验以提高涉水性能。不过一年后，这 5 辆车的涉水性能问题开始暴露出来。2013 年时，两位开 17 路车的司机均称，这类车不怕雨但怕水，若从水坑驶过容易出故障停运。

4. 充电站情况

杭州建的首个充电站，位于 17 路的西湖科技园公交车站场附近，与公交站场仅相隔一条马路。该充换电点仅为 5 辆电动车服务，投资规模不大，且采用了人工换电方式，无任何机械手，投资成本不高，一次换电时间需 10～15 分钟，换下的电池需充电约 2 个小时。

相比于第一个充电站，杭州的第二个充电站投资规模较大，可满足 100 辆车的充换电要求。据《每日商报》报道，该电站由杭州供电公司设计并承建，选址在九堡区九沙大道南侧，通盛路东侧，胜稼路西侧，离九堡客运中心站不远，原址为公交公司停车场。

二　成都：多代电动车试运营均失败　续驶能力弱

1. 概述

成都先后推广了多代纯电动公交车，但续驶能力和可靠性均较弱，都无法承担起每日的正常运营任务。

2010年5月，成都市投运首批10辆电动车，主要采购了野马牌（由四川汽车工业集团公司生产）与蜀都客车两个品牌，全部采用了成都瑞华特生产的磷酸铁锂电池，售价在200万元左右，最高约为280万元。

此后，成都市又不断投放了多批纯电动公交车，基本选用本土品牌——蜀都客车，采用“纯电池”和“电池＋电容”两种动力模式，电池以成都瑞华特生产的磷酸铁锂电池为主。

2. 电池续驶能力与衰减性

尽管成都投放的纯电动公交车均号称续驶里程可达到250公里，但实际运行中的续驶能力差，且电池功能衰减严重。

2012年8月23日，方得网调查人员首度调查时发现，正午时分成都石羊场充电站停放着七八辆纯电动公交车，这些车在白天进行补电。据28路和11路司机反映，他们所开的纯电动公交车充一次电后，跑2圈（85～100公里）就需要补电，且补电时间长达2个多小时。为此，公交公司对纯电动车的司机实行半日制倒班制度，但其又必须完成每月行驶里程数，因此，司机们每月几乎没有全天休息的时间，只能进行常规性的半日加班后再回家休息，因此抱怨情绪非常大。此外，司机们还反映电池功能有衰减现象，有些车刚开始每天可以跑100公里以上里程，但不到一年只能跑2圈（约85公里）。

2014年9月，方得网调查人员再度调查时了解到，服务于成都124路的20辆蜀都纯电动公交车属于新一代纯电动客车，其控制系统由中通客车提供。这批车的续驶里程比先前的要好，充一次电可运行150～160公里。

3. 故障率情况

据司机们反映，车辆故障问题不多，但电池引起的问题较多。例如，车辆由于电池高温而无法行驶、电池功能衰减无法进行充电等。此外，在成都石羊场充电站停放着2辆已停运一年多的野马牌纯电动客车，据称，车辆损坏原因与电池有关。

4. 充电站情况

方得网调查的成都石羊电动汽车充电站，位于成都高新区府城大道南侧，占地面积约4030平方米，可同时为12辆大中型电动汽车充电。据称，该电站总投资约1916万元。

据《天府早报》报道，截至2014年6月，成都市已建成充电站14座，已经初步建成了以充电站和充电桩为核心的电动汽车充电网络。14座充电站主要在三环路附近，分布在高新、锦江等6个主城区，可为城区内的340余辆电动公交车服务。

三　西安：全部选用比亚迪　雨天运行顾虑多

1. 概述

截至2014年9月，西安共有在运营的纯电动公交车50辆，这些车全部选用比亚迪品牌。首批4辆车于2012年8月投放于204路，第二批46辆车于2013年7月起陆续安排到高新区4条公交线路上使用。

据了解，西安50辆纯电动公交车全部选用比亚迪K9车型，车长12米，搭载了由比亚迪自主研发的磷酸铁锂电池做动力，理论上充满一次电后续驶里程达250公里，整车售价约为220万元。

2. 电池续驶能力与衰减性

方得网调查人员2012年9月1日首次赴西安调查时发现，西安首批4辆比亚迪车每天夜里充满电后，仅在早晚高峰时段各运行一趟（即每日运行两趟，共约72公里），且一遇雨天即停止运营（方得网调查人员曾在雨天等了数个小时，纯电动公交运行的线路都没有车来，以致还误了火车）。据称，这批车刚投入运营，当时正处于试运行阶段，需要格外小心“照顾”。此外，公交公司还专门安排了4位平均驾龄超过15年的老司机，来驾驶这一批车辆。每趟出车后，司机需要及时打扫车内尘土，以免影响到车辆性能。

2014年9月，方得网调查人员再赴西安。据调查了解，西安首批4辆电动公交车仍在204路运行，每日需要完成220公里运营任务，到了下午电量不足，需补电一次。而新投入的46辆电动公交车虽然只运营了一年时间，但也不能完成理论上250公里的续驶里程，白天同样需要补电。

3. 故障率情况

方得网调查人员两度调查西安纯电动公交车时发现，电动公交车试运营阶段在雨天时有停运情况发生，后来到了正式运营阶段，雨天时也要尽量避开水坑；车辆大的故障少，但小故障较常规柴油车要多，且配件到位时间长，延长了维修时间。

车辆最大的问题还在于电池技术不够稳定。例如，有司机反映，这类车在晚上开大灯或者开冷热风时，电量容易急速下降，因此车撂在半路的情况发生过不少次；再如，电池电量有时会莫名地从80%急降到20%，车辆因突然缺电而在路上停运；车辆设计结构有待改善，被放置于车内的电池组形成前后4个大方柱子，占去了车内较大使用面积，减少了车内可用面积。

4. 充电站情况

方得网调查发现，西安对于公交充电站的规划还是非常合理的，基本没有重新选地建站，而是在公交站场内设置相应数量的充电桩。如此一来，既方便了电动公交车随时补电，也节省了用地与资金。充电站工作人员称，西安充电桩均由政府与国家电网投资建设。

四　深圳：国内推广数量居首
运行效果好于多数城市

1. 概述

截至2014年10月，深圳纯电动公交车总量达到1253辆，成为国内推广纯电动公交车数量最多的城市。但自2013年中后，深圳原先每年千辆的推广计划开始停滞不前。

据深圳发改委重大项目协调处相关人士称，深圳推广纯电动公交车起步较晚，从2012年左右才正式推行，但后来者居上。到2013年7月，深圳纯电动公交车在推广一年多时间里就达到了1200辆。但此后一年，其推广数量不足百辆，原先的每年千辆计划被搁置。

深圳运行的纯电动公交车有两类品牌——比亚迪与五洲龙，两者均为深圳本土品牌，均采用了慢充模式，使用磷酸铁锂电池做动力。

2. 电池续驶能力与衰减性

2012年8月，方得网调查人员首次到深圳进行实地调查发现，无论是比亚迪还是五洲龙，均无法达到理论上的续驶里程（250公里），而且有近半车辆在充满电情况下无法完成每日180公里的运营任务（无空调情况下），需要白天进行补电。此外，有些运行不到一年的车辆，已有电池功能衰减的表现。有司机说，有时刚把充完电的车开出公交站场，电量会突然从99%下降到10%以下，而且电池经常坏掉而不能用。

2014年1月9日，深圳市审计局公布的《深圳新能源公交示范运营审计报告》中提到：深圳新能源客车存在售价高且成本不透明，出勤率低、运营亏损大，故障率高、电池续驶能力有待提升等问题。报告中，针对电池的具体问题有：其一，电池续驶能力有待提升等因素，影响用户使用的积极性；其二，国家尚未制定新能源汽车的废旧动力电池强制回收及无害利用等具体配套政策，也未出台电池回收补贴的具体措施，这些均影响新能源汽车的大规模推广使用。

2014年11月，方得网调查人员再次到深圳进行实地调查。调查人员在位于深圳福田交通枢纽中心一侧的公交充电站，观察到有9辆纯电动公交车正在补电，但充电桩还有不少空余。据司机反映，由于补电次数少且时间短，充电桩数量长年够用。而且，车辆充满电后能运营150公里左右（多数情况下开空调），每天只要中午再补一次电就可以完成全天运营任务。

总体来看，深圳纯电动公交车无论是续驶里程，还是空调对于电量的影响，整体表现要好于国内多数城市纯电动公交车的示范运行情况。而上述报告中指出的问题，也是国内纯电动客车产业发展面临的普遍性问题，算不上“特例”。但除了“常规”问题以外，深圳大量运行的比亚迪纯电动客车 K9 倒确实存在一些“特殊”问题——车内立着的四个大电池柜子不但挤占车内空间，还令不少司机与乘客都担心有辐射问题。据比亚迪内部人士透露，公司未来会对纯电动客车 K9 的车内设计进行修改。

3. 故障率情况

方得网调查人员在两度调查中发现，运营两年多的深圳纯电动公交车基本上很少出现大的故障，虽然有些小毛病，但厂家的售后服务一直比较及时。两个本土品牌相比较，五洲龙的车辆故障率明显较高，有时甚至会出现停开情况。

《深圳新能源公交示范运营审计报告》中对于故障率问题这样指出：由于故障率偏高，车辆出勤率低，每日运营里程偏少，亏损较大，形成市场推广阻力。

4. 充电站情况

方得网调查人员 2012 年 8 月调查时发现，深圳大运场馆附近的大运中心充电站已经停用，该电站使用时间不到 3 年。据《中国联合商报》报道，深圳大运中心站充电站建成于 2009 年底，占地面积 1092 平方米，投资金额 1051.5 万元，是当时国内占地面积和投资规模最大的充电站。但与此同时，深圳还在不断兴建新的公交充电站，却没有去充分利用已建充电站，造成了极大浪费。

《深圳新能源公交示范运营审计报告》称，深圳充电基础设施的缺口，也成为新能源大巴推广的主要阻力之一。据深圳市审计局调查，截至 2013 年 6 月，深圳市有充电站 73 座、充电桩 859 个，但充电桩建设仍存在较大缺口。

五　广州：技术不成熟　从“退居二线”到“停运九成车”

1. 概述

广州推行纯电动公交车一直较为务实，从 2009 年开始至今仅推广了 26

辆纯电动公交车，其原因在于车辆技术不成熟，一直以来运营状况不佳，从“退居二线”到如今已“停运了九成车”。

广州市在2010年亚运会期间投入运营了26辆纯电动公交车，全部由广汽客车生产。这批车的动力电池分两种：另一种是天津盟固利公司生产的锰酸锂电池，采用换电模式，配这种电池的车有20辆；另一种是杭州万向公司生产的磷酸铁锂电池，采用直充模式，配这种电池的车有6辆。

2. 电池续驶能力与衰减性

方得网调查人员在2012～2013年曾三度实地赴广州调查，2012年8月下旬时，广州纯电动公交车的续驶里程已达不到每日运营要求，在801线路上跑一圈（约54公里）下来就要到电站充电或换电。

2013年8月时，这26辆电动车已“退居二线”，从801路调离到大学城（位于城郊）内环公交线路，穿插至381路、382路、201路等多条线路中使用。据司机称，这类车用了几年后电池功能衰减严重，容易半路突然抛锚，已经不适合在801路那样的城区内公交线路中使用。例如，在2011年时，这类车就有损坏在路上的情况发生，不仅造成严重交通堵塞，还需要找车拖走。而且，方得网调查人员在位于大学城内的电动公交充电站内发现，近20辆电车不是停放在站内，就是正在排队等着充电或换电，出站运营的车辆数量极少。这主要由于电池功能衰减严重，这类车跑一圈（约20公里）就需补电，而充电桩及可更换电池的数量有限。

2014年9月，方得网调查人员再次来到上述充电站调查时发现，这26辆电车中约有90%已停运，仅剩3辆车还在运营，且这3辆车配了2名司机。这是因为，每一辆车跑完一圈就需要补电，司机要换一辆补过电的车接着开。

3. 故障率情况

这批车的故障问题主要在电池上：其一，电池升温过快，以致这类车在夏天基本无法运营。据司机称，在2012年时，这类车电池在夏天很容易升温到59℃以上，这时车速就会变得极慢（时速20公里左右）。在2013年夏天时，这类车行驶速度变得更慢（时速约5公里），公交运力充足下全部停运。其二，电池功能衰减严重，不但导致车辆续驶里程极短，还容易在半路突然没电停运。

4. 充电站情况

据方得网调查人员实地调查了解到，广州大学城充电站规模不大，为了配合这26辆电动车充电，既装了3个直流充电桩，还建了一个换电站（可供两辆车同时换电）。

六　武汉：本地车难担重任　“迎娶”外地品牌落户

1. 概述

武汉发展纯电动公交可谓一波三折，本地车难担大任后，又引进外地品牌，但似乎依然难以担负起“示范”运行的重任。

武汉在2011年投运了10辆东风扬子江纯电动公交车在579线路使用，此后一直未有新动作；直到2014年4月再次采购了10辆东湖－沂星纯电动公交车，主要集中在597路、351路、596路试运营。两批电动车均为慢充模式，以磷酸铁锂电池作为动力。

值得注意的是，东湖－沂星纯电动客车是由东湖新能源汽车有限公司控股的山东沂星电动汽车有限公司生产，算是“嫁到”武汉的外地品牌。而东湖新能源汽车有限公司于2013年9月由武汉经发投集团在武汉开发区注册成立，似乎专为“迎娶”山东沂星而生。

2. 电池续驶能力与衰减性

方得网调查人员2012年8月底赴武汉经济技术开发区调查三角湖充电站时，见不到任何一辆电动公交车。据充电站工作人员及579路司机称，首批10辆电动公交车运营不到一年时间后，已经全部“返厂”。原因在于，一是这批车最初运营时充一次电可跑一趟（约40公里），但此后连一趟里程都难以完成，无法正常使用；二是车辆行驶速度非常慢，影响到整个车队的正常运营。

2014年9月，方得网调查人员再度前往调查。据司机称，沂星纯电动公交车已运营了几个月，但由于电池续驶能力不足，仅在下午4~6时运营一趟（40公里左右）。若开空调，这类车续驶里程还到不了40公里，在半路极易因电量不足而抛锚。

3. 故障率情况

两批车辆运行可靠性不高的原因，均在于电池续驶能力极低，且电池功能衰减严重，以至于车辆都无法正常运营。

4. 充电站情况

三角湖充电站先后为两批纯电动公交车服务，是武汉首座电动汽车充电站，占地5亩多，于2010年8月31日正式投用。站内配置有2台大型直流充电机、4台中型直流充电机，以及8根交流充电桩。

由于武汉纯电动公交车运营效率极低，该电站自建成后大部分时间内仅作为“摆设”，造成了极大的人力、物力浪费。

七　重庆：国内唯一　特立独行推广快充模式

1. 概述

2014年前，重庆是国内唯一一个推广“快充”模式纯电动公交车的城市，虽然推广数量不大，但对国内纯电动汽车产业发展的贡献极大。

截至2014年11月，重庆共投入了31辆快充模式纯电动公交车，现全部在687线路上使用。第一批6辆车于2011年4月投放，已经运行了3年半时间；第二批25辆车于2012年7月投放，已运行2年多时间（原来有一部分纯电动公交车在689线路运行，后来合并到一条线路上）。

这31辆纯电动公交车每日充电5~6次，全日运营任务约为125公里（跑5圈，一圈约25公里），全部采用快充模式。全部车辆由重庆恒通电动客车动力系统有限公司制造，以湖州微宏动力提供的钛酸铁锂电池为动力源。

作为国内唯一一条快充模式纯电动公交线路，重庆687线路中运行的31辆恒通电动快充模式纯电动客车起着“快充模式的示范运营”作用，也影响到诸多其他企业对“快充”模式的取舍。

另外，这条线路上投放的所有车辆，历经 2 ~ 3 年仍可全部正常使用，没有一辆“下岗”，这在国内纯电动示范线路中颇为难得。

2. 电池续驶里程与衰减性

方得网调查人员从 2012 年开始曾三度到重庆实地调查，发现使用中的 31 辆纯电动公交车全部可完成每日运营任务。方得网调查人员观察到，车辆跑一圈后（约 25 公里）开到起点站一旁的充电站，司机下车后戴上橡胶手套进行自助充电，约 8 分钟左右就可以完成。

2014 年 11 月，方得网调查人员第三次调查时发现，尽管全部车辆已经运行两三年时间，但在重庆渝北区空港充电站询问多位 687 路司机后，均得到了“车还好、使用正常”的一致答案。充电桩旁边放着的《渝北区空港充电站纯电动客车充电统计表》中显示，在上午时段，687 路客车在上午 8 时至 9 时半之间充电时，车辆剩余电量普遍在 50% 左右；除了跑早高峰的车辆，其余车辆的剩余电量基本在 65% 左右。特别是，有一辆黄色车身的 687 路车（2011 年 4 月投放）已使用了 3 年半时间，跑一圈回来的剩余电量为 60%，充电时间仍然是 10 分钟，其电池功能同样无任何衰减的表现。

此外，方得网调查人员试乘的一辆绿色车身的 687 路车（2012 年 7 月投放），其仪表盘上显示车辆已经行驶 10. 0425 万公里。以车辆行驶 2 年 4 个月时间（840 天，扣除检修、保养等的天数，约为 800 天）来粗略计算，相当于每天要跑 125 公里。

3. 充电站情况

第一个快充充电站位于重庆渝北空港公交枢纽站内，投资总额不到 1500 万元，站内布局与加油站相同，共设了 6 台双枪直流快充充电桩。该充电站设计的桩车比为 1∶6，可保障 40 ~ 50 辆车正常运营。

第二个快充充电站位于重庆南岸区南坪白鹤路，总占地面积约 3 亩，总投资 1000 万元，配备有 6 台快速充电桩。截至 2014 年 11 月，该站还未正式投入使用。

八 上海：尝试多种技术路线
双源无轨快充成未来方向

1. 概述

自2010年世博会起，上海在纯电动公交车推广过程中不断尝试多种技术路线，先后引进了超级电容、慢充、“电容+电池”双电、双源无轨快充等多种车型，但多类车型运行效果并不理想，后期投入的双源无轨快充纯电动技术优势开始显现。

据上海巴士公交集团相关人士称，截至2014年6月，上海已有350辆纯电动公交车。其中，“电容+电池”双电纯电动公交车为150辆，双源无轨快充纯电动公交车为200辆。

2010年世博会期间，上海首先投放了120辆纯电动公交车（先换电后慢充）和61辆“上海造”申沃牌超级电容纯电动公交车；此后多年，上海分批投放了上百辆“电容+电池”双电纯电动公交车，基本为慢充模式；2014年4月开始，上海陆续分批次投放了200辆双源无轨快充纯电动车，主要集中于22路、13路、920路等11条线路上运行。

2. 电池续驶能力与衰减性

（1）“电容+电池”双电车型。上海巴士公交集团相关人士称，上海2010年投入使用的120辆纯电动车在原世博线路取消后，对车辆路线进行了调整。由于快换站搬迁成本高，公司将电池“快换”形式改为“慢充”式，电池使用以“浅充浅放”为主。但车辆续驶里程短，平均行驶2~3圈就要充电，造成空驶里程高。

方得网调查人员2010年、2012年、2013年、2014年四度赴上海调查了解到，上海纯电动公交车普遍使用的“电容+电池”双电动力总成，由上海瑞华集团提供。调查中发现，这类电池续驶里程均达不到150公里以上，且功能衰减严重。特别是，2013年调查时得知，上海787路纯电动车的电池仅使用了4个月，就由于蓄电能力出现问题而进行全部更新。

（2）超级电容车型。上海巴士公交集团相关人士称，2010 年投入使用的超级电容车，受站点充电架建设影响，只能在固定线路上行驶，充电间隔短、电容容易发热、发车间隔长，造成车辆利用率低。目前，上海正在试用能量密度更高的超级电容，希望减少快充时间，解决电容发热问题。

上海早年推广的 61 辆申沃超级电容公交车，利用车顶的受电弓即停即充方式进行不间断补电，但其续驶里程极短，充一次电仅能行驶 3～4 公里（无空调情况下），开这类车的司机需要频繁操控受电弓进行补电。

（3）双源无轨车型。上海巴士公交集团相关人士称，较之传统的纯电动车，这类车主要依靠城市原有架空线网边行驶边进行充电，因此，该车无须大量装载电池，通过配备小容量电池，整车重量大大低于传统纯电公交车，载客量增加，机动性明显提升。而且，这类车可以像纯电动车一样脱离线网运行十余公里。这使得公交企业在车辆运营和配套设施建设上具备了更强的灵活性。

3. 故障率情况

（1）“电容＋电池”双电车型。方得网调查人员发现，这类车主要还是电池功能衰减严重，造成车辆续驶里程较短，且电池容易出现高温问题。

据《东方早报》报道，2011 年 7 月 18 日，一辆 825 路公交车在驶至中山公园附近时发生故障抛锚，并突然起火，虽无人员伤亡但车内有 3 个座位被烧焦。该自燃公交车正是“电容＋电池”双电电动车，标有“上海雷博新能源汽车技术有限公司”和“雷博双电以电代油”字样。

（2）超级电容车型。这类车的故障也主要集中于电容上，一是电容储电性弱，续驶里程极短；二是电容易发热，在夏季极易上升到 50 摄氏度，使得车辆不能正常使用。

（3）双源无轨车型。官方表示，这类车目前未有较大故障发生。

4. 充电站情况

据了解，上海已建有 3 个大型公交充电站，分别为高科西路公交充电站、内江路公交充电站、双流路公交充电站。

双流路公交充电站主要服务于 825 路、71 路纯电动公交车，位于双流路125号巴士四汽公司停车场内，安装了20台60kw直流充电机，可满足一机二充需要，配置智能化电费计量，采用夜间低谷时段充电。

九　山东临沂：电池性能衰减严重　运营效率低下

1. 概述

截止到2014年6月，山东临沂已投运140多辆纯电动公交车，全部车辆为“本土造”沂星牌，以磷酸铁锂电池为动力源，首批车在2010年投入使用；大部分车辆采用慢充模式，2014年刚投放的小部分车辆采用换电模式。

2. 电池续驶里程与衰减性

2012年9月，方得网调查人员到临沂调查时了解到，当时该地有100多辆沂星纯电动公交车在路上运营。司机称，这类车在夜里充满电后，续驶里程仅约100公里，需要中午补电40~50分钟。如此一来，延长了乘客中午等车时间，极大地影响整条公交线路的运营效率。

方得网调查人员2014年8月再赴临沂调查时发现，这类车的电池功能衰减严重。从2014年8月中旬开始，大部分临沂纯电动公交车已进入首次为期半个月的批量返厂检修期，主要是进行损耗电池的批量更换。司机们表示，这类车最大的问题在于电池功能衰减严重。以全天运营180公里的纯电动公交车为例，一年半时间内，车辆无须中午补电即可满足全天运营（约180公里）；2年左右时间，车辆需中午补电1小时；超过3年，车辆需补2次电，才能勉强支撑全天运营。

3. 充电站情况

据《鲁南商报》称，截至2013年7月，山东临沂已建成投入使用的电动车充电站四座，分别位于临沂城区的东、西、南、北，为主城区构建起“四边形”的充电服务网络。临沂四大电动车充电站之一的焦庄电动汽车充电站是规模最大的。

据称，2010年6月23日，山东临沂建成的焦庄充电站，属山东省内当时首座大型电动汽车充电站。一期工程可同时为 21 辆电动公交车、15 辆社会乘务车提供充电服务，投资约 2200 万元。

十 南昌：车桩比例前期不合理 高价纯电动公交车被闲置

1. 概述

截至 2014 年 11 月，南昌纯电动公交车数量仅为 10 辆。南昌公交公司官网显示，南昌首批 10 辆纯电动公交车投放于 2011 年 11 月，单车价格为 145 万元，车厢长 11.28 米；以磷酸铁锂电池作为车辆动力，3 小时可充满电。方得网调查人员了解到，这 10 辆车全部为江西产的“百路佳”品牌，其电池由浙江万向集团提供。

值得关注的是，南昌在规划纯电动公交推广初期对于车桩比例的设定不合理，充电桩仅有 6 台，不能同时满足 10 辆车在夜间充电，造成了 4 辆新车被长期闲置。

2. 电池续驶里程与衰减性

方得网调查人员 2012 年 9 月到南昌实地调查时，首批 10 辆车在 208 线路上投入使用不到一年，平日载客量不大。司机称，这类车充满电后，可跑 3 个往返（约 110 公里），由于使用时间未满一年，电池功能衰减不大。

3. 故障率情况

司机称，这 10 辆车大的故障较少，但小毛病比较多。比如，为刹车系统特别设计的气压罐焊接不牢固，容易脱落；驾驶室仪表盘有时会显示不灵。

4. 充电站情况

方得网调查人员了解到，与首批纯电动公交车相配套的南昌首座充电站，建在高新区紫阳大道与创新二路东北交界处，在 2012 年 9 月时仅有 6 个充电桩，投资规模不大。但电站工作人员表示，后期会继续扩建，满足更多纯电动公交的运行需求。

十一 合肥：大力推广纯电动公交电池表现不够理想

1. 概述

合肥不但是拥有“国内首条纯电动公交线路”的城市，也是纯电动公交车运行数量较多的城市。2010 年 1 月 23 日，合肥开通了全国首条纯电动公交线路 18 路，此后不断投入巨额资金采购新的纯电动公交车，并积极维护在用纯电动公交车的运行。纯电动公交车已经成为合肥市的一张名片。

合肥公交集团官网显示，截至 2014 年 7 月，合肥先后投入了纯电动公交车 380 辆。合肥投入的所有纯电动客车由安凯客车生产，其电池由合肥国轩高科提供，采用慢充模式，以磷酸铁锂电池为动力。官方相关宣传中，这类车一次充满电需 3 ~5 小时，充一次电可行驶 200 公里以上。

2. 电池续驶里程与衰减性

方得网调查人员在 2012 年、2013 年、2014 年三度到合肥调查 18 路纯电动公交车实际运行情况，发现其续驶里程不够理想，并存在电池功能衰减情况。

2012 年 8 月，多名 18 路司机表示，这批车使用 2 年后，续驶里程达不到 200 公里，白天需要在公交车总站进行多次补电。

2013 年 9 月，有司机称，这批车充满电后基本能跑 6 ~8 个单次（一个单次 17.5 公里，也就是 105 ~140 公里）。为了完成每日运营任务，18 路车队在正常 15 辆车的情况下，再配备 8 辆车以便在一部分车辆补电时换车使用。也就是说，18 路用 23 辆纯电动公交车来完成 15 辆常规客车的载客任务。此外，还有司机称，18 路的纯电动公交车均无空调，夏天如坐蒸笼，冬天如置冰窖。

2014 年 11 月，有司机称，这批车在去年底进行了批量电池更新后，续驶里程明显提高，充满电后可行驶 175 公里以上。新换的电池已使用一年，目前来看未出现功能明显衰减现象。

3. 故障率情况

司机们反映，除了电池功能衰减略严重外，18 路的纯电动客车故障率不高，偶尔会出现一些小毛病。

4. 充电站情况

截至 2014 年 7 月，合肥市共建起了经开区、柳树塘、瑶海、淝河、邵大郢、滨湖新区 6 座充电站。多数充电站建立在公交保养场内，采用充电桩方式，不另外占地，节约了投资成本。

十二　北京：首批车退役　新投放车辆运营仍不理想

1. 概述

截至 2014 年 10 月，北京纯电动公交车总量约 300 辆，前期多为“京华”造，后期全部为“福田欧辉”品牌，采用慢充与换电两种方式，以磷酸铁锂电池为主。

2. 电池续驶里程与衰减性

方得网调查人员 2012 ~ 2014 年曾三度实地调查。2012 年时，据北京北土城充电站的工作人员介绍，奥运会期间投入的首批 50 辆纯电动公交车运行情况并不好，可正常使用的仅剩下 30 多辆。这批车电池功能衰减严重，使用 2 年后，于 2012 年更新了一批电池。但新电池更换后，仅用了半年时间，其续驶里程就从最初的 100 多公里降到 30 ~ 70 公里，电池功能衰减仍较严重。2014 年，这批纯电动公交车已经全部停止运营，该线路也被公交公司取消。

2013 年 12 月，方得网调查人员调查了刚投放 4 个月左右的 496 路纯电动公交车的运行情况。司机们称，在不开空调情况下，这批车续驶里程能达到 100 公里左右，但为了保障车辆不在半路停运，通常换一次电池后仅跑 2 圈（约 52 公里）。

2014 年 11 月初，方得网调查人员再次调查 496 路纯电动车时运行情况时，司机们称，这批车充一次电后通常可跑 5 圈（100 多公里）；但要是夏天或冬天，开着空调或暖风，电池电量的衰减就比较快，跑两三圈（约60～80公里）就需要换一次电池。

3. 故障率情况

首度调查时，司机们称，北京首批50辆纯电动公交车由于投放较早，技术不成熟，各种故障较多，且未到使用寿命期限就停用了10多辆。但后期新投入的车辆（由最初的京华换为福田）故障相对较少。

后两次调查中，司机与工作人员称，496路纯电动公交车电池抗寒性有待提高，电池在冬天容易出问题，甚至出现过严寒中充不进电的情况；电池功能不够稳定，出现过电量从60%急降到30%的情况。

虽然北京纯电动客车相比常规车技术仍然不够成熟，但在后续维修上比较给力。司机们反映，在纯电动公交车线路的始发站、终点站，都有福田欧辉售后维修人员。如果车在路上出问题可拨打“急救”电话，维修人员能快速到达。

4. 充电站情况

截至2013年底，北京共建成5座公交车充电站，可为300多辆纯电动公交车进行充换电。其中，位于北京市朝阳区的四惠公交车充电站是目前北京最大的纯电动公交车充电站，最多可满足160辆纯电动客车的充换电需求。

十三　天津：先“竞优上岗”　后引进比亚迪

1. 概述

天津的纯电动公交车发展历程较为“戏剧化”，先是采用公平竞优方式引入多个品牌，在前期运营效果不错的情况下，又引进外地品牌比亚迪，通过“落户且合资”来撑起整个市场。

2012年8月8日，天津公交集团以“竞技选购”的模式引进了首批40辆换电式纯电动公交车，以宇通、申沃、安凯和青年4家品牌为主，每一家品牌采购10辆车。但在2012年底，天津公交集团与比亚迪汽车合作，对天津公交集团旗下的天津客车装配厂实施增资扩股、重组改制，成立了天津比亚迪汽车有限公司，生产“金马牌”纯电动公交车。从2014年3月开始，天津陆续投入了上百辆金马牌纯电动公交车。

截至2014年10月，天津共投入约290辆纯电动公交车，全部采用换电模式，以磷酸铁锂电池为主。除了首批40辆外地品牌车外，其余大部分为“本土造”的金马牌纯电动客车。方得网调查人员实地调查了解到，“金马牌”纯电动公交车实际上就是比亚迪K9，不仅车辆内部结构与比亚迪K9一致，而且其车内方向盘、车辆前部遮阳板甚至车辆玻璃上，依然还保留着“BYD”标识。

2. 电池续驶里程与衰减性

方得网调查人员2012年、2014年两度赴天津调查。2012年9月调查时，司机们反映，换电时间快则13分钟，慢则30分钟以上，与“10分钟即可完成换电”的官方宣传有出入；为了提高可靠性，车辆需要跑一圈换一次电池（车辆装配的全部是天津产的力神电池），经济效益较低。2014年11月调查时，有司机称，首批40辆车的电池仅使用了两年，就有部分进行了更换，说明这些车辆电池功能衰减严重；在666路、700路上运行的金马牌纯电动公交车，续驶里程约120公里（不开空调情况下），与宣传中的250公里还有较大差距。另外，金马牌纯电动公交车从2014年3月开始投放以来，在使用的半年时间里未出现明显的电池功能衰减情况。

3. 故障率情况

方得网调查人员调查发现，首批40辆纯电动公交车中，宇通客车性能明显优于其他3个品牌，安凯、申沃两个品牌时有小毛病发生，而青年客车投入初期一直因各类问题处于停运中。

新投放的金马牌纯电动公交车在半年的使用时间里，故障率不高。

4. 充电站情况

截至2014年10月，天津已有新生态城永定州充电站、孟港后充电站、华明镇充电站、普济河道充电站和海泰综合充电站等多座充电站。

方得网调查人员到访的海泰综合充电站位于华苑产业区海泰南路与海泰大道交汇处，总占地面积25亩，设计有3个商用车换电通道，全部采用机械自动更换电池，但2012年和2014年调查时都仅开放2个通道，可同时为4辆电动车提供换电服务；另一个通道不知何故迟迟未投入使用。

十四　青岛：投资3.3亿元建成全球最大充电站换电模式难推广

1. 概述

青岛投资3.3亿元建起全球最大充电站，但3年换电量仅为3158万度电，声势浩大的工程带来的是较低的经济收益，这也表明投资巨大的换电模式难以推广。

除了充电站投资巨大之外，青岛在纯电动公交车推广中也大动作不断。据《中国环境报》报道，2011～2013年，青岛市已先后投放了450辆换电式纯电动公交车，集中投放在胶州湾海底隧道及市区部分公交线路上。青岛市规划2014年再投资3亿元更新采购550辆纯电动公交车，全市纯电动公交车规模年底前将达到千辆。

方得网调查人员了解到，青岛在纯电动公交车采购中带有很强的“肥水不流外人田”的色彩：以“青岛造”的“申沃”为主，还有一小部分是本省品牌“沂星”，另外还有极少量的“福田欧辉”“五洲龙”等外地品牌。全部车辆以换电模式为主，以磷酸铁锂电池作为动力。

2. 电池续驶里程与衰减性

方得网调查人员2012年8月实地调查时发现，隧道2路、321路等多条线路的纯电动公交车，续驶里程与官方宣传不符，不开空调情况下只能跑110公里左右，开空调情况下只能跑80公里左右，且每次换电需14分钟左右，这使得公交运输效率降低。

方得网调查人员2014年二度调查时了解到，31路的纯电动公交车续驶里程与2012年调查时一样，没有明显的电池功能衰减现象，但有司机称，有部分车辆电池更新过。

3. 故障率情况

申沃、沂星两个品牌的纯电动客车，均存在涉水性低的问题，车辆底部进水后易损坏电池。

与申沃相比，沂星的故障率明显较高。2012 年，有 4 辆沂星客车因不能兼容电网提供的电池而一直被闲置；2014 年，有司机称，由于沂星客车的电池储放设计不合理，以致发生过电池被甩出去而报废的情况，另外还有由于电池接触不良致使车辆不能使用的情况。

4. 充电站情况

方得网调查人员了解到，多地换电模式推广中，青岛薛家岛换电站是国家电网做的示范工程（号称全世界规模最大、占地 4000 平方米），投资了 3.3 亿元。据《大众日报》报道，截至 2014 年 4 月 1 日，薛家岛换电站安全运行了 1000 天，换电 3158 万度电。也就是说，该电站大概每年换电量为 1000 万度电，带来的经济效益较低，与投资成本 3.3 亿元相差甚远。

尽管首个大型换电站的经济效益较低，但青岛仍大力兴建充换电站。根据《青岛日报》2014 年 7 月的一篇报道，青岛市已建成深圳路、薛家岛、延安一路和莱西 4 座充换电站，同时流清河、珠江路的充换电站已开工建设，世园会东、台东、生态智慧城等充换电站项目也在积极推进。这些工程完成后，青岛将形成“三横三纵”的纯电动客车充换电服务网络布局。

十五　济南：谨慎推广纯电动　低调试跑双源无轨

1. 概述

济南推广纯电动公交车非常谨慎，除了早年从国家电网处获赠的 6 辆纯电动车外，一直未自行采购过传统纯电动客车，而是选择在 2014 年开始低调试跑双源无轨电动客车。

据司机称，2008 年全运会前，国家电网公司向济南赠送了 6 辆纯电动公交车。这批车投放到 102 路，但跑了 3 年多以后因为电池问题已经返厂。

目前，济南公交拥有 130 多辆双源无轨电车，全部采用“边走边充电”

形式，除了新购买的40辆宇通客车生产的双源无轨电车之外，其余车辆均由中国重汽豪沃客车前身——济南客车厂生产。

2. 续驶里程与衰减性

方得网调查人员2014年11月实地调查了解到，济南双源无轨电动公交车充满40度电后，不用电网可跑30～40公里。

3. 故障率情况

据司机称，济南有几十年无轨电车运行经验，使用双源无轨电车后适应快，故障率不大，但偶尔会出现电压不稳现象。

4. 充电站情况

据了解，济南双源无轨电车都采用“边走边充电”形式，不需要另外建设充电站，这也节省了大量人力和物力成本。

B.9

各地混合动力客车运行情况调查汇总*

舒慕虞**

摘　要： 方得网调查组连续多年实地调查了多个典型城市混合动力客车的运行情况，发现其实际运行情况虽好于纯电动客车，基本能正常行驶，但在节油率、故障率方面过关的城市不多，且不少城市都存在“地方保护主义”、车辆节油率过低、电池功能衰减、插电式混合动力客车虽名为“插电式”但实则不插电等难题，为混合动力客车的产业化推广带来了阻力。

关键词： 混合动力客车　节油率　地方保护　电池功能衰减

一　成都：推广数量不足百辆　全部采用插电式车型

1. 概述

据《成都日报》报道，截至2014年8月，成都市先后投放了90辆气电混合动力公交车。

方得网调查人员实地走访了解到，成都当地运行的90辆插电式混合动力公交车全部由蜀都客车厂生产，当地称为增程式电动LNG客车。这类车

* 本文调查内容由方得网多位人员完成。

** 舒慕虞，方得网编辑，长期关注新能源客车产业的发展，曾实地走访调查10多个城市的新能源公交车运行现状，采访了众多新能源汽车领域专家及各地公交公司高层，先后发表近50篇新能源客车相关新闻稿件。

型搭载了超级电容与锂电池，既可工作于纯电动模式，由超级电容和电池供给动力，也可像普通公交车一样由液化天然气发动机供给动力，相比普通CNG、LNG公交车，这种公交车的续驶里程更长，节气率可达40%以上。

2. 运行情况

方得网调查人员在2014年10月实地调查时发现，成都市运行的插电式混合动力公交车的故障率偏高，不但影响到车辆正常使用，而且还影响到司机们的日常收入。

11路部分司机讲，由于电池等方面的技术不成熟，这类车在使用过程中故障率较高，经常在路上停运，严重影响工作。一位司机在调查中称："我的这辆车昨天就在场站放了一天进行维修。有时候坏在路上，打电话给维修人员需要两三个小时才能到达。成都市有90辆这种车型，维修人员根本就忙不过来。"他同时还抱怨，车辆问题众多，不但让成都公交公司负担沉重，也让司机们损失严重。由于司机们的工资是按照行驶里程来计算的，车辆经常发生故障不能正常出勤严重影响到了司机们的收入。

此外，该司机还称，由于成都的充电站非常少，仅有八里桥、槐树店、羊谷场等几个充电站，这类车的充电也一直存在问题。

二 上海：非插电式混动客车坚强成长2014年投放千辆

1. 概述

上海的新能源公交车基本都是"本地造"。

截至2014年11月，上海市运营的混合动力公交车约有1200辆，主要为非插电式车型，上汽的申沃品牌占了多数，还有一部分为上海申龙、上海万象大宇等品牌车辆。

与其他城市不同，上海前期推广混合动力客车的动作并不大，"十城千辆"示范工程中主推纯电动客车，仅在2010年世博会期间投放了150辆申沃非插电式混合动力客车；不过，当其他城市不再推广非插电式混合动力客车时，上海市却特立独行，在2014年推广了1000多辆非插电式混合动力客车，而推广的插电式混合动力客车数量却极少。

2. 运行情况

方得网调查人员2014年11月走访上海时，上海浦东公交公司旗下的杨高公交公司相关负责人透露，2010年投放的150辆申沃非插电式混合动力公交车不但节油性能不理想，且故障率非常高，难以完成正常运营任务，因此，上海难以提高这类车的推广积极性。

不过，在2013年9月国家取消对非插电式混合动力客车的补贴后，上海却从2014年初开始陆续投放了1000余辆非插电式混合动力公交车，其中，上海巴士公交公司投放了约700辆，上海浦东公交公司投放了约340辆。这1000多辆客车，大部分为申沃牌，小部分为上海万象大宇，车辆多数选用了伊顿混合动力系统（采用并联方式，包含伊顿的AMT机械自动变速箱），而电机则选择了上海电驱动。

2014年新投入的这批混合动力车运行情况如何？上述负责人指着一份记录2014年7～11月各车型油耗数据的统计表这样说道，“从7～11月的数据来看，这批车平均百公里油耗达到31.5L，比之前原线路的同类车型节油26.6%”（杨高公交公司2014年投入的138辆混合动力客车为万象大宇品牌）。方得网调查人员仔细查看该数据表时发现，仅在11月，W1A车型（11米车，配玉柴发动机）平均百公里油耗为28.6L，节油率为26.3%；W1B车型（11米车，配上柴发动机）平均百公里油耗为27.4L，节油率为30%；W2H（12米车，配玉柴发动机）平均百公里油耗为32.5L，节油率为27.8%。

方得网调查人员了解到，虽然上海2014年新投入的1000余辆混合动力客车的品牌有所不同，但由于车辆采用的混合动力系统基本相同，各品牌车辆的节油率相差不大，均比早年的车辆节油效果明显。

此外，上海市新投入的1000余辆非插电式混合动力客车的故障率从目前运营状况来看并不高。杨高公交公司负责人称，经正常调试运营两周后，2014年公司新投放的非插电式混合动力客车故障率很低，已达到跟柴油公交车相同的出勤率。

三　厦门：混动车运行不理想　全部为本土品牌

1. 概述

方得网调查人员从厦门市公交集团获悉，截至2014年10月，厦门市混合动力公交车约500辆，占全市公交总量（约4000辆）的一成多份额。

与很多有本地客车企业的城市相似，厦门混合动力公交车也全部为本地品牌——厦门金龙与厦门金旅。

2. 运行情况

方得网调查人员2014年10月赴厦门调查时发现，厦门的混合动力公交车多在城区内运行，而不是在郊外路线上使用，这说明车辆使用状况还可以，起码不会经常出现停运状况，否则无法在核心城区内运行。

方得网调查人员在厦门闹市中山路一带观察到，往来的公交车中混合动力车数量不在少数。途经中山路附近的22路、29路、951路、1路、96路等线路车辆中，都有混合动力公交车的身影。

厦门几年来先后分批投入混合动力客车，后投入车辆的使用情况明显好于前期。位于会展中心的19B路公交总站场调试室内，一位不愿透露姓名的工作人员表示："我们这站场几年前就有混合动力公交车，那是早一代产品，当时故障率相当高，而且过了保修期后维修起来更费劲，厂家基本不会来管。这两年，我们这个站场进来一批新产品，车辆故障率明显降低。"

该工作人员还称，混合动力公交车新一代产品的节油性有所提高，但感觉仍没有厂家宣传的那么节油。他举例说，站场统计过19B路的20多辆混合动力公交车油耗情况，开空调情况下百公里平均油耗为39L，不开空调情况下百公里平均油耗为29L。

此外，据司机们称，厦门金龙混合动力公交车的可靠性相对较高，不但故障率降低不少，节油性也更好一些。

四　广州：投入插电式车型　外购宇通牌

1. 概述

广州市的新能源公交车推广经历颇为坎坷。2008 年 1 月，在“十城千辆”政策尚未公布时，广州第一巴士有限公司旗下的新穗巴士就采购了 30 辆福田混合动力客车，开了国内新能源公交批量运行之先河。

不过，之后两年，广州市在混合动力公交车推广方面一直没有大的动作，直到 2010 年广州亚运会期间才大批量投放了 174 辆混合动力公交车；此后又转而推广液化天然气（LNG）公交车，在混合动力公交车示范应用方面未能继续领跑。

到 2013 年底，广州市成为“第一批新能源汽车推广应用城市”后，又开始加大混合动力客车的推广力度。2014 年 5 月，广州市发改委印发了《关于印发广州市新能源汽车推广应用工作方案的通知》，该通知表示，2013～2015 年，广州市要推广新能源公交车 2000 辆。2014 年，广州市以推广插电式（含增程式）混合动力公交车为主，要求推广 900 辆新能源公交车；2015 年，通过稳步推广插电式混合动力公交车，加大纯电动公交车推广力度，要求推广 1100 辆新能源公交车。

2014 年 9 月 24 日，广州市经贸委官方网站挂出的“新能源公交车充电站项目投资建设及经营管理单位项目招标”信息称，对广州第一批 648 辆插电式混合动力公交车的充电站项目投资建设及经营管理进行国内公开招标。此次“新能源公交车充电站项目投资建设及经营管理单位项目”包括，第一批插电式混合动力公交车 30 个车站的充电设施建设，以及 22 个车展的电源负荷扩容建设。这些站点主要分布在越秀、天河、白云、荔湾等区域。项目建成后，将为广州市一汽、二汽、三汽、新公穗交公司和电车公司提供充电服务。

2. 运行情况

2014 年 6 月，广州启用了首批插电式气电（LNG）混合动力公交车，这批公交车产自郑州宇通和广汽。2014 年 10 月，方得网调查人员试乘了刚刚更新不久的 381 路插电式混合动力公交车。在试乘过程中，该车的启动及运行过程均表现较为平稳，噪声不高，且乘坐较为舒适。据观察，该款车型的电池安装在公交车的尾部，而 LNG 气罐在中间，其容量为 300L。

在 381 路公交总站停车场，该线路的驾驶员刘师傅认为，这款气电混合动力公交车相比之前的 LPG（液化石油气）公交车有两大优势："一个是比 LPG 更加环保；另一个是更省气，使用成本进一步降低。"381 线路的另一位司机吴师傅则表示，在充电时间上，插电式气电混合动力公交车仅需充电 30～40 分钟，就能保证一天的运营。

刘师傅告诉方得网调查人员，宇通和广汽这两个品牌的公交车都采用纯电启动，在时速 12 公里之内都是使用电池的动力，时速超过 12 公里才启动发动机。关于发动机的品牌，方得网调查人员发现，这两款车采用的都是玉柴生产的混合动力发动机。

令刘师傅比较满意的是，车辆的加气站与充电站都在 381 路总站的停车场内，充电与加气都比较方便。在驾驶操控感方面，刘师傅表示，广汽配装的是手动挡，驾驶起来感觉比较舒适。而宇通这类车安装了无极变速器，进一步解放了驾驶员，可大大减轻驾驶过程中的疲劳；然而，由于 381 路是在广州市的大学城里运营，平时学生乘客较多，而且路况多是上下坡，所以在乘客较多时，车辆在上坡过程中的动力性显得有些不足。

对于这类车型的综合评价，司机们均表示，从节能、操控、动力性和乘客反映来看，插电式气电混合动力公交车的技术相对较为成熟，目前试运营的效果较为良好。

五　重庆：三年投放1300辆　全部为快充插电式车型

1. 概述

据方得网调查人员实地了解，截至 2014 年 11 月，重庆市自 2012 年起先后共投入 1300 余辆插电式气电混合动力公交车，其中，2012～2014 年每年投放的数量分别为 450 辆、520 辆、354 辆（其中有 40 辆还在生产中未交付），全部车辆由重庆恒通电动客车动力系统有限公司提供。

在推广混合动力公交车方面，重庆市算得上特立独行，不但较早进入规模化推广阶段，还提前推广插电式车型，且全部使用微宏动力提供的快充钛酸锂电池。

2. 运行情况

方得网调查人员 2012 年、2014 年两度实地调查重庆发现，重庆运行的混合动力公交车具有动力强劲、爬坡动力足、节气率高、电池温度稳定和服务响应速度快等优势。

2012 年 8 月，方得网调查人员实地调查发现，多数城市的混合动力公交车动力不足，不过，山城重庆 462 线路上的混合动力客车则不存在这个问题。该条线路从重庆大学到解放碑，号称是重庆市爬坡最多且最陡的一条线路。该线路的混合动力公交车每天要途经诸多上下坡路段，最陡的坡度接近 50 度角，但车辆全程行驶中动力充足，没有出现上不了坡或者速度慢于周边车的现象。另外，多数城市的混合动力公交车电池夏天升温快同样是一大问题，但重庆运行的混合动力公交车，在车外温度 30 多摄氏度的高温下，仍正常运营，且电池温度与外界温度几乎一致，没有升温过快现象；司机称，这类车节气率能达到 20% 左右。

2014 年 11 月方得网调查人员调查时发现，这些快充混合动力公交车最长运营时间已达 3 年多，但节气率仍与原来水平一致，且车辆使用情况良好，其电池功能衰减仅为 0.5% ~1% 。

六　杭州：节油不理想　混动公交两年“零推广”

1. 概述

方得网从杭州公交集团官方了解到，杭州市从 2008 年起至今已推广 1078 辆非插电式混合动力公交车，约占城区公交车总数的 14%。这些混合动力公交车售价约 90 万元，多数采用超级电容 + 锂电池混合模式，以厦门金旅品牌居多，此外还有福田欧辉、宇通、中通等品牌。

尽管杭州市早年对混合动力客车推广力度较大，但其从2013年起停止了对混合动力公交车的采购，近两年间这类车为“零采购”。

2. 运行情况

方得网调查人员在2012年赴杭州调查发现，这类车运营情况比其他城市要好，故障率较低，且实际节油率可达到14%以上。

方得网调查人员2014年再度实地调查时，有司机称，这类车运营几年后，故障率相比柴油车明显偏高。“我们有自己的维修厂，但这类车坏了后往往不好修，又过了保修期，厂家不会管，一出故障有时就停上两三天。”不过，杭州公交集团科技信息部某工作人员表示，虽然目前使用中的混合动力公交车的故障率比柴油车略高，但还不至于影响到线路的正常运营，因此，这并不是杭州放弃发展混合动力公交车的原因。

而杭州一位官员则在公开场合表示，放弃混合动力路线，主要在于车辆节油率未达到理想水平。2013年7月，在“2013中国（杭州）国际新能源汽车产业展览会暨新能源汽车创新论坛”上，杭州市经济和信息化委员会汽车产业处处长何秀林曾称，“尽管各客车厂家提供的节油率数据不同，但经我们测试，在杭州运营的混合动力公交车的节油率普遍在15%～20%之间，都不高于20%”。在他看来，对于当地仅需3.68元/升的柴油成本（除去柴油补贴后的公交公司用油价格）而言，混合动力公交车这样的节油率并不能带来太大的运营收益。因此，混合动力公交车在节油率不高而车价高于传统燃油车的情况下，对杭州没有太大的吸引力。

七　武汉：部分混动车沦为普通柴油车

1. 概述

据《长江日报》报道，截至2014年6月，武汉先后投入了700多辆混合动力公交车。但实际上一部分车辆已停用（武汉公交集团官网显示，截至2014年4月，公司运营的新能源车及电车共有246辆。编者注）。

方得网调查人员了解到，武汉混合动力公交车主要为油电混合车型，以东风扬子江（由东风扬子江公司与东风电动股份有限公司两家合作生产，车顶有“东风电动”标识）、厦门金龙两个品牌为主。东风扬子江车辆投入较早，从2005年第一辆车正式在武汉公交510线路上投入示范运营，到2011年初开始规模投放，相继有500多辆东风扬子江混合动力客车投入使用；此后，从2012年6月起，武汉又批量引进了200辆玉柴混合动力系统的厦门金龙混合动力公交车。

2. 运行情况

2012年7月，方得网调查人员调查时发现，武汉的混合动力公交车运行效果并不理想，甚至连噪声也不比柴油车小。在730路场站办公室，车队管理员告诉方得网调查人员，这个站场有730和713两路车，其中730路配有15辆混合动力客车，713路配有5辆混合动力客车，都由东风扬子江生产。“这些车辆都已经运营了一两年，最晚进来的是2011年9月底投运的8辆车。这类车毛病较多，在日常运营中接连不断地出故障。比如，车顶漏水、耦合器漏油等。此外，这类车使用一年之后节油率大幅下降，且电池功能衰减严重。”

或许正是由于本土造车辆难以推广，武汉从2012年开始引进了“外地和尚”——厦门金龙。方得网调查人员发现，相比东风扬子江，厦门金龙客车行驶中的噪声确实低不少，且司机们反映节油性更好，百公里油耗为32～38升（开空调情况下）。方得网调查人员在2012年7月调查时，这批车辆恰好刚上路试运行，但未完全调试好，部分变速箱存在小问题，但不影响正常行驶。

2014年9月，方得网调查人员再赴武汉时发现，武汉一部分混合动力公交车已逐渐变为只用油不用电的车，与普通柴油公交车无异。510路车辆已全部变为柴油公交车。有司机称，这主要是由于这类车的电池功能衰减严重而换电池又成本巨大，只能把混合动力车当作柴油车使用。

早期车辆不给力，后期投入的车辆运行情况又如何呢？有558路的司机称，这类车使用两年之后也开始暴露出问题。比如，上坡时动力性略显不足；车辆怕水等。此外，这批车的电池同样也开始有功能衰减表现。这位司机师傅说："听说公司要把我们这批混合动力车改成纯柴油车，将原来车上的电池拆掉。因为电池功能有衰减，如果要更换电池，价格太高了。"

八　天津：全部选购外地品牌运行效果好于其他城市

1. 概述

从2008年到2014年底，天津公交集团先后投入运营约300辆混合动力公交车，以宇通、苏州金龙海格这两个品牌为主。

方得网记者2012年采访天津公交官方某位负责人时了解到，天津在选购首批混合动力客车时，采用了"竞技择优"方式。在2011年初，天津公交集团分别选购六个品牌共计22辆混合动力公交车，投放到803线路进行性能优劣对比。经过3个多月比较，宇通客车最终胜出，且在天津公交当年首批混合动力产品招标中，获得全部106辆12米ZK6126CHEVGAA型客车订单。

此后，天津一直对宇通客车较为青睐，同时也采购了不少苏州金龙海格品牌的混合动力客车，2014年又引进了部分上海申龙品牌混合动力客车。

2. 运行情况

方得网调查人员在2012年9月实地调查时，天津5路公交车总站一位已经工作10多年的王师傅表示，他在2012年3月初开上12米的宇通ZK6126CHEVGAA型混合动力公交车，这类车节油效果明显。"我们以前一天加一次油，现在二天或三天才需要加油，比以前的车节油30%以上。"而5路车队对车辆的百公里油耗有着详细记录：开空调时约32.2升，不开空调时约22.9升，在非暑期达到最低为21升。此外，这批车故障率非常低，甚至低于传统柴油车。

在2014年10月再度走访时，方得网调查人员发现天津早期投入的百余辆宇通混合动力公交车运行情况依然非常好，节油率仍很高。同时，后期投入的苏州金龙海格混合动力公交车运行情况也不错，节油率也比较理想。从2013年底开始，天津市开始采购插电式混合动力客车，并全部搭载天津松正公司开发的第四代插电式公交车混合动力系统。在641路混合动力公交车上，司机师傅告诉方得网调查人员，“这辆车是2014年2月份投入使用的，搭载的就是松正第四代混合动力系统，这套系统在一定速度下采用电驱动，而且车辆能自主充电”。

企业发展报告

Enterprise Development Report

B.10

国内主流新能源客车企业竞争力分析

孙俊杰*

摘　要：截止到2014年，国内50家客车企业中有23家涉及新能源客车。根据2014年1~9月的市场销售数据，新能源客车销量排名前14家的企业，占了新能源客车市场的98.42%份额。本文采用瑞士洛桑国际管理学院2001年提出的企业竞争力新的评估体系，结合国内新能源客车市场的特性，筛选出国内新能源客车销量排名前十的主流客车企业，从市场竞争力、科研实力、企业效率和基础设施建设四个维度对其进行横向比较研究，进而得出各家新能源客车企业的竞争力指标和整体竞争力评分情况。

关键词：新能源客车　产学研　产品线　新能源技术　企业竞争力

* 孙俊杰：管理学学士，方得网副主编，曾参与编写《中国客车产业发展报告（2013）》。

新能源客车究竟谁家强？需要有一个全面的分析，或许才能得出结论。

根据中国客车统计信息网数据，截至2014年，国内50家客车企业中有23家企业涉及新能源客车。

从应用研究的角度看，瑞士洛桑国际管理学院（International Institution for Management Development，IMD）在2001年提出了企业竞争力新的评估体系，把4个一级指标作为评估标准，即经济表现、政府效率、企业效率和基础设施，这套体系沿用至今。

IMD体系提出后，不断修正，本文现根据最新评估体系，从市场竞争力、科研实力、企业效率、基础设施4个指标来分析新能源客车企业的竞争力，并把每个指标细化如下（见表1）。

表1　客车企业竞争力指标构建

指标	市场竞争力	科研实力	企业效率	基础设施
描述	从新能源客车市场占有率、市场覆盖范围两方面对企业竞争力进行分析	根据企业的科研立项、与高校合作模式来分析企业新能源客车的科研实力	从企业对新能源客车的产品布局、市场反应速度方面来评测企业在新能源客车市场的效率	对比分析企业新能源客车的产能、厂房建设等，来评价企业在新能源客车方面的基础建设

一　新能源客车企业选择

目前在新能源客车市场有一定销售量的客车品牌超过20家，其中以销售纯电动客车为主的企业有安凯、东风旅行车、成都客车、蜀都、少林、常隆、临沂沂星等；以销售混合动力客车为主的企业有厦门金龙、厦门金旅、南车时代、广汽客车、一汽客车、东风扬子江、上海申龙等；混合动力和纯电动技术路线齐头并进的企业有宇通、中通、福田、苏州金龙、五洲龙、申沃、重庆恒通等。

究竟哪些品牌的新能源客车才属于主流品牌？无疑是在客车市场上具有

一定影响力、有一定市场占有率的客车品牌。根据中国客车统计信息网数据，2014 年前三季度，国内新能源客车共计销售 9098 辆，其中销量超过百辆的企业有 14 家，如图 1 所示。

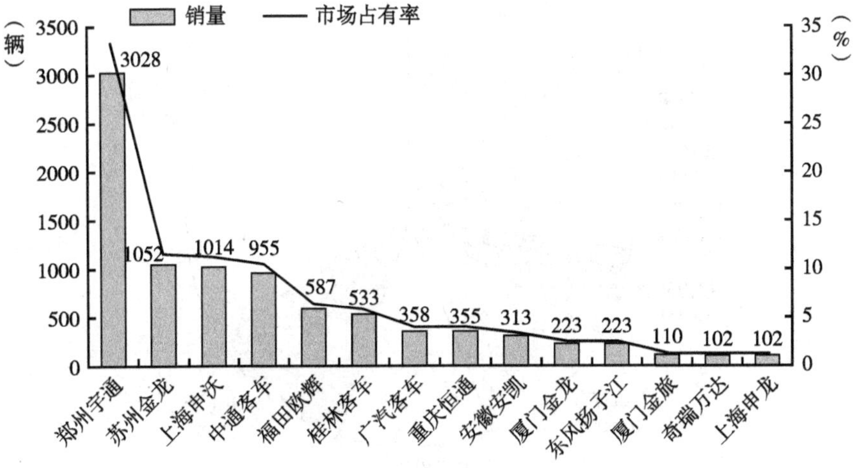

图 1　2014 年前三季度新能源客车市场分布

数据来源：中国客车统计信息网。

从图 1 可以发现，2014 年新能源客车销量排名前 14 家的企业，占了新能源客车市场 98.42% 的份额。结合传统客车品牌影响力、社会关注度以及媒体曝光程度，本文将对郑州宇通、苏州金龙、上海申沃、中通客车、福田欧辉、广汽客车、重庆恒通、安徽安凯、厦门金龙、厦门金旅 10 家客车企业在新能源客车方面的竞争力进行分析。

二　市场竞争力分析

销量无疑是产品市场规模的一个重要参考因素，作为客车行业的新兴市场，新能源客车除了销量外，其市场覆盖的地域范围也在一定程度上反映了客车品牌的影响力。

分类指标中，本部分将对主流新能源客车企业的市场占有率、市场覆盖区域进行对比。

1. 市场占有率

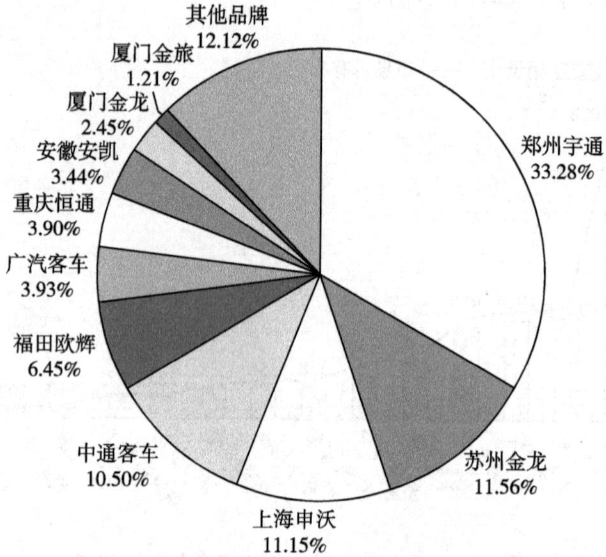

图 2　2014 年前三季度新能源客车市场份额分布

数据来源：中国客车统计信息网。

2014 年前三季度，主流新能源客车企业共销售新能源客车 7995 辆，占据新能源客车市场 87.88% 的份额。从市场占有率来看，新能源客车企业分为四个阶梯，其中宇通客车市场占有率最高，为 33.28%，占新能源客车市场份额的近 1/3，这也让宇通成为新能源客车市场中的一支“单极”。

在第二阶梯中，苏州金龙、上海申沃和中通客车三家企业均占据新能源客车市场份额的 10% 以上，其中苏州金龙为 11.56%、上海申沃为 11.15%、中通客车为 10.50%，这三家企业的市场份额合计为 33.21%，低于宇通一家的市场份额。

新能源客车销量前 10 名中的后六家企业构成了新能源客车市场的第三梯队，其市场份额合计为 21.39%，其中福田欧辉是唯一一家市场占有率超过 5% 的企业，市场占有率为 6.45%，其他五家企业的市场占有率均在 4%

以内。除了排名前10位的客车企业以外，剩余客车企业在新能源客车市场的占有率合计为12.12%，构成了新能源客车市场的第四阶梯。

2. 市场覆盖面

市场占有率是企业产品在整体市场中数量的反映，但由于中国客车销售的特殊性，特别是新能源客车受到地方政府补贴等因素影响，因而，很多城市采购的新能源客车均为“本地造”。因此，在新能源客车市场竞争力评分中，除了整体市场占有率外，车辆覆盖城市的范围也是衡量其市场竞争力的主要因素。

表2　新能源客车企业市场覆盖情况

企业	主要运营城市	企业	主要运营城市
宇通客车	郑州、天津、杭州、昆明等	广汽客车	广州、深圳、长沙等
苏州金龙	苏州、南京、常州、赣州等	重庆恒通	重庆、遵义、呼和浩特等
上海申沃	上海、青岛、南京等	安凯客车	天津、上海、淄博、大连等
中通客车	北京、天津、济南、潍坊等	厦门金龙	厦门、武汉、昆明、北京等
福田欧辉	北京、济南、杭州、广州、义乌、台湾等	厦门金旅	海口、厦门、福州、杭州等

资料来源：公开资料和企业官网。

公开资料显示，在运行新能源客车的城市中，采用中通新能源客车的城市最多，除了北京、天津、济南等优势区域市场外，中通新能源客车在国内实现了超过70个城市运行的成绩，成为运营城市数量最多的客车企业。

在市场占有率前四名的新能源客车企业中，宇通新能源客车的运营城市数量超过50个，排在第二位；苏州金龙的运营城市数量接近30个；上海申沃虽然市场表现排在前三甲，但市场销售区域除了上海、青岛和南京外，在其他区域鲜有新能源客车交付的新闻消息，因此属于地方型企业。

在剩余新能源客车企业中，安凯新能源客车实现运营的城市数量最多，尽管安凯客车优势集中在纯电动客车，而且纯电动公交的推广并不如混合动力公交车广泛，但是安凯新能源客车运营城市的数量突破了30个；此外，福田欧辉、厦门金龙、厦门金旅的新能源客车运营城市数量也在20~30个，在前十家主流新能源客车企业中，上海申沃、重庆恒通和广汽客车的新能源客车产品主要集中在本地，在其他城市推广的数量极少。

表3　新能源客车企业市场竞争力分布（10分制）

企业	市场份额（权重40%）	运营城市对比（权重60%）
宇通客车	10	8
苏州金龙	7	7
上海申沃	7	4
中通客车	7	9
福田欧辉	5	7
广汽客车	4	4
重庆恒通	4	4
安凯客车	4	7
厦门金龙	4	7
厦门金旅	2	7

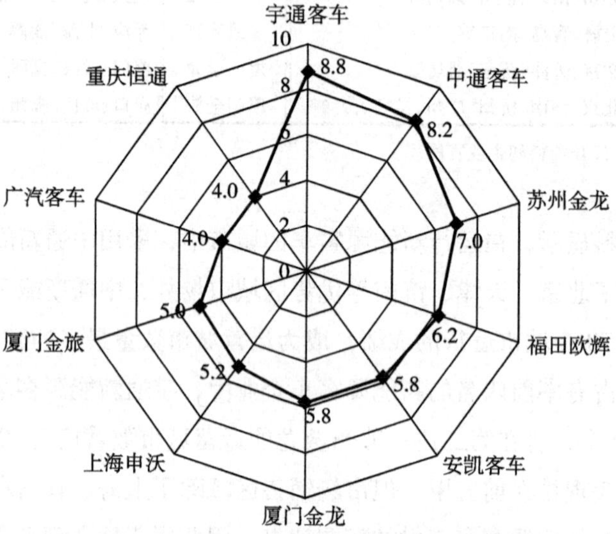

图3　2014年前三季度新能源客车企业市场竞争力雷达图评分（10分制）

根据10个主流企业2014年前三季度新能源客车市场表现情况，结合整体市场占有率、运营城市影响力，采用加权平均对比发现，宇通客车市场竞争力分值最高，中通位列第二，苏州金龙排名第三位，福田欧辉第四位，其他依次为安凯客车、厦门金龙、上海申沃和厦门金旅、广汽客车和重庆恒通。

三 科研实力分析

为了掌握电动汽车的核心技术，我国于2006年启动了“十一五”“863”计划节能与新能源汽车重大项目。项目的实施带动了一大批自主品牌电动汽车整车和零部件企业的发展，而能否参与“863”计划等新能源汽车立项，也成为客车企业在新能源方面的科研能力高低的体现。

1. 主流新能源客车品牌参与“863”计划研究

表4 主流新能源客车品牌参与“863”计划详情

企业	时间	“863”计划“节能与新能源汽车”重大专项
宇通客车	2011年	混合动力新能源汽车产业化技术攻关
	2012年	面向新型商业模式示范城市的电动客车与技术支撑平台综合示范
	2012年	宇通插电式混合动力城市客车产业化技术攻关
	2012年	增程/插电式商用车驱动系统总成开发
中通客车	2006年	奥运会用纯电动客车整车研发
	2006年	混合动力客车整车开发及产业化
	2008年	可充电混合动力客车整车开发
福田欧辉	2006年	BJ6123C6N4D燃料电池汽车整车产品示范样车开发和生产
	2014年	福田欧辉中度混合动力汽车产业化技术攻关
厦门金龙	2011年	中度混合动力汽车产业化技术攻关
	2012年	增程/插电式重型商用车动力系统总成开发
苏州金龙	2008年	与清华大学共同承担氢燃料电池动力平台项目建设
上海申沃	2006年	SWB6116HEV混合动力客车研发
广汽客车	—	—
重庆恒通	2013年	快速充电纯电驱动客车研发及产业化项目已列为国家科技部“十二五”“863”计划支撑项目
安凯客车	2003年	安凯和北京理工大学合作开发的第一代纯电动客车
厦门金旅	—	—

资料来源：公开资料和企业官网。

从十家企业参与“863”计划节能与新能源汽车重大项目的数目来看，宇通客车最多，累计有四次，与此同时，宇通客车承担的还有“节能与新能源汽车技术创新工程”“国家科技支撑计划”“国家重大科技成果转化”等省部级以上科研项目20余项。中通客车其次，累计有3次；福田欧辉和厦门金龙各参加过两项；重庆恒通则是通过快速充电纯电驱动客车研发及产业化项目入选科技部“十二五”“863”计划支撑项目；其余企业均参与过一次，广汽客车和厦门金旅没有参与过“863”计划。

从参与的课题分类来看，福田欧辉、安凯客车和重庆恒通均有纯电动项目参与其中，其他企业则是混合动力技术科研立项。

2. 产学研与其他科技立项研究

参与国家级的科研项目只是企业科研实力的一个维度，企业在新能源客车方面与高校的合作、省市级的立项也是其科研实力非常重要的组成部分。本文在这部分将对企业的产学研和其他科技立项对新能源客车企业的竞争力影响进行对比研究。

表5　主流新能源客车品牌与高校合作对比

企业	产学研一览
宇通客车	与清华大学、北京理工大学、吉林大学、郑州大学、河南科技大学等有多个产学研合作项目，在电动客车系统集成、整车控制技术、电驱动系统可靠性评价技术等研究领域居于行业领先地位。
苏州金龙	1999年，苏州金龙与清华大学机械学院建立产学研联合体。 2002年，与上海交通大学等单位合作试制混合动力客车。 2006年，与上海交通大学携手，研制出了国内第一台氢燃料电池电动公交车。 2008年，与清华大学共同承担了国家“863”氢燃料电池动力平台项目建设，研制出了第三代氢燃料电池城市客车。 2014年8月，与清华大学共同研制第四代燃料电池客车。
上海申沃	从2004年与上海交通大学、同济大学签署产学研战略合作协议起，上汽集团逐步与上海交通大学、同济大学、清华大学、中科院大连化学 物理研究所等多家高校、科研院所建立了紧密的合作关系，共同推进新能源汽车发展。陆续成功试制了二甲醚城市客车、混合动力城市客车、燃料电池车等新能源样车。
中通客车	与清华大学、中国客车技术中心、南车电力机车研究所、春兰研究所等合作开展混合动力客车研究。 与北京理工大学、北京交通大学、中科院、中信国安盟固利等开展奥运用纯电动客车研究。 与同济大学、吉林大学、武汉理工大学、长安大学、山东理工大学、聊城大学等建立了控制优化分析技术、客车结构分析技术等长期合作关系。

续表

企业	产学研一览
福田欧辉	2006 年福田汽车与清华大学合作,承接了中美面向奥运新能源汽车(DOE)项目的整车研发与制造工作,在国内率先完成了富氢天然气(HCNG)客车及 HCNG - EV 的气电混合动力客车的开发,累计共完成 4 台整车的研发与制造,顺利通过了项目验收工作。 2009 年 8 月 28 日,北京新能源汽车设计工程中心在福田汽车总部宣告落成。 2011 年,由福田汽车牵头,联合清华大学、北京交通大学、精进电动科技(北京)有限公司、中信国安盟固利动力科技有限公司和上海本安汽车传动科技有限公司开展产学研合作,申请并承担了"863"计划现代交通技术领域的中混客车项目。
广汽客车	2002 年,广汽集团以所属企业广州汽车技术中心及客车企业为牵头单位,联合华南理工大学等单位承担了广州市重大攻关项目"混合动力大客车"项目的研发。
重庆恒通	快速充电电动客车工程技术研究中心研发团队是由重庆恒通公司、微宏动力系统公司、清华大学、重庆邮电大学共同联合组建的。
安凯客车	2003 年,与北京理工大学合作开始新能源客车研发。 2013 年,由安凯客车和美国加州大学戴维斯交通研究院共同建立了"加州大学戴维斯—安凯客车新能源车联合研究中心"。
厦门金龙	与清华大学、中科院电工研究所合作较为深入,并与厦门、台湾的高校开展轻量化方面的研究。
厦门金旅	2009 年,厦门金龙旅行车有限公司与福建工程学院以及 6 家企业签订了"建立福建省混合动力客车驱动总成产学研联盟的协议"。

资料来源：公开资料和企业官网。

从企业与高校合作对比中可以发现，客车企业在新能源客车研发方面以国内高校为主，其中清华大学、北京理工大学是合作最多的高校。只有安凯客车在 2013 年与美国加州大学戴维斯交通研究院共同建立新能源车联合研究中心，其也是唯一一家与国外高校合作的企业。

从合作类型来看主要分为两种，第一种是确立产学研合作项目，代表企业有宇通客车、中通客车、重庆恒通、安凯客车和厦门金旅；第二种是建立研究联合体或者签订联盟协议，代表企业有苏州金龙、上海申沃（以上汽集团为主签订产学研战略合作协议）和厦门金旅。

表6　新能源客车企业科研实力分数分布（10分制）

企业	参与"863"立项(权重50%)	产学研对比(权重50%)
宇通客车	9	8
中通客车	8	8
福田欧辉	7	6
厦门金龙	7	6
苏州金龙	6	8
上海申沃	6	4
安凯客车	6	8
重庆恒通	4	4
广汽客车	0	4
厦门金旅	0	3

从参与"863"立项的数量来看，宇通客车是全国参与次数最多的企业，共参与过4次；中通客车参与3次；福田欧辉、厦门金龙各自参与了两项"863"立项，但从时间节点来看，福田欧辉分别参与了2006年和最近的2014年立项，而厦门金龙则是参与了2011年与2012年的立项。因此，在"参与'863'立项"的分值上，宇通客车获得最高分数，为9分；中通客车位列第二，获得8分。

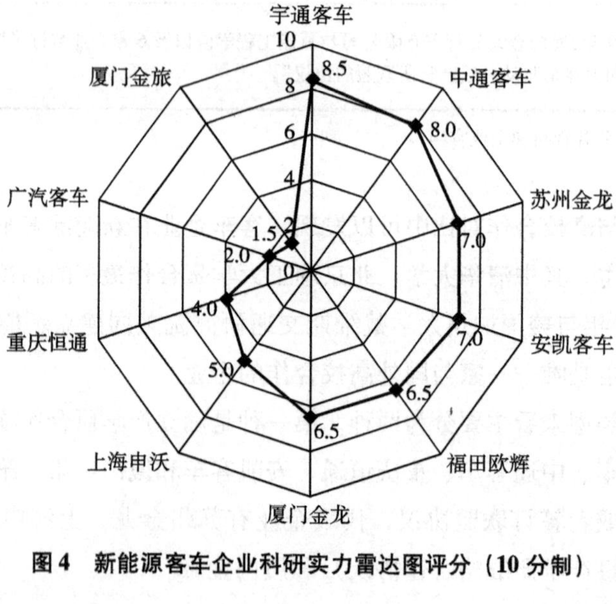

图4　新能源客车企业科研实力雷达图评分（10分制）

在产学研对比评分方面，主要依据企业与高校合作的数量、合作的深入程度进行评分，我们发现在这方面，宇通客车、苏州金龙、中通客车和安凯客车产学研的开展较为深入。

四　企业效率分析

在新能源客车企业效率分析方面，本部分将从企业对新能源客车的产品布局、市场反应速度方面来评估。产品布局是否完善、能够给市场提供什么样的车型、能否满足用户的需求，是一个企业对市场反应的效率体现。此外，2014 年 8 月 29 日、10 月 29 日和 12 月 19 日，工信部和国家税务总局先后发文，对第一批、第二批、第三批免征车辆购置税的新能源汽车车型目录予以公告。而一个企业的新能源车型能否进入免征购置税目录，有多少辆车进入也反映了该企业对市场变化的应变效率。

1. 主流新能源客车企业产品布局分析

从工信部公告车型统计来看，宇通新能源客车产品型号最多，有 388 种，也是唯一一家新能源车辆型号超过 300 种的企业。超过 200 种车型的企业有安凯客车、厦门金旅、厦门金龙和福田欧辉，而苏州金龙、中通客车、上海申沃、广汽客车新能源客车型号超过 100 种，恒通新能源客车型号有 35 种，是唯一一家两位数的客车企业。

表 7　主流新能源客车企业产品线一览

企业	产品覆盖范围	主要产品类型
宇通客车	7～18 米，共 388 种型号	混合动力城市客车、混合动力城市客车、纯电动城市客车、混合动力电动城市客车、纯电动客车、混合动力客车
苏州金龙	5.2～12 米，共 155 种型号	混合动力城市客车、纯电动客车、纯电动城市客车、混合动力电动城市客车
上海申沃	7.2～12 米，共 125 种型号	纯电动城市客车、燃料电池城市客车、混合动力城市客车

续表

企业	产品覆盖范围	主要产品类型
中通客车	7~12米,共151种型号	混合动力城市客车、纯电动城市客车、混合动力客车
福田欧辉	6.5~18米,共244种型号	纯电动城市客车、混合动力城市客车、插电式混合动力城市客车、纯电动客车、燃料电池混合动力城市客车
广汽客车	9.2~12米,共123种型号	混合动力城市客车、纯电动城市客车
恒通电动	6.2~12米,共35种型号	纯电动城市客车、混合动力城市客车、插电式混合动力城市客车
安凯客车	6.2~12米,共283种型号	插电式混合动力城市客车、纯电动城市客车、纯电动双层城市客车、混合动力城市客车、纯电动客车、安凯电动城市客车
厦门金龙	6~12米,共232种型号	混合动力城市客车、纯电动城市客车、纯电动客车、纯电动轻型客车、混合动力电动城市客车
厦门金旅	7~12米,共272种型号	纯电动城市客车、纯电动轻型客车、纯电动客车、混合动力城市客车、混合动力电动城市客车

资料来源：工信部新车公告（到266批次为止）。

产品品种方面，只有宇通和福田欧辉两家企业有超过12米的新能源客车车型，大部分企业的车型范围在7米到12米。在产品类别方面，每个企业都有混合动力客车和纯电动客车，其中宇通、苏州金龙、中通、申沃、安凯、福田欧辉等企业有燃料电池车型。

2. 入选免征购置税目录新能源客车企业对比

表8　主流新能源客车企业入选免征购置税目录对比

企业	第一批入选		第二批入选		第三批入选		总计
	纯电动客车	混合动力客车	纯电动客车	混合动力客车	纯电动客车	混合动力客车	
福田欧辉	9款	4款	2款	—	16款	1款	32款
安凯客车	21款	2款	2款	1款	1款	—	27款
宇通客车	12款	3款	2款	—	7款	—	24款
苏州金龙	—	—	8款	10款	3款	—	21款
厦门金龙	—	—	3款	—	8款	2款	13款
中通客车	—	—	8款	—	3款		11款

续表

企业	第一批入选		第二批入选		第三批入选		总计
	纯电动客车	混合动力客车	纯电动客车	混合动力客车	纯电动客车	混合动力客车	
厦门金旅	1 款	—	—	—	4 款	2 款	7 款
上海申沃	—	—	1 款	—	—	—	1 款
广汽客车	—	—	—	—	—	—	—
重庆恒通	—	—	—	—	—	—	—

资料来源：免征车辆购置税的新能源汽车车型目录（第一批）、免征车辆购置税的新能源汽车车型目录（第二批）、免征车辆购置税的新能源汽车车型目录（第三批）。

表 9　新能源客车企业的企业效率评分（10 分制）

企业	产品布局(权重 40%)	免征购置税车型(权重 60%)
宇通客车	9	8
安凯客车	8	8
福田欧辉	8	9
厦门金龙	8	6
厦门金旅	8	5
苏州金龙	7	8
中通客车	7	6
上海申沃	7	2
广汽客车	7	0
重庆恒通	5	0

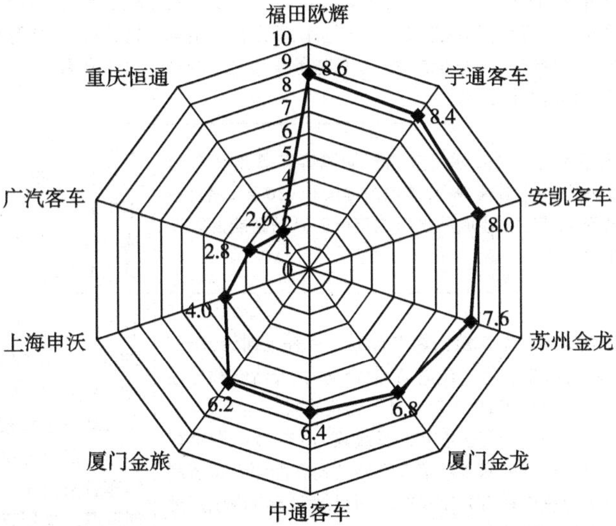

图 5　新能源客车企业“企业效率”雷达图评分（10 分制）

从工信部新车公告来看，宇通客车车型公告数量最多，产品种类最多；而福田欧辉产品覆盖范围最广，从6.5米到18米。从免征车辆购置税的新能源汽车车型目录来看，福田欧辉共有32款产品入选，是唯一一家有超过30款产品而入选的企业；安凯客车、宇通客车、苏州金龙均有超过20款产品入选。

五 基础设施分析

一个企业是否有新能源客车生产基地、新能源客车的产能状况如何、企业对新能源客车板块的资金投入多少等，这些都反映了该企业的新能源客车基础设施建设的情况。基础设施是否完善不仅是衡量企业当前竞争力的重要指标，也是其能否实现产业化、占据未来市场的关键因素。

表10　新能源客车企业基础设施建设一览

企业	各个企业新能源基地建设一览	新能源客车产能状况
宇通客车	2012年11月投资38.6亿元的节能与新能源客车生产基地建成投产,新增产能3万辆,为发展新能源客车提供了产业化保证。 2014年11月1日,国家电动客车电控与安全工程技术研究中心落户宇通,总投资3.3亿元,重点研究电动客车的电控技术与安全技术,用于提高电动客车的经济性、可靠性和安全性。	根据宇通官网资料,宇通日产整车达310辆以上,其总产能超过8万辆。目前宇通新的生产基地已投产,其新能源客车产能超过3万辆。
苏州金龙	2013年5月19日,苏州金龙新能源客车基地奠基仪式在苏州工业园区举行,基地占地面积430亩,项目一期投资15亿元,建成后将形成年产1万辆新能源客车的能力。	根据苏州金龙官网资料,苏州金龙具备35000辆大中型客车的年产能。未来随着新能源客车基地投产,苏州金龙的年产能将增加1万辆。
上海申沃	2011年10月,上汽唐山客车有限公司开工建设,年产能3000辆,主要生产纯电动、混合动力、天然气和柴油客车。该公司于2013年9月下旬正式投入生产。 2013年9月7日,寿光市人民政府、山东泰汽投资控股有限公司与上海申沃客车有限公司新能源客车研制基地签约仪式在寿光市举行。项目规划五年内生产纯电动大巴5000辆。	上海申沃客车本部具有年产2500辆城市客车、城郊客车及500辆底盘的能力;上海申沃客车青岛分公司现年产城市中档客车的能力为600辆;上汽唐山客车有限公司产能3000辆。新能源基地规划2018年以内实现新能源客车产能超过10000辆。

续表

企业	各个企业新能源基地建设一览	新能源客车产能状况
上海申沃	2013年9月16日，山西孝义市与山西华夏动力科技有限公司、上海申沃客车有限公司合作项目——投资50亿元的新能源客车联合研制生产基地项目在太原正式签约，规划在五年内生产规模达到5000辆。	
中通客车	2011年初启动3万辆节能与新能源客车基地建设，2013年底投入使用。 目前，中通在新能源客车方面的累计投入近8亿元，近两年投入3亿元，建立了新能源客车工程中心和重点实验室。	3万辆。
福田欧辉	2009年8月28日，北京新能源汽车设计工程中心在福田汽车总部宣告落成。该中心占地约2.5万平方米，总投资额逾1.44亿元。 2011年9月28日，福田欧辉事业部广东工厂投产仪式在广东佛山南海举行，投资超过11亿元的广东工厂主要生产混合动力、纯电动等新能源大客车。福田欧辉至此形成了北京和广东两大生产基地。	纯电动客车的产能约为2800辆/年，混合动力客车的产能约为6800辆/年。
广汽客车	2014年9月3日，广州汽车集团股份有限公司和比亚迪股份有限公司合资成立的广州广汽比亚迪新能源客车有限公司在广州市从化明珠工业园举行奠基仪式，项目预计到2015年9月建成投产。	目前整车生产设计能力为单班3000辆以上。广汽比亚迪预计在2015年建成年产能5000辆的新能源客车生产基地。
重庆恒通	2011年11月由重庆恒通客车有限公司与美国微宏动力公司合资成立重庆恒通电动客车动力系统有限公司。新厂区建设总投资约10亿元，厂区总占地面积近7万平方米，具备年产2000辆新能源客车及2000套新能源客车动力系统的生产能力，是目前全球第一、亚洲最大的快速充电客车及其动力系统生产线基地。	年产2000辆新能源客车及2000套新能源客车动力系统。
安凯客车	2012年9月安凯汽车股份有限公司6000辆新能源汽车扩建关键动力总成制造研发一体化项目正式开工建设，基地项目总投资达到15亿元。 安凯新能源汽车新基地建成后，预计可形成年产6000辆新能源客车整车、12000套客车关键动力总成、150000套新能源汽车关键核心动力总成的生产能力。	具备年产2万辆客车的生产能力。到2015年将新增6000辆新能源客车产能。

续表

企业	各个企业新能源基地建设一览	新能源客车产能状况
厦门金龙	混线生产,为新能源增加专门的工具,包括充电设施、防护设施等。针对新能源高压安全问题,已经形成专门的作业指导书,包括检测测试流程,保证新能源客车功能完善后下线。	大中型客车年产能2万辆、轻型客车年产能3万辆,其中新能源客车产能为1万辆。
厦门金旅	混线生产。	可年产大中型客车2.3万辆、轻型客车2万辆,新能源客车产能超过5000辆。

资料来源：公开资料和企业官网。

表11　新能源客车企业基础设施建设评分（10分制）

企业	建设投入(权重50%)	产能(权重50%)
宇通客车	8	8
上海申沃	7	3
中通客车	7	8
福田欧辉	7	7
重庆恒通	7	6
安凯客车	7	5
苏州金龙	6	5
广汽客车	6	3
厦门金龙	6	6
厦门金旅	3	4

对比资料发现，多数新能源客车企业在基地建设和产能规划方面都可谓大手笔，只有厦门金龙和厦门金旅没有公开发布新能源客车相关基地或者新厂房建设的情况。

从新能源客车企业对新能源客车基地投入的程度来看，主要分为三种，第一种是新能源客车新基地已经投产，代表企业有宇通客车、中通客车、福田欧辉和重庆恒通；第二种是新能源客车新基地在建中，代表企业有苏州金龙、上海申沃、广汽客车、安凯客车，多数新基地预计在2015年投产；第三种是没有再建新能源客车生产基地，代表企业为厦门金龙和厦门金旅。

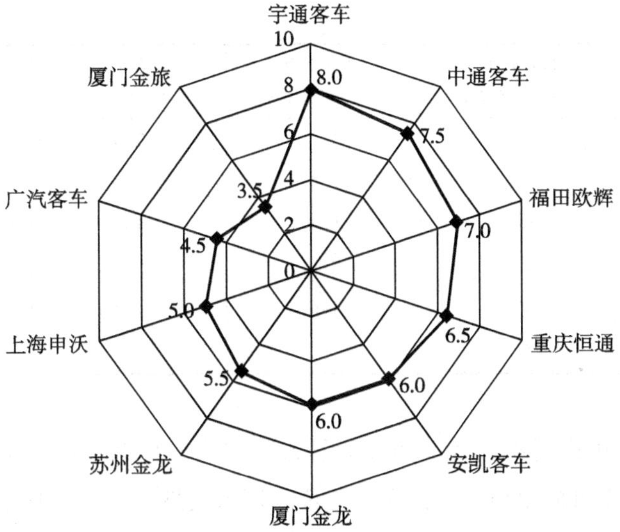

图 6　新能源客车基础设施建设雷达图评分（10 分制）

六　新能源客车企业竞争力分析

本文对国内 10 家主流新能源客车企业的市场竞争力、科研实力、企业效率和基础设施四个指标进行了对比分析。寸有所长、尺有所短，每个企业在不同维度的竞争力表现都各不相同。不过，对四个一级指标进行加权平均计算，还是可以在一定程度上看到各家企业在新能源客车市场的整体竞争力。

表 12　新能源客车企业竞争力评分（10 分制）

企业	市场竞争力（权重 25%）	科研实力（权重 25%）	企业效率（权重 25%）	基础设施（权重 25%）
宇通客车	8.8	8.5	8.4	8
中通客车	8.2	8	6.4	7.5
福田欧辉	6.2	6.5	8.6	7
安凯客车	5.8	7	8	6

续表

企业	市场竞争力（权重25%）	科研实力（权重25%）	企业效率（权重25%）	基础设施（权重25%）
苏州金龙	7	7	7.6	5.5
厦门金龙	5.8	6.5	6.8	6
上海申沃	5.2	5	4	5
重庆恒通	4	4	2	6.5
厦门金旅	5	1.5	6.2	3.5
广汽客车	4	2	2.8	4.5

从表12可以看到，在“市场竞争力”方面，只有宇通客车与中通客车超过8分；苏州金龙为7分排在第三位；福田欧辉6.2分；其余企业得分均在6分以内。

在“科研实力”对比中，依然是宇通客车和中通客车两家企业齐头并进；同时，苏州金龙和安凯客车的科研分数达到7分。

在“企业效率”方面，福田欧辉表现最好，得分为8.6分；宇通客车得分为8.4分，以0.2的微弱差距屈居第二；安凯客车以8分的成绩位列第三；苏州金龙是唯一一家分数在7~8分的，排在第四位。此外，中通客车、厦门金龙和厦门金旅在企业效率指标上的分值均在6分以上。

在“基础设施”指标上，宇通客车再次领跑，得分8分；中通客车以7.5分位居第二；其他企业除了广汽客车和厦门金旅外，大部分得分在5~6分，非常接近。

各家企业的整体竞争力分析雷达图评分见图7。

根据四个指标的综合对比，宇通客车在新能源客车领域的竞争力最强，是唯一一家分数超过8分的企业；排在第二位的是中通客车，其新能源客车竞争力为7.5分，第三名福田欧辉的竞争力为7.1分，前三名企业的竞争力均在7分以上；排名第四位到第六位的苏州金龙、安凯客车、厦门金龙分数集中在6~7分；上海申沃、重庆恒通、厦门金旅的分数分布在4~5分，广汽客车是唯一一家分数低于4分的企业。

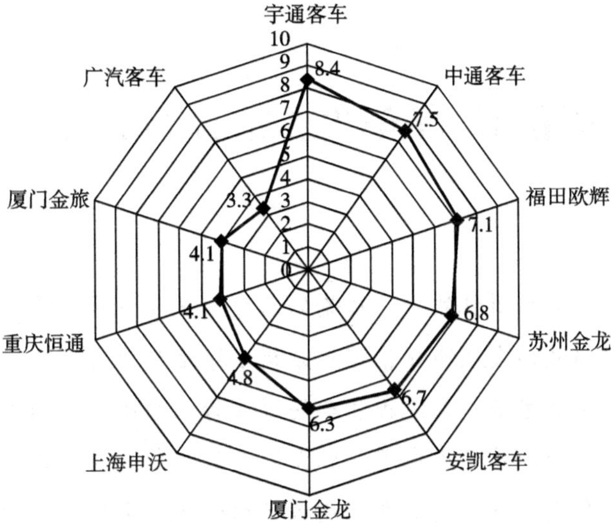

图 7　新能源客车企业竞争力分析雷达图评分（10 分制）

B.11

宇通　新能源客车发展的辩证法

姚　蔚*

摘　要： 本文从辩证法、矛盾论的角度阐述了宇通客车在新能源客车领域的发展历程，重点分析了宇通新能源客车是如何在解决传统客车与新能源客车的资源投入分配、新能源零部件自制与外购等矛盾中成长壮大起来的，以期为汽车产业链上的整车及零部件企业在新能源领域的投资和决策提供有益的参考借鉴。

关键词： 宇通客车　传统公交　关键零部件　新能源客车

2013年，郑州宇通客车股份有限公司（以下简称宇通客车或宇通）新能源客车销量为3710辆，市场占有率达29.5%；2014年1~9月，宇通新能源客车销量为2407辆（以上牌数为准），是行业第二名的2.91倍，市场占有率为27.14%。宇通在新能源公交市场的份额已经超过了它在传统公交（这里指传统的内燃机公交客车，下同）市场的份额。

在新能源客车领域，宇通拔得头筹——这不是新闻（“不是第一”才是新闻）。作为客车业的绝对领先者，宇通客车在新能源客车这一细分市场销量位居第一，显然是顺理成章的事情。

不过，这件看起来理所当然的事情，做起来并没有那么一帆风顺。其实，即使是行业龙头企业，持续的领先也需要持续的努力。在宇通发展新能源客车的历程中，也充满了矛盾与抉择，追赶与超越，苦恼与欣喜。

* 姚蔚，经济学硕士，现任“方得网”总编辑，中国注册会计师协会和中国数量经济学会会员。

通过梳理宇通新能源客车的发展历程可以发现，宇通在新能源客车研发、制造、采购、推广等方面都充满了两种力量的较量，宇通新能源客车的发展策略选择都有着“辩证法”思维融于其中。宇通的新能源客车正是在解决一个又一个的矛盾，做出一个又一个的抉择后，才逐步发展成为比传统客车更具优势的细分产品品种。

一　早与晚——时机到了吗

（一）起步早

对于新能源客车开发，宇通客车比起国内多数企业，起步并不晚，确切来说应该是比较早。

“十城千辆”示范工程还未开展之前，宇通客车已经提前10年开始了新能源客车技术的整体开发之路，并且成果不断。1999年，宇通自主研发出了国内首款纯电动客车，2005年研制完成首款混合动力客车；2007年年底，成立了混合动力产品专项团队；2008年，完成低地板混合动力客车开发，并示范运行服务于北京奥运会。

宇通客车能早于新能源汽车产业化推广政策10年，开始着手储备技术，源于其一贯的发展策略：开发技术要有前瞻性，要有产品储备。对于新能源汽车，宇通客车一方面高度关注国内最新技术动态，另一方面也在持续做各种技术路线的尝试：纯电动、混合动力以及燃料电池。

尽管新能源研发起步很早，但宇通集团总裁汤玉祥在2007年的北京客车展上谈及新能源客车时仍指出，中国还不具备大规模运行新能源客车的条件，这是因为电池等配套零部件还不成熟，新能源汽车也没有形成成熟的技术路线。

在汤玉祥看来，新能源汽车的研发与产业化是两个范畴的概念。也许正是基于对新能源汽车产业整体不够成熟的判断，宇通客车在车型和生产上并没有提前盲目去推广新能源客车。

（二）成名不早

2009年1月，“十城千辆”政策颁布。随着这个政策“忽如一夜春风来”，很多企业在当年推出了新能源客车，这里不乏每年只造几百辆客车的企业。

作为国内客车业的龙头老大，宇通客车在政策到来后，依然不着急抢搭政策的“头班车”。在汤玉祥看来，由于国内新能源客车整体技术水平与国外相比仍有较大差距，在关键控制技术上没有突破，因此，“公司坚持不把自己认为不够成熟的车辆，立即大规模推向市场。不能急于求成，应当一步一个脚印，耐住寂寞，重视自主开发，扎扎实实练好‘内功’”。

与宇通客车同为第一集团军的“三条龙”（厦门金龙、苏州金龙和厦门金旅），同样也没能坐上政策“头班车”。当时，有媒体这样评论道：“2009年的新能源客车发展中，在客车行业内处于二三集团阵营的企业抢了先。”“得益于国家对于新能源客车的重视，北汽福田、安凯客车、中通客车、一汽客车等主流客车企业在新能源客车市场屡获订单。”“‘一通三龙’在新能源客车市场表现平平。”

在2010年的一次媒体采访中，针对“现在新能源汽车很热，宇通有什么新能源规划”的问题，汤玉祥这样回答：“我们在10年前就有了新能源方面的规划，但目前国内新能源客车技术远未成熟，因此，公司一直把重点放在新能源产品研究上，而不过多地进行对外宣传。”

正是基于谨慎态度，宇通客车在2009～2011年这三年期间，其销量并没有取得与其客车业老大相匹配的市场地位。这也许说明了两个道理：一是，市场地位不是靠一劳永逸就可获得；二是，最终的胜利者不一定就赢在起跑线上。

（三）好饭不怕晚

宇通客车在2009～2011年的销量没有一马当先，但在这3年期间其对新能源客车的软件、硬件进行了持续和大力度的投资。2009年，宇通客车成立新能源技术部，并提出了两个“凡是”：凡是新能源技术部需要的人才，无论公司内还是公司外的，都给予大力支持；凡是新能源技术部需要的资金，公司一律无条件给予支持。

在推动研发的同时，宇通客车还开始为新能源客车的规模化生产快马加鞭地做准备。2009 年，宇通客车开始筹划建立全新、更先进的生产线；2011 年 7 月，宇通客车节能与新能源客车产业化新基地奠基，该基地最初投资成本 24.35 亿元，后来追加投资至 38.6 亿元，其规划产能也相应地从 1 万辆提升到 3 万辆；2012 年 11 月 27 日，宇通客车节能与新能源客车基地的第一辆新能源客车正式下线。

历经 3 年，宇通客车对新能源产品的持续投入与改进，终于开花结果。2012 年，宇通混合动力客车以节油 30% 的效果被用户广泛认可，在郑州、天津、苏州、杭州、海口、重庆等城市取得了批量订单。当年，宇通新能源客车销量达到 1840 辆，销售额突破 20 亿元，位居行业第一，市场份额达到了 27.8%（据中国客车统计信息网统计，国内新能源客车 2012 年总销量为 6614 辆）。这是新能源客车推广启动 3 年后，宇通首次取得在新能源客车领域的龙头地位。

2013 年 9 月，国家新能源汽车补贴新政出台，从非插电式混合动力客车转向插电式混合动力客车与纯电动客车的推广。这一次，宇通更是早早做好了技术储备。当年，宇通在新能源客车的市场份额达到了 30%。从新政落地到 2014 年 5 月这个时期，宇通新能源客车的市场份额惊人地达到 58%，牢牢稳固了在新能源客车市场的“老大”地位。

有人说过，是否赢在起跑线不重要，重要的是能不能赢在终点上。对于新能源客车发展来说，终点现在还无法预测，而宇通起跑时虽然没有一马当先，但几圈下来后，已经把对手远远甩在了身后。

二　政策与市场——听谁指挥

一直以来，客车市场都属于政策市场。国家政策对于客车行业的发展起着举足轻重的作用，与此同时，客车企业处于市场经济大环境中，其产品又不得不以市场为导向。那么，对于中国客车企业而言，究竟是应该以政策为导向还是以市场为导向呢？

很多客车企业在研发和生产新能源客车产品时，可能都会遇到这样的困惑；并且，面对政策的突然变化，有时也会感到手足无措。那么，宇通是如何处理政策和市场之间关系的呢？

（一）政策是新能源市场的指挥棒

宇通客车认为，政策对新能源客车市场起着导向的作用，企业应当高度关注国家的政策。在宇通看来，政府就像是新能源客车市场中的指挥棒，各种相关产业政策就像是新能源客车市场的风向标。

新能源客车的初期投入成本高，使用方式有别于传统客车，使用环境还不成熟。相比传统客车，新能源客车的劣势远大于优势，其本身不具备超越传统客车的竞争力，因此需要在政策补贴下才能对用户形成一定吸引力。也就是说，从 2009 年初到现在甚至是未来几年，新能源客车没有补贴就没有销量。

此外，公交车作为新能源客车推广的排头兵，其采购主体仍然是各地政府控制下的公交企业。从补贴与采购决策来看，政府在新能源客车推广中扮演着重要的角色，中央政府对于新能源客车的规划、补贴力度、补贴方式与方向等，都极大地影响着国内新能源客车的发展。因此，发展新能源客车不但要关注国家政策，也要关注地方政策。正因为新能源客车的地方保护比传统公交车更加严重，才对企业提出了更为严峻的考验。

（二）政策的心思不好猜

在客车行业，重视国家政策谁都知道，更何况是受政策影响更大的新能源客车领域。不过，各家企业虽然也想跟着政策指挥棒走，但对于政策走向却未必能猜中。

对于新能源客车的爆发时机，宇通没有事先“猜到”；对于混合动力客车政策的变化，宇通也没有猜到——估计整个客车行业都没有猜到。

2009 年，国家“十城千辆”政策推出后，纯电动客车和混合动力客车是非常明确的两大支持方向。为此，很多致力于发展新能源客车的企业都在这两个方面下足了功夫。从实际运行效果来看，混合动力客车对基础设施的要求低，车辆价格比纯电动客车低一半以上，且节油效果比较明显。因此，混合动力客车在“十城千辆”示范工程推广中更受多地公交公司的欢迎，也成为了多数城市公交公司的采购主体。

2012 年 8 月，四部委联合下发《关于扩大混合动力城市公交客车示范推广范围有关工作的通知》，将混合动力公交客车（包括插电式混合动力客车）推广范围从之前的 25 个节能与新能源汽车示范推广城市，扩大到全国所有城市，推广工作在 2013 年 5 月 31 日到期，推广目标为 3000 ~ 5000 辆。这一政策将混合动力客车的示范运行推向了一个新的高潮。

在上述政策的鼓舞下，包括宇通客车在内的很多客车企业，都在混合动力客车的投入与产出方面高歌猛进。与此同时，混合动力客车经过前期几年的推广，其零部件成本有所下降，产品也趋于成熟，基本能满足公交公司日常运营需要，初步具备了产业化运作的条件。因此，公交公司采购热情也逐渐高涨，到这一轮推广工作结束时，国内混合动力客车的销量已然超过了当时设定的 5000 辆目标。

不过，令所有客车企业始料不及的是，从 2013 年下半年开始，非插电式混合动力客车再也不能获得补贴。非插电式混合动力客车失去补贴后，尽管其产品经济性优于传统燃油或燃气客车，但其采购成本比传统客车高出较多，公交公司的前期投入成本过高，且不少公交公司受政策影响，认为这种车型不是国家鼓励的方向。因此，2013 年 5 月以后，非插电式混合动力客车如同被打入了冷宫，一下子从市场宠儿变成了弃儿，曾经喧嚣的非插电式混合动力客车市场瞬间冷清下来。

“车辆开发了好几年，就卖了几个月”。很多客车企业对于政策突变感到无奈，它们在非插电式混合动力客车产业化中付出的努力与成本都付之东流。除了大量在前期研发中付出的资金与努力外，这类车众多的公告目录也是一笔不小的费用，后期车型的不断改进同样需要付出大量的成本与努力。

当多数企业对于政策突变感到无奈时，宇通也跟其他企业一样没有猜出新政策的走向，还成为受伤最深的企业之一。不过，新一轮的补贴政策出台后，宇通却一马当先，成为绝对的领导者。

这次，不是宇通猜对了政策，而是宇通在新能源客车方面做了大量储备工作，早早在插电式混合动力客车方面就有了较强的技术储备，并且还申请到国家“863”插电式混合动力客车项目。当政策突变后，已经经过市场考验的宇通插电式混合动力客车立刻就赢得了市场与订单。新能源补贴新政最初的几个月里，当很多客车企业还在忙着向插电式混合动力转型时，宇通的插电式混合动力客车已经开始大卖。可以说，这个时期里，宇通客车“风景这边独好”，2013 年新能源客车销量占市场份额的 30%（见图 1）；2013 年 9 月 ~2014 年 5 月，其插电式混合动力客车销量在市场中占到的份额高达 58%（见图 2）。

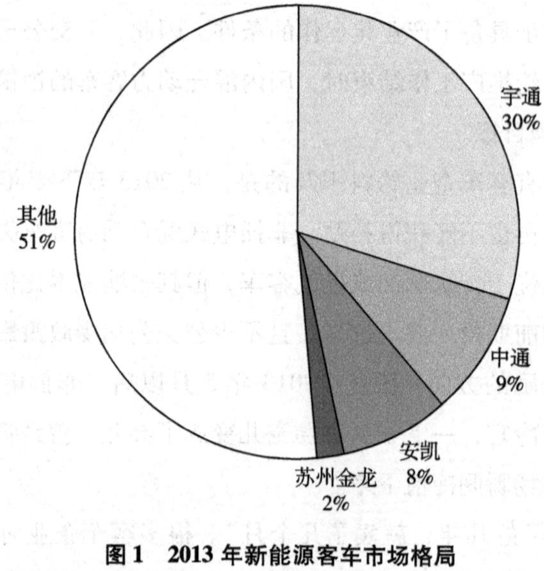

图 1　2013 年新能源客车市场格局

数据来源：中国客车统计信息网、企业资料。

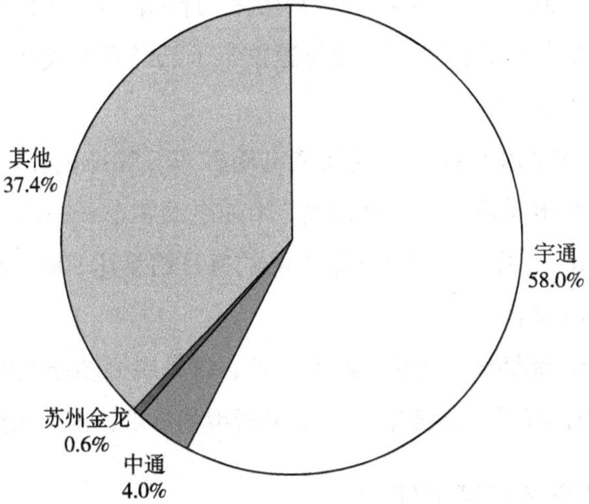

图2 2013年9月~2014年5月插电式混合动力客车市场格局

数据来源：中国客车统计信息网、企业资料。

（三）一只眼看政策，另一只眼看市场

面对政策主导的新能源客车市场，市场导向是不是就不重要了呢？

宇通客车给出的回答是“否定的”。在宇通客车看来，政策会影响用户需求，而客车企业应该分析国家政策下用户需求的变化。

对于宇通客车如何既要紧跟政策导向，又要以市场需求为最终判断标准，汤玉祥认为：“一面从社会、资源等自然情况下，遵循经济发展的大规律；二要预判国家从哪些方面入手，以及倾向于何种技术路线。”基于上述原则，宇通客车一方面紧盯市场，另一方面紧盯政策。政策出台后，宇通客车就会结合当前的各方资源及市场需求，寻找到新的增长机会。

比如，2013年9月，《关于继续开展新能源汽车推广应用工作的通知》（简称《通知》）出台后，宇通看到了中型纯电动客车的发展契机。根据《通知》规定，纯电动客车的补贴范围扩大，8~10米车可享受补贴40万元，6~8米车可享受补贴30万元，而之前10米以下车型是享受不到补贴的。接着，国家又出台了新能源汽车免征购置税方案。从这些政策中，宇通

看到了6~8米纯电动客车可以给客户带来的价值，再加上宇通在纯电动客车方面已积攒的优势，因此，宇通迅速推出了已经开发成熟的适合短途客运的中型纯电动巴士E7。

2014年，宇通客车综合了其在纯电动客车、睿控电控系统等方面的优势，针对中型纯电动市场需求打造出7米纯电动客车——E7。当年4月，宇通E7初次亮相；9月，宇通新能源产品的每月销量达800多辆，其中E7就贡献了1/4的份额。

可以说，E7能够快速上位，绝非偶然，这是宇通新能源客车多年积淀的结果，也是对国家政策认真解读并全面分析市场诉求，谋定而后动的结果。

（四）销量才是硬道理

对于新能源客车产业而言，发展什么技术，或许是政府说了算，但市场肯不肯接受，却不是政府说了算。

宇通客车非常清楚真正的市场不在政府掌握之中，新能源客车最终能否发展起来，能否最终取代传统客车，还是客户说了算。在宇通看来，技术进步的重要标志是市场规模。发展任何技术，最终目标还是要让用户满意，为用户创造价值。只有用户愿意购买，才能为用户创造价值，而这最终都要体现在应用这种技术的车辆销量上。

对于新能源客车而言，车辆技术再先进，技术再好，用户不愿意购买就不能看作是进步。正因如此，宇通在发展新能源客车时，对于其研发中心研制出来的新能源客车的最终评判标准，就是销量。宇通之所以长期领跑行业，就在于其始终坚持“前瞻性、系统性、客户价值”的PSC创新法则。

汤玉祥认为，任何产品都要满足“为客户服务，体现客户价值”的要求，研发只有以客户为中心，完全从客户的利益与价值出发，做出来的产品才能赢得客户认可；当客户认可后，产品的规模化才会越来越大。这个原则也同样是技术研发的导向。宇通一直紧紧围绕着市场主流需求，所有的科研、技术都要体现客户需求、客户利益、为客户创造价值这几个点，而不急于去开发偏离需求的尖端高科技。

三　继承与变革——新能源客车与传统客车孰轻孰重

新能源客车是客车产业发展的一个重要部分，但不是全部。对于当前市场而言，销量的大部分仍来自传统客车。另外，从世界客车发展来看，新能源客车如火如荼发展的同时，传统客车也在持续进步，各种新技术层出不穷。那么，面对新能源客车与传统客车齐头并进的格局，宇通如何看待新能源客车的发展前景，研发资源又如何在新能源客车和传统客车之间分配呢?

宇通坚定地认为，新能源客车是客车未来的发展方向，同时，宇通可以借助新能源客车，获得比传统客车更多的竞争优势，最终成为全球新能源客车的领导者。因此，对于新能源客车的发展，宇通将其放在了重要的战略高度和地位；在发展战术上，制定了两个“凡是”方针。

另外，宇通也没有放松对传统客车的开发和提升。宇通在近年来的“新能源热潮”中仍然能够清晰地看到，纯电动客车刚刚具备了规模化推广的条件，未来还有很长的路要走。插电式混合动力客车在当前条件下还不具备比传统客车更好的运营效益，国家的新能源车补贴政策近几年都不能停。或许，在未来十几年内，传统客车仍将占据优势地位。

可以说，宇通对新能源客车和传统客车两手都在抓，并且两手都很硬。

（一）新能源客车可以实现“以我为主”

宇通发展新能源客车的思路很清晰，那就是“以我为主”，坚持自主创新。宇通认为，中国的传统客车动力总成都是外购后拿来组装，而新能源客车却可以通过自主创新来掌握核心零部件技术。

众所周知，我国的客车企业基本上不生产核心零部件：发动机、变速箱和车桥等。因此，这些核心零部件也制约着中国客车超越欧洲等跨国商用车企业的产品。比如，我国的内燃机技术相对于欧洲水平来说，差距比较大。我国2015年1月1日才开始在全国范围内实现柴油机国四排放（相当于欧四排放水平），而欧洲已经进入欧六排放阶段，欧洲很多国家在发动机排放等问题上对中国的客车设置壁垒，因此，中国的传统客车进入欧洲很困难。不但如此，很多商用车巨头，比如奔驰、沃尔沃等，不会把他们的发动机卖给中国的客车企业，因此，这也限制了中国的客车进入发达国家市场。

实际上，中国客车近年来的发展速度已经很快，在车身制造、油耗水平等方面走在了世界前列，但由于发动机等核心零部件技术方面存在差距，车辆整体性能仍然落后于跨国商用车企的产品。不仅现在如此，就是将来，受制于发动机等技术水平，中国传统客车也难有机会超越欧洲同行，因为欧洲这些顶尖的客车企业，奔驰、沃尔沃、曼、依维柯、斯堪尼亚没有一家企业没有自己的发动机，很多企业连变速箱都是自己生产。而中国主流的客车企业几乎不生产发动机和变速箱等核心零部件，这也就限制了中国传统客车企业的上升空间。

（二）新能源客车可以弯道超车

新能源客车的发展或许能让中国客车超越跨国公司产品，这也就是大家常说的“弯道超车”。宇通发展新能源客车最大的收获，就是在技术开发上做到了“以我为主”，掌握了新能源客车的核心技术（整车控制、软件和硬件），掌握了比传统客车更多的核心技术。在传统客车动力总成上，宇通掌握的相对较浅，而在新能源客车的驱动系统上，宇通掌握的很深，很多方面都是完全自主开发。宇通在新能源客车的三大研发方向上——混合动力（含插电式混合动力）、纯电动和燃料电池，其核心的电控技术以及部分硬件（如电机等）都是自己开发生产的。

汤玉祥也正是看到了新能源客车的发展前景，以及中国客车在超越国外客车方面得天独厚的优势，才花大力气进行新能源客车的开发，也才有了宇通的新能源技术部、节能与新能源新基地以及两个“凡是”。正是看清了长远的利益，宇通才能做到现在的大投入，并且不那么在意当前的利润。

付出必有回报，当前宇通的新能源客车已经走在了世界前列，其产品相对于国外的同类产品，无论是节能环保还是安全可靠等方面都有很大的比较优势。对于新能源客车而言，排放标准等方面的壁垒已经不复存在，未来，当新能源客车技术进一步成熟后，宇通新能源客车有望打开欧洲市场。

四　共性与个性——新能源客车还是客车吗

新能源客车还是客车吗？回答显然是肯定的。不过，既然新能源客车也是客车，那么，搞清楚新能源客车和传统客车之间究竟哪些是共性的，哪些是个性的，对于企业有效分配资源，不做重复工作，最大限度共享科技成果是非常必要的。

宇通认为，尽管可能许多用户没有接触过纯电动车，但其作为运输乘客的功能属性没有改变。因此，车辆的安全性，提升车辆运营全生命周期每个环节的效能，提升客户移动体验，仍是用户所需的价值，而这些都是与传统客车共有的属性。

区别出共性与个性属性后，宇通把新能源客车与传统客车共性的研发内容，放在了产品开发部和技术研究院；而新能源客车独特的个性内容，如电控等，放在了单独的新能源技术部。实践证明，宇通新能源客车能够在技术上取得优势，销量上取得领先，与新能源部门以及研究院两个方面的协同工作都是分不开的。

（一）新能源客车的基础是客车

“白马也是马”，新能源客车也是客车。既然是客车，就有很多通用的特点，比如安全性、轻量化、舒适性、造型美观等是一致的诉求。宇通认为，造好新能源客车的基础是客车技术首先要过硬，新能源客车技术领先的前提是客车的其他性能也要领先。

实际上，自“十城千辆”示范工程于2009年启动起，就有不少新企业进入新能源客车领域，而这些客车企业每年的销量只有百辆，有的甚至连百辆都没有。有部分企业虽然在新能源客车领域拥有一些独特的技术，但根据方得网在2010年、2012年的两次调查，很多这些新兴的“新能源客车”制造企业，造出来的新能源客车在实际运行中效果都不理想，大量车辆连最基本的机械匹配问题都没有解决。这些问题给使用的公交公司带来了大量的麻烦，有些公交公司面对这些问题百出的“新能源客车”，即使赠送都不愿意再用。

随着市场的成熟，近两年来新能源客车的市场格局逐渐与整个客车市场趋近，比如新能源客车前四甲中的宇通客车、苏州金龙和中通客车，也是客车行业前四甲中的企业。

表1　2014 年 1～9 月新能源客车销量

单位：辆，%

排名	企业	1～9 月总计	其中公交	同期总计	同期公交	新能源客车增幅	新能源公交增幅
1	郑州宇通	3028	3028	2484	2484	21.90	21.90
2	苏州金龙	1052	1022	899	899	17.02	13.68
3	上海申沃	1014	1014	122	122	731.15	731.15
4	中通客车	955	955	948	948	0.74	0.74
5	福田客车	587	575	248	248	136.69	131.85
6	桂林客车	533	533	146	146	265.07	265.07
7	广汽客车	358	358	402	400	-10.95	-10.5
8	重庆恒通	355	355	828	828	-57.13	-57.13
9	安徽安凯	313	207	440	433	-28.86	-52.19
10	厦门金龙	223	223	460	460	-51.52	-51.52
	合　计	9098	8868	8028	7918	13.33	12.00

数据来源：中国客车统计信息网。

从表 1 可以看出，新能源客车的前 10 家企业全部是老牌客车厂，每个企业都有 10 年以上的造车历史。这也从侧面说明，新能源客车的基础是客车。“皮之不存，毛将焉附”，假如客车造不好，造出来的新能源客车又怎么能让客户满意呢？

（二）技术研究院的支持

造好新能源客车的前提，是必须先造好客车。

正因为如此，宇通新能源客车的研发工作仍然需要研究院的协同支持。实际上，宇通正是将新能源客车与传统客车共性的部分放在了研究院。因此，宇通在发展新能源客车时取得的成绩，如车身的轻量化技术等，也同时促进了传统客车的进步；而宇通在传统客车上的持续改进，比如客车造型的美观、风阻的减少、车身的防腐、智能控制系统的发展、车联网以及内饰的改进、舒适度的提升等，也同样使宇通新能源客车在节能减排的同时，更能满足客车用户其他方面的诉求。

宇通研究院已经建立起一个非常成熟的研发体系。20 年时间内，宇通不但建立了权威性的研发平台，还对研发进行不间断的持续投入——每年不低于 3% 的销售收入用于研发。早在 2000 年，宇通就建成了客车行业首家博士后科研工作站；2004 年，宇通技术中心被国家四部委认定为国家级技术中心；与此同时，宇通 ERP 信息平台在技术体系得以运用，使公司技术系统的决策层、业务支持层、业务运作层之间的信息得到了有效连接和传递；2007 年 9 月，宇通与美国铝业签署合作协议，双方合作应用世界领先的客车结构设计、材料及制造技术，共同开发新一代节能环保全铝车身城市客车；2008 年，宇通客车成为国家科技部、国务院国资委和中华全国总工会联合授予的国家首批“创新型企业”，是客车行业内唯一入选企业；2013 年 10 月，宇通被认定为“国家技术创新示范企业”，成为国内客车行业唯一登榜企业。

可以说，宇通在提升自我研发能力的进程中，敢于争先也一直领先，因此其产品竞争力一直遥遥领先行业，而来自技术研究院的技术支持，也能保证其基础技术始终领先。

（三）传统客车技术水平在持续提升

在国内客车行业，新能源客车是后起之秀，但从减排角度而言，传统客车的节能效果同样至关重要，而且新能源客车很多方面的诉求与传统客车是一致的。因此，宇通从未放松传统客车的技术研发。而从实际效果上看，宇通的传统客车技术近年来也取得了突飞猛进的进步。

1. 轻量化技术

宇通客车通过大量运用高强度钢、铝镁合金、轻质高强度的非金属材料并进行车身结构的轻量化设计，减少了整车的滚动阻力。减轻整车重量，对于降低车辆油耗非常重要，其实，这种传统的客车节能技术对于新能源客车也同样重要。比如，宇通新开发的E7纯电动客车的轻量化水平已达到国内领先，其整备质量为4吨，比市场其他主流竞品普通的6吨整备质量，“减重”30%以上。

2. 空气动力学技术

宇通客车于2007年在客车行业率先开展空气动力学研究，日后不断巩固其在客车低风阻技术方面的领先地位。它不仅进行了实际路况的整车油耗试验，更不惜重金进行模型风洞试验，成为国内首家进行模型风洞试验的客车厂家，并将主流车型的空气阻力系数降低到0.4以下，达到了国际先进水平，较前一代产品下降17%，平均百公里油耗下降9%。

2013年初，宇通将多年的低风阻研究成果融入新产品开发中，打造出油耗最低的12米客运车。

3. 发动机热管理技术

宇通客车在2008年研发推广的发动机热管理系统，有效降低了冷却系统的功率消耗，节油效果可达5%～10%。发动机热管理技术在宇通全线产品推广后，为整车的节能起到了很大作用，不仅为宇通客车在引领行业节能技术应用方面树立了良好形象，同时也为行业的技术进步做了很大的贡献。

4. 智能化技术

宇通客车在2011年开发出绿区节能助驾系统，该系统基于驾驶员驾驶行为习惯的智能控制，平均节油效果可达4%。另外还有智能控制的电子风扇技术：第一代是有刷直流电机，第二代为无刷直流电机，进一步降低了冷却系统的功率消耗，平均节油率可达5%～8%。

5. 车联网技术

宇通客车开发了用于节能的驾驶辅助系统和安节通车联网系统，为驾驶员的节能驾驶提供评价与建议，也为车队的能源管理提供了技术支持。

6. 节能效果

宇通客车年产销传统客车 5 万辆，每辆车在全生命周期内行驶里程保守计算为 100 万公里，每车每百公里节油约 5%（约 1.2 升），每辆车节油 12000 升，约合 10 吨燃油，5 万辆车合计可省油约 50 万吨。年生产新能源客车 5000 辆，节油率约为 30%，按上述方法计算，可节油 30 万吨。

（四）个性研发放在新能源技术部

宇通新能源技术部作为宇通新能源客车的主要技术研发部门，重点是瞄准电机、电控等新能源客车特有的关键技术进行深入研发。为此，宇通对新能源技术部给予了充分的人力和物力支持，新能源技术部引进了大量的技术专业精英和国际领先的研发试验设备。

到目前为止，宇通新能源技术部已形成以 18 名博士为核心的 200 余人研发团队。新能源技术部拥有各类先进的试验设备 200 余台套，价值 2.5 亿元，其中电动客车主要专用试验设备 60 余台套，具有系统匹配优化、整车控制仿真、控制策略开发模拟仿真能力，具备结构安全仿真、电磁场分析、软件在环仿真等计算分析能力。

有了强大人力与物力的支撑，宇通在新能源客车方面的研发取得一个又一个新的突破。宇通客车于 2013 年 11 月底发布先进的新能源技术平台——睿控，其可广泛应用于常规混合动力、纯电动、插电式等节能与新能源客车上。数据显示，睿控的节能减排效果显著，能使混合动力公交车比传统车辆节省燃料 30% 以上，PM 排放值降低 90% 以上。搭载睿控技术的插电式混合动力公交车节油效果更为明显，经试验运行已实现 45% 以上的节油效果，PM 排放降低 86%、氮氧化物排放降低 76%、一氧化碳排放降低 50%、二氧化碳排放降低 60%。

宇通睿控系统的研发成功，不仅为新能源客车技术领域注入了新鲜血液，也为其征战新能源客车市场打下了坚实基础。

五　自制与采购——拿来主义还是自己动手

跟其他汽车产品一样，新能源客车也是既有对外采购零部件，也有自制零部件。那么，宇通新能源客车的哪些零部件是自制的，哪些是外购的？宇通又是如何与零部件产业共同发展的呢？

宇通认为，新能源客车相对于传统客车的一个很大区别，就在于动力系统在整个车辆的造价中占有很大比重。以纯电动为例，新能源公交车中以电池、电机、电控为核心的动力总成占成本比例约为60%，而传统客车发动机+变速箱占总成本比例约为16%。由于新能源公交动力系统壁垒较高且占比大，因此，动力系统技术是新能源客车的核心竞争力之一。

本着核心技术掌握在自己手里的原则，宇通的电控系统均采用自主+合作方式开发，以掌握核心技术，确保赢利能力；而电池等跟整车制造关联度较低的零部件，则对外采购。

（一）电控等零部件自制

1. 电控等零部件

在宇通的研发系统中，新能源技术部负责新能源客车的电控系统研发。宇通从开始制造新能源客车之初就坚定了“以我为主”的创新路线，其新能源客车的电控、电机以及空调控制等都是宇通自主研发的。另外，宇通虽然对电池采取外购方式，但对于电池管理、动力电池容量衰减的基本规律等问题，宇通都进行了深入研究。宇通新能源客车的动力电池虽由电池厂来制造，但如何在车上更好地应用和匹配，宇通做了大量的工作。

为了进一步提升宇通新能源客车关键零部件的开发能力，2014年11月1日，国家电动客车电控与安全工程技术研究中心落户宇通，总投资3.3亿元，重点研究电动客车的电控技术与安全技术，用于提高电动客车经济性、可靠性和安全性，希望能从技术层面解决新能源客车推而不广的难题。之所以要成立这个研发中心，是因为在宇通看来，“电控是电动客车的核心技术系统，而安全技术是电动客车大批量推广的前提和保障”。

这个研究中心围绕电动客车电控与安全，计划采用“五纵三横”棋盘式布局，并采用“V”模式开发流程，通过自主开发高可靠、高容错整车控制系统，打造系统集成、车载能源、电机驱动、整车控制、电附件等五项核心技术，构建插电式混合动力客车、纯电动客车和燃料电池客车三大整车平台。

2. 其他零部件

宇通的新能源客车除了电控等新能源专用零部件外，其他大部分零部件均来自宇通自制或者控股的精益达公司。

对于外购部分，宇通采用垂直化采购来提升公司业绩。2014 年 8 月，宇通客车以 38 亿元收购精益达公司，对掌握采购产品定价权，降低整车成本具有重要意义。以新能源整车控制器为例，客车原外部采购价为 2 万元/个，精益达自主开发完成转为自制后，价格仅需 1800 元/个，降价幅度超过九成。除了成本上的节约，宇通客车表示，在功能、控制策略、输入输出等方面，精益达产品均比市场上的竞品性能优越。正是因为大量的零部件自制，宇通的新能源客车可以在质量和成本上获得更好的保证。

宇通能够在客车行业拥有远远超过竞争对手的良好收益，并且在控制产品质量方面领先行业，业界普遍认为公司产业链较竞争对手更长（指垂直化内部采购），这对于保障配件供应的质量、及时性和成本控制有重要帮助。而在新能源客车产业化推进中，宇通同样采用了延长产业链策略。

（二）电池等外购

对于类似电池这样专业化程度较高而又和客车关系较远的零部件，宇通一直采取外购的方式，并且以后也不打算自造。

宇通深知，中国新能源客车的发展离不开整车企业和零部件企业整体实力的提升。因此，宇通在自身大力发展新能源客车的同时，也不忘帮助零部件企业前进，共同推动中国的新能源客车产业化。

新能源客车在中国刚刚起步不久，很多零部件供应商都是新兴的企业，自身规模并不大，实力也有限。在跟零部件供应商的合作上，宇通没有采取一般客车企业的做法：先选择几家供应商，然后让这些供应商去开发产品，最后再在这几家中选择一家最好的作为配套商。宇通在新能源客车上采取的是与供应商战略合作、相互支持的方法：宇通会选择在这个领域实力最强的国内和国外零部件供应商，选定后进行的是战略合作，共同研究开发新的产品。战略合作下，零部件商就愿意投入更多资源，而且还能和整车企业实现协同开发。

对于零部件性能需要提升的，宇通不会简单地把问题甩给供应商。比如，电池需要有 8 年质保，宇通并没有直接让电池厂承诺 8 年，把风险都转嫁给供应商，而是和零部件商一起提升电池的寿命，最后做到让电池能够承受 4000 次的充放电，达到 8 年的寿命。

另外，很多新能源零部件供应商资金实力有限，宇通就采取在研发费用预提支持以及预付款等方法，来缓解供应商的资金压力。有的供应商虽然拥有某些专利或者技术上的优势，但暂时没有实现大规模的产品制造，因此在管理、流程甚至生产的组织上都跟宇通的要求有差距。这时，宇通就会帮助供应商提升管理水平，提高制造能力，甚至还曾经派过车间管理人员去帮助供应商提高生产水平。

2014 年 8 月 30 日，宇通客车发布公告，审议通过了设立新能源产业发展基金的议案将以自有资金 10 亿元成立新能源产业发展基金，用于新能源汽车产业链投资，主要包括新能源汽车上游零部件如电机、电控等；新能源汽车下游如销售服务公司、租赁公司、运营维护公司，充电站的设计、施工以及充电设备制造，电池再利用等；以及产业链其他投资机会。

通过结盟方式，宇通保证了电池等外购零部件的技术与质量有更好的保障，与其整车技术同步提高。

六　研发与制造——谁更重要

对于一个好的产品来说，研发和制造哪个更重要？相信很多企业的人都会说，两者都很重要。的确如此，一个产品设计得好但造不好，同样不会被用户认可。对于新能源客车而言，要赢得用户的心，制造也必须要跟进。

对于宇通新能源客车的成功，可以说“军功章上”也有制造的一半。

（一）硬件——工厂和设备

宇通投资38.6亿元建设的节能与新能源客车新基地已于2012年底投产，该基地堪称世界级客车先进基地，采用了多项先进的工艺技术，包括车身蒙皮点焊技术、多工位车身合装技术、客车整车电泳、地数控高速锯切系统、数控激光切割机、整车路试试验台等。

（二）软件——管理

要造出好的产品，硬件固然重要，但是软件也重要，一个没有管理的工厂如同一个没有灵魂的人。因此，宇通在工厂软件上的投入并不比硬件少，而其新能源客车产品在这样的软件环境中生产，其产品可靠性自然高于行业水平。

1. 质量管理体系

完善的系统质量保障就是产品质量的守护神。宇通公司自建立之初就非常重视质量体系的建设和运行，早在1997年，宇通就导入了ISO9001标准，并通过质量管理体系认证；2002年，宇通结合自身经营实际情况，开始推行GB/T18305质量管理体系汽车生产件及相关维修零件组织应用GB/T19001的特别要求和ISO/TS16949质量管理体系；2003年相继推进开展了CNCA－02C－023/A2强制性产品认证——工厂质量保证能力要求、国家军用标准GJB9001A质量管理体系要求、JJF1112计量检测体系确认规范。

2. 质量管控

产品质量需要完善的系统保障，而系统的保障则需要不断提升的科学管理水平，只有管理水平向国际靠拢，才能铸就真正的国际品牌。为此，宇通客车设立了质量保证部，作为推动管理的部门，与包括技术体系、供应链体系、生产体系在内的各业务体系共同形成了可靠性管理的组织架构。

质量管控建设方面，宇通在新产品研发阶段设立新产品专业控制组，对新产品试制过程质量控制点进行监控，从而保证批量生产中可能会发生的质量问题得到提前预防及处置。生产质量控制方面，深化产品精细化管理，优化产品精细化评价方法与量化指标；对市场反馈的产品失效模式进行梳理和分类，并责任化至相应人员，从而降低操作类质量问题发生率。

供应商质量管控方面，通过对安保件、关键件供应商及二级供应商的持续审核、追溯等工作的开展，持续深化对配套物资的管控，降低了配套物资的质量风险，安保件故障率大幅下降。

产品交付质量控制方面，采用动静态检验质量门和符合性控制方法；车辆综合性能采用现代化整车检测线一站式检测设备；车辆动态性能采用符合国家标准的车辆试验场地进行综合性能测试，确保产品质量控制高出国家标准。

3. 成果

宇通的科学管理取得了良好的效果，截至 2014 年 1 月底，宇通产品质保期内故障率下降比例 29%，新车运行三个月故障率下降比例 31%，有效支撑了宇通客车总体产品故障率指标的达成。折射在市场表现上，就是宇通客车的市场质量损失率连年呈下降趋势，以 2013 年为例，其年度市场质量损失率与 2009 年度相比大幅下降 51.75%。

在产品质量管理方面，宇通客车同样获得国家认可。在不久前工业和信息化部组织的《2014 年工业企业质量标杆》评选中，宇通客车以“实施可靠性管理稳步提升的典型经验”成功入选该榜单，也成为国内客车行业唯一获此殊荣的企业。据了解，宇通“可靠性”管理系统的目标是到 2016 年产品质量明显优于国内竞争对手，海外产品可靠性达到发达国家产品的平均水平。

七　过程与结果——水到渠能成吗

过程和结果是一对矛盾，同时也相辅相成。现实世界通常是没有耕耘，就没有收获；但是有了耕耘却不一定就有好收成，这正是俗话说的“三分天注定，七分靠打拼”。

那么对于从1999年涉足新能源客车领域，再到2009年成立新能源技术部，一直在持续不断地加大投入力度的宇通来说，历经十五年的发展，其在新能源客车领域的收成如何呢？

总体说来，宇通新能源客车一路走来，虽然风雨不断，但在国家政策春风不断、春雨及时的大环境下，宇通新能源客车的耕耘有了不错的收成。

（一）新能源客车研发平台

1. 掌握了核心技术

宇通新能源客车发展到现在，其最大的收获是掌握了新能源客车的控制系统。宇通把核心技术牢牢掌握在自己手里，这是跟传统客车最大的区别。现在，宇通新能源客车的多数核心零部件都是自主研发，自己制造，只有其中很少一部分是对外采购。即使是这些对外采购的零部件，宇通仍然对其做了深入研究，并且能够和车辆进行很好的匹配。这些都让宇通即使和竞争对手采购相同的零部件，也能实现更好的节能效果。

2. 建立了新能源客车的技术研发平台

宇通建立了一个完整的新能源客车技术研发平台。宇通的研发平台首先有一个相对完整的团队，现在有200多人，其中包括18位博士，从车辆实验到电池管理等各方面的人才都有。这个平台还拥有研发实验能力，拥有包括电池安全、电池功能、电机性能、软件、硬件等在内的新能源驱动系统的相关实验设备，产品研发能力有了很大提高。

3. 建立了整车及零部件的标准体系

宇通建立了新能源客车整车和零部件的一整套标准体系。这个标准体系，在安全性、可靠性和节能性这三个方面的指标已经比较全面，比国内和国际的标准都更加严格。正是因为建立了相对完善且严格的标准体系，宇通的新能源客车产品才能取得相比国内甚至是国外其他品牌更强的竞争优势。

（二）新能源客车产品指标

“十二五”以来，宇通在电动客车领域共承担国家级科研项目 11 项，省、市级科研项目 7 项，其中“863”项目“宇通插电式客车技术攻关”已通过技术验收；“863”项目“电动客车综合示范”进入预验收阶段；国家创新工程项目通过中期评估。现已获得电动客车相关发明专利 18 件，实用新型专利 195 件；在电动客车领域制定企业标准 19 项，牵头制定行业标准 1 项、参与制定行业和国家标准 3 项，正在制定行业标准 2 项和国际标准 1 项。

现在，宇通的新能源客车产品在节能性、安全性和可靠性等方面，不但走到了中国前列，也走到了世界前列。

1. 节能性

节能对于新能源客车来说是至关重要的。混合动力客车的节能效果好，可以直接降低油耗或者气耗，达到节能减排的效果。

宇通的混合动力客车现在已经相对成熟，并且也有很多成功的案例。其传统的混合动力客车，可以达到 30% 的节油效果；插电式混合动力客车，能够达到 40% ~50% 的节能效果。

宇通 12 米纯电动客车跑一公里只需要耗费 0.7 ~0.9 度电，这个能耗水平大大低于国内和国际上的同类产品。纯电动客车能耗低，充一次电，跑的里程就更远；同样的运行里程，充电次数就更少。因此，纯电动客车能耗降低，可以提高续驶里程，也可以延长电池寿命。正因为宇通纯电动客车的能耗低，电池控制技术好，所以宇通客车把电池质保期从 5 年提高到 8 年。（宇通纯电动客车的能耗如此低，不仅来源于其动力系统，也来自跟传统客车相同方面的很多改善，比如轻量化设计，空气动力学设计等）

2. 安全性

宇通对于新能源客车的安全性要求很高，其内部企业标准高于国家标准，也高于国外标准。比如，宇通新能源客车防护等级达到 IP67（目前布线行业最高安全防护等级），这个级别相当于可以把车泡到水里面。

实际上，宇通新能源客车的涉水性能已经超过传统客车。宇通新能源客车不但不会出现像有些品牌车辆在下大雨和暴雨时就要停运的那种情况，而且，传统客车都不能驶过的水面，宇通纯电动客车却往往可以通过。对于传统客车而言，水淹到车辆排气管后，就不能再运行，但纯电动客车却不存在这种顾虑。

3. 可靠性

宇通在开发新能源客车时，把可靠性当作最为重要的一个指标。

宇通混合动力客车（含插电式）在实际运行中的故障率非常低。宇通纯电动客车的电池可以保证4000次充电的寿命。宇通的纯电动客车从1999年开始开发，经历这么多年，为何在2014年11月才召开新闻发布会和进行全面的推广？因为直到此时，宇通才认为其纯电动客车技术已经成熟，能够满足大范围推广的条件。

（三）新能源客车具体产品

总体来看，宇通的新能源客车产品经过10余年的研发和不断完善，在混合动力客车、纯电动和燃料电池客车等领域都可谓收获颇丰。

1. 插电式混合动力客车

我国插电式混合动力客车技术目前已基本成熟，宇通采用睿控系统的插电式混合动力客车可比传统能源车辆节省燃料50%以上。技术上的突出优势，也让宇通在插电式混合动力客车市场上占据绝对优势。2013年9月13日~2014年7月7日，宇通共推广插电式混合动力客车3090辆，行业占有率为59.9%。

宇通开发的双电机同轴混联式插电式混合动力系统，采用纯电直驱传动、串并结合的简洁工作模式，动力传递高效，再生制动回收比例高。该系统拥有完全自主知识产权，关键零部件技术国内完全掌握，打破了国外对自动变速箱技术的垄断。宇通现已有10~18米的插电式混合动力客车主要产品公告32款，工况测试油耗19.8L/100km；在同一线路的实际工况中，宇通插电式混合动力客车能耗比竞争对手低4.5%~19.5%。

宇通的插电式混合动力客车设置智能启停系统，根据时速不同，采用不同的能源作为动力。车辆时速低于25公里时，使用超级电容和车载电池的电能；时速在25~45公里时，电机、发动机同时运行，电能和天然气（或柴油）同时消耗；时速超过45公里后，则完全由发动机提供动力，非常适合复杂路况。此外，宇通插电式混合动力车采用380V交流充电，仅需30～40分钟就可充满电。基于宇通提供的解决方案，充电场站建设只需对公交首末车站进行改造、增设充电机和防雨棚即可，无须集中建设充电站，而且百公里电耗仅4～5度。

2. 纯电动客车

截至2014年9月，宇通共获得25个纯电动产品公告，全部进入《节能与新能源汽车示范推广应用工程推荐车型目录》；2014年8月，宇通纯电动客车入选首批《免征车辆购置税的新能源汽车车型目录（第一批）》；2012年5月，宇通ZK6129EGQA型纯电动城市客车被科技部等四部委认定为国家重点新产品。

从性能指标来看，截至2014年7月，宇通10米及以上纯电动客车共有13款（包括3款无轨电车），平均单位能耗只有6.7kwh（100km.1000kg），电池组占整车重量的比重是15.4%；宇通7米车型共有7款，平均单位能耗为7.3kwh（100km.1000kg），电池重量占整车重量的16.2%，整车综合能量利用效率排名第一。

宇通纯电动客车的市场表现同样值得肯定。2012年8月，10辆12米宇通纯电动公交车投入天津示范运营，以安全性好、可靠性高、经济性优的特点赢得客户一致好评，天津公交工况电耗0.8kWh/km，处于国内领先水平；2013年12月，又新增47辆12米宇通纯电动公交车投入天津示范运营，同时，已交付郑州100辆12米纯电动城市公交车和50辆13.7米纯电动城际公交车，2014年批量上线运营。

宇通纯电动客车的成功，不但来自其在新能源客车领域的积淀，也离不开传统客车技术方面的成就。比如，宇通E7结合宇通LCC方案（LCC，意为“全生命周期成本管理”），充分考虑到用户的实际情况，将使用成本控制到最低；宇通E7使用了宇通独有的睿控技术，高度集成化、模块化，零部件数量减少了57%，结构简单，故障率低，可靠性高，维修保养费用相应降低；每公里耗电低至0.3度，按照1元/度电来计算，每公里运营成本仅合0.3元，远低于城市普通燃油客车甚至燃气出租车，而座位数是出租车的4倍，带来的运营效益更是可观。与同类传统燃油客车相比，其运营成本和维护成本更低。

3. 燃料电池客车

尽管我国现在规划的新能源客车主攻方向是纯电动，但没有人能否认，燃料电池汽车是新能源汽车的终极发展方向。2014年，日本丰田、韩国现代更是高调宣布将在2015年推出量产版的燃料电池汽车。

宇通一直高度重视燃料电池客车的研发。自1999年开始新能源客车研发，宇通就确立了从混合动力到纯电动再到燃料电池客车的技术路线。宇通持续投入燃料电池客车研发，与高校、科研院所及关键零部件供应商开展了广泛的合作，并取得了重要成果。

2009年，宇通研发出第一代燃料电池客车；2012年启动第二代混合动力燃料电池客车研发；2013年开发出新一代燃料电池城市客车，并完成了整车性能测试。新开发的燃料电池客车在加速性能、爬坡性能、氢气消耗率、续驶里程、轻量化及整车通信等方面达到国内领先水平，关键指标均达到或超过对标车辆；2014年初，宇通正式加入"中国燃料电池汽车技术创新战略联盟"，在"联盟"的组织下，与"联盟"内的成员单位开展全方面合作。2014年9月10日至12日，工信部组织专家组对宇通燃料电池客车生产资质进行了工厂审查。经过严格评审，宇通燃料电池客车生产条件得到了专家的一致认可，确认宇通已经具备生产商业化燃料电池客车的资质，为中国燃料电池客车的后续示范运营和商业化推广铺平了道路。

现在，宇通已经具备了燃料电池客车动力系统匹配优化、整车控制、整车试验验证等关键核心技术。在"联盟"内各高校、科研院所以及关键零部件供应商的通力合作背景下，宇通燃料电池客车技术已经达到了示范运行的技术成熟度，计划在2014年底完成郑州市第一座加氢站建设，通过加氢站内45MPa的高压储氢管束，实现一辆客车加满氢气的时间小于15分钟。目前已完成加氢站设备招标和土建招标，正在施工建设，为2015年燃料电池客车的示范运行提供基础设施。

（四）新能源客车的推广效果

经过多年的发展和积淀，宇通新能源产品市场运营及节能减排效果显著，节能率和稳定性明显优于竞争对手。在郑州、天津、杭州、苏州、广州、昆明、重庆、东莞、保定、福州、温州、喀什、百色、哈尔滨、绍兴、日照、佛山、淮南、徐州、宁波、襄阳、毕节、仙桃、贵阳、济源、六盘水、嘉兴、安阳、运城、南通、盘锦、萍乡、池州、舟山、南宁、抚州、滁州、双鸭山、贵港、阿勒泰、汉中、台州、无锡、湖州、海口等 40 多个大中城市，都能见到宇通新能源客车的身影。

2011～2014 年，宇通在 67 个城市累计销售节能与新能源客车 9971 辆，其中，2013 年的新能源客车销量为 3710 辆，市场占有率 29.5%；2014 年 1～9 月上牌数据统计显示，宇通新能源客车的销量为 2407 辆，市场占有率 27.14%，是第二名的 2.91 倍。

八　现实与未来——新能源客车是未来方向吗

从 2009 年开始，我国的纯电动汽车开始产业化推广运作，六年来，国家给予了大力支持和大量补贴，但实际推广效果和预期却相差甚远，其在整个汽车行业销量中的比例也微不足道。

（一）纯电驱动能战胜内燃机客车吗

宇通相信，未来纯电驱动一定会取代内燃机，成为客车的主流。

在宇通看来，尽管现在纯电驱动相对于发动机驱动还处于绝对的劣势，但在未来，纯电动客车一定会比传统发动机车辆更具优势。宇通认为，这其中的缘由是，一方面，电池技术越来越成熟；另一方面，发动机驱动的车辆成本将会越来越高。

相比传统客车，纯电动客车采用无级变速，因此驾驶起来更加轻松，乘客乘坐更舒适，这是传统客车所无法比拟的。此外，纯电动客车的动力系统结构简单，不需要变速箱，维修保养也相对更简单。

与此同时，随着排放不断升级，传统内燃机客车的成本正在不断提高。现在，国四排放的柴油客车就已经要加尿素，成本比国三车辆高出很多。到了国五、国六阶段，其成本还会持续攀升。

一方面是纯电动客车的性能不断提升和成本持续下降，另一方面是传统客车的排放升级成本越来越高，因此，宇通坚定地认为，纯电动客车未来的运营效益会超过传统客车。

针对纯电动汽车发展的首要障碍——充电站等基础设施问题，宇通认为，充电站可以因地制宜，根据各地不同情况来建设。充电站可以建在超市、公交站、地铁站等地方。另外，很多地方可以建设立体式的充电站，比如一层（或者地下一层）是充电站，二层用作商业开发。

针对纯电动车的另一大核心问题——电池的性能和价格，宇通认为近几年电池的性能有了明显提高，价格也较前几年下降30%～40%，未来3年，电池功能还会不断提高，而价格也一定会不断下降。

纯电动客车什么时候能够比传统客车更受消费者的青睐呢？宇通认为有两个标准，一是纯电动客车续驶里程像传统客车一样长；二是纯电动客车充电像传统客车一样方便。

至于这一天什么时候可以到来，宇通认为，纯电动客车或许有望在2020年，在没有任何补贴的情况下，具备比内燃机客车更好的运营效益，从而赢得用户的心。

（二）混合动力客车能跟传统客车PK吗

对于现在新能源客车的销售主力军——插电式混合动力客车，宇通又是如何看待其前景的呢？宇通认为，混合动力客车可以实实在在地降低油耗，达到节能减排的效果，而且在使用习惯方面更接近传统客车，因此中短期内最有可能大面积推广。

不过，现在插电式混合动力客车推广遇到的问题，一个是充电站等基础设施的建设；另一个就是国家政策风险。当前对于新能源客车的补贴政策期限是到2015年，假如从2016年开始插电式混合动力客车取消补贴，那么或许会重演当年传统混合动力客车在取消补贴后销量骤然下降的局面。插电式混合动力客车的进步是持续的，只有当补贴逐步下降时（而不是一下子就取消），才能为插电式混合动力客车创造一个更有利的成长空间。

另外，公交公司的油补也是阻碍新能源客车发展的障碍。现在的每度电价大多在1元以上，而公交公司在获得油补后，每升油价只有3元多；一般而言，一升柴油跑的里程大约相当于3度电，因此，在有油补的情况下，新能源客车的运营效益就难以充分体现出来，再加上车价比传统客车要高得多，就会对用户失去吸引力。

宇通认为，假如取消油补或者增加电补，就能提高新能源客车的接受程度；或者从2016年开始继续给予插电式混合动力客车补贴，这个补贴可以持续降低，最后直到2020年左右取消，到那时，插电式混合动力客车就可能在没有补贴的情况下受到用户的追捧。

（三）中国客车能够引领世界吗

宇通坚信，中国客车具有独特的竞争力，未来可以引领世界客车的发展潮流。对于传统客车，中国客车拥有更低的油耗和更高的性价比，现在正逐步得到欧美等发达国家的认可。而中国的新能源客车通过掌握核心技术，在节能和安全等方面也走在世界前列。随着新能源客车产品和技术日益成熟，中国未来在这个细分领域也一定能够引领世界潮流。

（四）梦想和现实的距离有多大

让客车行业可持续发展，是宇通的梦想。正是这样的梦想一直照耀着宇通的现实：提高自主创新能力和产业化水平，引领新能源客车行业的发展，助力我国汽车产业的技术升级。

从1993年改制到现在，宇通作为一个名不见经传的中小企业，走出了一条稳健、快速发展的腾飞之路，发展成为中国客车第一品牌，并在世界客车市场上占有一席之地，在中国汽车史上留下了一个个坚实的印记。今天，中国经济正处于快速转型调整时期，中国企业正在步入一个崭新的发展阶段，新的时代正赋予客车行业新的使命。

宇通坚定地认为，新能源客车一定是未来客车的发展方向。因此，宇通在始终保持传统客车明显竞争优势的同时，在新能源客车领域不断深耕细作，经过十五年的努力，现在已经结出累累硕果。面对前所未有的新能源汽车发展机遇，宇通集团将通过不断学习国内和国外优秀企业经验，准确判断用户需求，紧盯市场变化，集合全球和全社会资源，不断提升新能源汽车的性能，降低其购买和使用成本，充分满足客户对于价值最大化的追求。

在中国新能源客车奔跑的道路上，宇通一马当先，带领行业不断取得新的成绩。站在更高起点上的宇通，必将焕发出巨大的生机与活力，继续领航客车行业发展，一步一个脚印去实现中国客车行业持续发展的“中国梦”。

B.12

一波三折话恒通电动

——快充使者的悲与喜

舒慕虞*

摘　要：　恒通电动从2012年开始尝试推广快充纯电动客车，但与当时以磷酸铁锂电池为动力源的慢充和换电这两种主导模式不同的是，恒通电动大力推广以钛酸锂电池为动力源的快充模式，被业内视如“异类”般的存在。通过种种努力，恒通电动从“无”到“有”，再到从“有”到“精”，在重庆创造出一种全新的以“快充”为特色的新能源汽车商业模式。

然而，当恒通电动开辟出一条全新的快充道路后，其命运却悄然发生改变。先是政策变脸，新的补贴政策对“钛酸锂电池”进行定额限制，迫使恒通电动提前使用新型快充电池；后是企业易主，恒通电动的控股方发生改变，前期制定的市场策略与产品规划不得不重新调整，新一轮的市场机遇反被其他客车企业抢占。

关键词：　快充模式　恒通电动　纯电动客车　快速充电　钛酸锂电池

* 舒慕虞，方得网编辑，长期关注新能源客车产业的发展，曾实地走访调查10多个城市的新能源公交车运行现状，采访了众多新能源汽车领域专家及各地公交公司高层，先后发表近50篇新能源客车相关新闻稿件。

2014 年，当“快充”概念开始被普遍接受，越来越多的企业把橄榄枝抛向快充路线时，快充代言人——恒通电动却突然变得“沉默”起来。这家在新能源客车领域特立独行的企业，究竟有着怎样的故事与命运？未来又将往哪里去？

在使用两三年时间后，重庆公交的 31 辆快充纯电动客车依然运行良好，不但全部正常在岗，并且电池功能衰减极少，这在全国多数城市纯电动公交运营不理想的状态下，不能不说是一个奇迹。

恒通电动，堪称中国客车业“快充第一家”。当以磷酸铁锂电池为动力源的慢充与换电模式主导着中国新能源客车市场的时候，重庆恒通客车却独辟蹊径，走出了一条采用钛酸锂电池的快充模式。4 年多来，恒通电动成为“快充代言人”，不断奔走呼喊，推广其快充模式。

然而，国家对于“钛酸锂电池”的补贴政策，让快充一度面临绝路。当多元复合锂电池横空出世，让快充逐渐成为主流后，恒通电动却又因为股权收购等问题慢下了脚步。

一　剑走偏锋——成为国内唯一一家推广快充模式的企业

一个企业在处于启蒙期的行业中生存是很困难的，更难的是，你走的路还跟别人不一样。

重庆在 2009 年成为“十城千辆”示范城市之后，隶属于重庆城市交通开发投资（集团）有限公司（简称重庆交通开投集团）的恒通客车，作为新能源客车实践者，必须拿出一套完善的推广方案。这也成为恒通电动新能源之路的起点。

2010 年，恒通客车招标了 6 家电池商，尝试着造出 6 辆配装不同电池品牌的纯电动客车，这些电池都是国内主流的磷酸铁锂电池。令人意想不到的是，这批实验客车运行不到一年后，电池功能基本衰减报废。这让恒通客车很有挫败感。

由于试运行不过关，恒通客车已经打算放弃纯电动路线。不过，当时中标的一家电池供应商，微宏动力系统（湖州）有限公司（简称微宏动力）的掌门人吴扬是一个做事坚韧的人，他坚持要见一见时任恒通客车总经理的邓平，聊聊产业发展的新路径。

“当时，我们也很困惑纯电动客车的发展，在慢充不可靠的情况下，不知道下一步路如何去走。”在吴扬的坚持下，邓平便打算见见面，听听这个新的发展方案到底是什么。

见到邓平后，吴扬提出，纯电动客车不能走“慢充”技术路线，以磷酸铁锂电池为动力源的道路行不通，完全是一条死路。吴扬告诉邓平，他在决定投身动力电池产业前，特意跑到深圳考察了一番装配磷酸铁锂电池的纯电动公交车运营情况，并算了一笔经济账：公交车在不堵车的行驶情况下，以车长 12 米的纯电动车为例，每公里需耗电约 1.5 度。若一辆公交车每日正常行驶里程为 220 公里，那么需要耗费 330 度电。但在实际使用中，磷酸铁锂电池只能消耗 80% 以下的储电，全部放电后对电池的损害会很大。“此外，电池使用一两年后，还要再减去正常的 20% 左右的衰减量，电池实际可消耗的储电只有 64%。也就是说，要满足公交车全天行驶要求，实际使用的电池容量必须能储电 500 多度（330 度除以 64%，等于 516 度）。”

吴扬分析指出，若按照储电 500 度来计算，每辆车就需要装载 7 吨重的磷酸铁锂电池，这几乎使车辆还没载人就已经达到了满载状态（车自重一般为 11 吨，最大载重为 18 吨）。而即使只装 3 吨重量电池的纯电动客车，其售价已普遍在 200 万元以上，动力电池的成本高达百万元，与裸车的售价相当甚至会超出。“在市场化模式中，谁会花高价来买一辆只能开半天的客车?”

分析讨论完问题后，吴扬向邓平提出一种全新解决方案——快充路线，即利用一种全新电池——钛酸锂电池的快充特性（可 10 分钟充满），能达到少装载、快充电来完成公交车往返一趟的运营要求。

邓平认真分析了吴扬提出的新方案及研究了大量国际相关资料后，最后下定决心与吴扬共担风险，走出一条新的电动客车发展之路。

2010 年年中，邓平力排众议迅速调动资金和技术力量，投资建设了全球第一座大电流快速充电站，研发出了全球第一辆“10 分钟快速充电”的纯电动客车。有些出人意料的是，快速充电站和“10 分钟快速充电”纯电动客车试运行后，其测试结果令邓平十分满意，10 分钟快速充电的效果更是令人惊讶。

2011 年 3 月，恒通客车参加了第 11 届世界客车亚洲（上海）博览会，获得了专家评委的高度赞扬，并给予了车展 10 年来单车唯一获得三项大奖的荣誉，一举收获“年度巴士奖”“年度最佳创新巴士奖”“年度最佳环保巴士奖”三项大奖。世界公交协会主席马克在介绍恒通“10 分钟快速充电”纯电动客车时，这样说道：“我要给大家介绍一辆杰出的、无与伦比的客车。”

同年 4 月，重庆渝北空港投入首批 6 辆搭载钛酸锂电池的“10 分钟快速充电”纯电动客车进行试运营，每次充电仅需 10 分钟，每次运行里程约 34 公里，每天充电 6 次左右就可完成全日运营任务（200 多公里）。这样的运营任务持续了半年，在此期间每辆车充电次数达上千次，但电池功能未出现衰减现象。

初步尝试成功后，恒通客车与微宏动力打算结盟共同推进快充纯电动客车的应用。2011 年 11 月 1 日，恒通客车与微宏动力共同出资组建重庆恒通电动客车动力系统有限公司（简称恒通电动），恒通客车持股 34%，微宏动力持股 66%，合资公司主要从事新能源客车与动力系统的研发和生产；同时提出清洁城市交通（CCT）计划，将采用先进的快速充电动力系统，以经济可行的方式实现电动化的城市交通，并加速城市交通节能减排的过程。恒通电动希望依托于此计划，在全国中心城市加速推广纯电动汽车的应用。

彼时，恒通电动推行的“快充模式”在国内如“异类”般存在，且受到多数人质疑。“十城千辆”示范工程中，多数企业都选择推广技术难度较低的混合动力客车，仅有重庆、合肥、上海等少数城市前期以纯电动客车推广为主，而且，合肥、北京、青岛等地推广的纯电动客车普遍以慢充或换电模式为主，并多以磷酸铁锂电池作为动力源。恒通电动不但主推纯电动客车，还独树一帜地采用了钛酸锂电池，主推快充这种非主流模式。

墙里开花墙外香。尽管恒通电动的“快充模式”在国内并未得到重视，但在国际电动车圈内却受到非常多的关注。2012 年 1 月的某一天，几位美国的电动汽车专家悄悄来到重庆，在下班高峰期时试乘恒通电动快充纯电动公交车，还观看了“10 分钟快充”的过程。他们乘坐了几个来回，下车后都伸出拇指不断地称赞道，“GOOD！GOOD！”他们对于电动客车并不陌生，但此次调查让他们感到震撼的是——恒通纯电动公交车高效的“快速充电”模式。

可以说，在 2009 ~ 2012 年的“十城千辆”示范工程中，恒通电动成了唯一一家坚持走“快充”路线的新能源客车企业，也成了国内快充技术领域中“第一个吃螃蟹的人”。

笔者手记：鲁迅先生曾称赞：“‘第一个吃螃蟹的人’是很令人佩服的，不是勇士谁敢去吃它呢？”螃蟹形状可怕，丑陋凶横，第一个吃螃蟹的人确实需要勇气。而邓平之所以有这样的勇气，全在于他一生的经历与追求。他曾临危受命执掌重庆客车厂的帅印，将它从困境中解救出来，在 2006 年时又确立了恒通客车以燃气车为发展方向的市场定位，再次把恒通客车带入一个新阶段。

“跟不上时代发展的就要被淘汰。”这是邓平经常挂在嘴边的一句话。或许正因为如此，即使恒通客车在燃气车市场位居前列，但邓平仍无时无刻不在思考着如何不出局，因而也就更有勇气去改变旧模式，敢于做第一个食蟹人。

二　恒通电动的美好时代——建立快充示范运营基地

当一切看起来那么美好时，一个企业的背后却往往有着无数人在付出巨大的智慧和汗水，而这一切付出，只为了有一个更美好的明天。

恒通电动正式成立时，邓平刚好到了退休年龄，直接被聘任为恒通电动总经理。虽然已年过60岁，但他仍然决心在新领域重新大干一场，为中国客车产业寻找到更好的出路。

当技术路线确定后，邓平对彼时的新能源汽车政策倾向还是颇为担心。自2009年起，多地城市在“十城千辆”示范工程中倾向于推广混合动力客车。国家在后期发展新能源汽车中，到底会以何种技术路线为主导？这也成为多数早期推广纯电动客车的企业的担忧之处，恒通电动也在其中。

2012年4月18日，这一天让邓平记忆深刻。当天，在国务院总理温家宝主持召开的国务院常务会议上，讨论并通过了《节能与新能源汽车产业发展规划（2012～2020年)》。规划指出，要以纯电驱动为汽车工业转型的主要战略取向，当前重点推进纯电动汽车和插电式混合动力汽车产业化。这一结果，意味着业内一直在议论的技术路线得到明确，邓平“心头的石头”终于落下。

新政策出台之际，不少客车企业还未有纯电动客车和插电式混合动力客车的储备技术，但恒通电动不但早有相关技术的储备，还一马当先地对这两类产品进行了批量推广。2012年7月左右，恒通电动再次向重庆公交公司交付了25辆快充纯电动公交车和450辆插电式气电混合动力公交车（同样搭载微宏动力制造的快充电池)，开始进入批量规模化推广阶段（由于充电站建设困难，重庆公交2012年后只能选择以混合动力客车为主进行新能源客车推广。笔者注)。

当时，多数城市推广的混合动力公交车存在的一个普遍问题就是动力不足，爬坡能力差。而恒通电动的混合动力公交车却在重庆山城表现出良好的爬坡能力和动力。据方得网调查人员2014年11月到重庆实地调查了解，462公交线路从重庆大学到解放碑，号称是重庆市爬坡最多且最陡的一条线路。该线路中的混合动力公交车每天要途经诸多上下坡路段，最陡的坡度接近50度角，但车辆全程行驶中动力充足，没有出现上不了坡或速度弱于周边车的情况。此外，恒通电动2012年批量投入的近500辆新能源公交车，其动力电池使用两年多后性能基本无衰减，节气率达到13%～20%。

从2012年起，恒通电动不断打开新能源产品的销路。作为主要市场，重庆公交当仁不让地成为恒通电动的主战场。截止到2014年11月，恒通电动共有超过1300辆快充新能源客车投入到重庆70多条公交线路上运行（恒通电动于2013年、2014年获得重庆公交的插电式气电混合动力公交车订单分别为520辆、354辆，其中有40辆还在生产中未交付。笔者注）；另有近100辆插电式混合动力公交车投入贵阳、德阳、遵义等地多条公交线路使用。至今，这些快充新能源公交车最长运营时间已达到3年多，有专业机构在2013年时检测发现，其电池功能衰减仅为0.5%～1%。

充电站的建设，同样是对新能源汽车推广方案的一个极大考量。兴建充电站时，恒通电动也充分考虑到其他城市“车桩不匹配、规划不合理、投资过大”等弊端。第一个快充充电站位于重庆渝北空港公交枢纽站内，总占地面积小，投资总额不到1300万元，采用与加油站相同的布局，配备6台直流快充充电桩。该站设计的桩车比为1∶10，可保障40～50辆车正常运营，运营效率比国内其他慢充充电站高很多。

车辆推广与充电站建设等问题得到初步解决后，恒通电动还与戴普思科技有限公司共同开发了“云智慧远程监控系统”，在为其新能源产品提供增值服务的同时，也能保障产品处于全天候安全运行中。通过该系统，位于恒通电动工厂内的“远程监控中心”可以查看到恒通电动售出的任何一辆新能源公交车的实时运行情况，观测到车辆的电池、电控、能耗、发动机等相关数据，甚至连哪一辆车当天运行中刹车次数等具体数据都可以查询到。如此一来，恒通电动可以远程随时掌握每辆车的运行情况，一旦车辆出现安全方面的问题，便可马上通知当地售后技术人员前来及时处理，避免产品出现安全问题。

恒通电动能取得如此大的成绩，不但在于其不断提高技术，也在于其不断总结其他城市新能源公交车推广的问题。恒通电动发现，不少城市推广中出现的问题不仅出在技术上，还出在多方主体的合作过程中。比如，由于整车厂不懂电池以及电池厂不懂机械制造，整车厂与电池厂在合作中容易出现零部件匹配性不高等问题；整车厂与公交公司各自为政，容易出现意见不合的情况。

而恒通电动则有着天然的“铁三角”联盟关系。一是恒通电动与重庆公交公司本是一家。由于恒通客车和重庆公交公司同属重庆交通开投集团，由恒通客车投资的恒通电动自然与重庆公交公司也是一家人，两者更方便在一起进行交流、培训和改进。二是恒通电动与电池厂更是一个整体组织。为了破解新能源客车推广中的三大主体矛盾，恒通客车在选定技术路线之初就将整车厂与电池厂捆绑在一起，重新成立一家合资公司——恒通电动，这不但有助于两者交流技术更便利，也利于以“公司赢利”的共同目标来推进新能源产品的商业化。由此可见，恒通电动比市场上其他竞品企业更具得天独厚的天然优势，它把客车制造厂、电池厂和公交公司这三大主体紧密连在一起，不需要耗费精力去解决诸多主体之间的矛盾。

获得商业模式的初步成功后，邓平还在“快充”这个尚未成形的市场中义无反顾地担当起“启蒙者”角色，在各类场合坚持不懈地大力推广“快充”理念，因此不少专家开始重新打量“快充”模式。2012 年 2 月 29 日，中国工程院院士、车辆工程专家、重庆市科委主任钟志华一行 5 人到重庆考察恒通电动车辆运行情况；2012 年 9 月，科技部高新司能源交通处副处长李宏刚、国家“863”“节能与新能源汽车”重大项目监理咨询专家组组长王秉刚，以及参加“重庆市混合动力汽车运行试验与技术考核”课题验收会的 10 多名专家视察了恒通电动客车；2013 年 10 月，科技部部长万钢亲自带队到重庆进行实地考察，对快充技术予以好评。

通过种种努力，恒通电动从“无”到“有”，再到从“有”到“精”，在重庆创造出一种全新的以“快充”为特色的新能源汽车商业模式，还打造出了全球唯一一条 10 分钟快充纯电动公交线路（重庆 687 线路）。

笔者手记： 恒通电动推广的快充新能源公交车意义非同一般，不但起到了“快充模式示范运营”的作用，也影响到诸多其他企业对“快充”模式的取舍，这对于行业的影响是非常深远的。

即使后期销量不算大，但恒通电动对于纯电动客车行业的贡献依然巨大，这是谁也无法抹杀的事实。

三 命运悄然改变——政策变脸，企业易主

在苦苦等待三年时间之后，一家企业还来不及品尝成功的喜悦，其命运却悄然发生了改变，这或许是最难令人接受的事实。

一切都看起来如此美好，似乎到了“丰收季”，却未料到命运来了一个大转折。

2013 年 9 月 17 日，四部委联合出台《关于继续开展新能源汽车推广应用工作的通知》，纯电动客车的补贴范围进一步扩大，从之前的 10 米以上车型扩大到 6 米及以上车型的范围，最高补贴仍为 50 万元。但新政策中，还明确规定了“超级电容、钛酸锂快充纯电动客车只能获得定额补贴 15 万元”。

对于“钛酸锂快充纯电动客车定额补贴 15 万元”这一政策限制，邓平显然始料不及。当年政策出台后，笔者采访他时，电话那头传来无声叹息：“我们也想不明白，新的补贴政策为何要在技术上进行限制。”

久经磨炼的邓平，尽管失望却不绝望。恒通电动早已做好技术储备，与微宏动力一道提前启用了“多元锂”代替先前的钛酸锂电池，规避了 15 万元的不公平定额补贴的风险。据恒通电动内部人士透露，作为“底牌”的多元复合锂电池，原本打算在下一轮竞争中亮出，政策“变脸”后无奈提前亮相。多元复合锂电池仍由微宏动力提供，同样采用快充模式，但比钛酸锂电池更具优势，其能量密度可达到 120Wh/kg，是钛酸锂电池的 1.5 倍；且相同电量的多元复合锂电池价格比钛酸锂电池低 1/3。

应对政策生变难题之后，新问题又浮现——恒通电动的控股方发生改变，而这样的问题并不在“事在人为”范畴内。2014 年 11 月 25 日晚，四川西部资源控股股份有限公司（简称西部资源）发布重大资产重组停牌公告，拟自筹资金收购重庆恒通客车 59% 的股权等资产和恒通电动 35% 的股权。如果成功，那么西部资源在收购恒通电动 35% 股权后将合计持有恒通电动 66% 股权比例。（西部资源 2014 年 4 月 9 日发布的进展公告显示，公

司使用不超过 1.1 亿元的自有资金，收购了恒通客车 7% 的股权与恒通电动 31% 的股权）

也就是说，原本由微宏动力持有的 66% 股权，将全部被西部资源所收购（实际上，西部资源 2014 年上半年就已经入主恒通电动。笔者注）。收购完成后，西部资源持有恒通电动 66% 的股权，重庆交通开投集团持有 34% 的股权。至此，作为战略合作方的微宏动力获得了更大的发展空间，而恒通电动却再次陷入机制、垄断性技术和市场的苦战。（恒通电动与微宏动力的合资解除后，微宏动力就不再受“只能向恒通电动独家供货”的限制。笔者注）

西部资源在客车行业显然令人陌生。公开资料显示，西部资源前身为东方电工机械股份有限公司，于 1998 年 2 月 25 日登陆上交所挂牌交易。经过历次送股和转增股本，目前“西部资源”的控股股东是“四川恒康发展有限责任公司”，一家以投资和贸易并举发展的大型民营集团。

这样一家与汽车业务无关的上市公司，为何要收购恒通电动呢？据西部资源称，对恒通客车及其附属企业的收购，主要是为完成公司战略规划及转型的目的。公司计划以锂矿石为原材料基础，实现锂电池材料、锂电池组装、新能源汽车开发、制造和销售一体化的产业布局，打造新能源汽车板块的完整产业链。而重庆交通开投集团方面则表示，未来“新恒通电动”将以独立发展自有品牌新能源电动客车为主营业务方向，在前期筛选意向受让方时，就要对方确认并有能力支撑这一业务的发展。

据恒通客车内部人士透露，随着“国企混合所有制改革”全面启动，重庆政府有意将恒通客车这类老国企出售，恰好西部资源有意收购一些有实力的新能源客车企业，以求快速切入这个新领域，因此，恒通电动作为恒通客车的新能源关联企业，注定要与恒通客车一并被收购。

然而，令人担忧的是，由于恒通电动的核心竞争力主要来自微宏动力提供的快充电池，而收购恒通电动的西部资源在 2014 年上半年还收购了苏州宇量电池有限公司、龙能科技（苏州）有限公司等以动力锂电池业务为主的几家企业，意在全面实现新能源汽车产业链的拓展。这是否意味着，今后恒通新能源客车要转而采购集团内部配套电池？恒通电动今后是否还会再采购微宏动力的电池？如果不再使用微宏动力电池，恒通电动乃至恒通客车在新能源车领域是否依然具有竞争力呢？

一切的一切，都充满了变数。

笔者手记：恒通电动这样的企业尽管看似从老国企中已脱身而出，但与之仍是隶属关系，也就无法摆脱老国企的束缚，就连控股方随意改变也不过是常态而已。令人担忧的是，这么多员工在“快充”道路上付出的汗水，是否会因企业股东易主而化为“乌有”呢？

四　结局还是重生——快充时代到来，未来方向在哪里

企业最不幸的，莫过于在一个新产业领域中充当了领跑者之后，却在中途无奈出局，辛勤浇灌长成的果实反被他人摘入囊中。这是否会应了邓平与吴扬早期合作时的一句话，“在发展新技术的道路上不是先驱，就是先烈”？

恒通电动命运被改变的同时，快充市场也开始发生天翻地覆的变化。

2014 年，可以算是国内快充纯电动客车的发展元年。“快充模式”在 2014 年不但得到诸多客车企业及各地公交公司的认可，还大有“后来者居上”的势头。原先对快充模式不屑一顾的诸多客车企业，开始改走或发展“快充”路线。截至 2014 年 11 月，从工信部新车公告中可以查询到，福田欧辉、安凯客车、厦门金龙、苏州金龙、五洲龙等多家企业开始采用具有快充功能的多元复合锂电池。甚至，北汽福田欧辉客车公司副总经理刘国强 2014 年 10 月时还提出，欧辉今后会把“快充”模式作为纯电动客车的推广重点。

这一年，福田欧辉、苏州金龙、安凯客车、青年客车等企业不仅开始推广自家的快充纯电动客车，还加紧在纯电动公交车市场攻城略地。苏州金龙在苏州推广的 25 辆左右快充纯电动客车，包括 12 米及 10.5 米两类车型；安凯客车中标北京公交集团 40 辆 6 米快充式纯电动公交车订单；福田欧辉客车中标北京公交集团 370 辆快充纯电动公交车订单，包括 6.5 米快充纯电

动社区公交、8.5 米快充纯电动公交和 12 米快充纯电动公交；青年客车在浙江金华推广了几辆 12 米的快充纯电动客车。

可以说，“快充时代”在 2014 年正式开启，虽然比之前普遍采用的慢充、换电模式推广进程稍晚，但“快充模式”在应用方面的评价远远超过之前两者，甚至有取而代之的趋势。

恒通电动原来的合资伙伴——微宏动力，在 2014 年兴起的快充市场中收获颇丰，几乎成为国内快充电池的代名词。2014 年，微宏动力的快充电池（多元复合锂电池）赢得了福田欧辉、厦门金龙、苏州金龙、青年等多家整车厂订单，市场上推广的快充纯电动公交车半数以上用的是微宏动力的多元复合锂电池，并有 17 辆装载微宏动力电池的快充纯电动摆渡车（分别为福田欧辉、厦门金龙品牌）为在北京举办的 APEC 峰会进行投运服务。同时，随着快充技术在公交领域应用经验的积累，微宏动力推出的“小电池组 + 快速充电”新模式，成为越来越多整车厂和公交公司的选择。

然而，就在快充模式如火如荼的推广时，国内最初提出并实践推广快充纯电动客车的恒通电动，却在此时悄无声息。其背后原因，正是恒通电动的控股方发生改变，前期制定的市场策略与产品规划不得不重新调整，特别是原本计划要推出的 6 米、8 米快充纯电动客车也“姗姗来迟”，反被福田欧辉等企业抢占了市场先机。

更重要的是，恒通电动管理权易主后，不但与微宏动力脱离了关系，也相当于从重庆公交体系中“嫁出门”，其市场竞争力大受影响。据内部人士透露，恒通电动现在虽然仍可以获得微宏动力的技术和产品支持，但已经不能再独家“享有”。同时，恒通电动既然被“出售”给民营上市公司，后期经营状况是好是坏也就不再需要重庆公交来关心。这意味着，恒通电动自 2011 年起打造的“整车厂、电池厂、公交公司”紧密相连的“铁三角”关系将不复存在，恒通电动的命运变得愈加扑朔迷离。

让方得网记者记忆犹新的是，2013 年 4 月 8 日，为了提高快充新能源客车的产能，恒通电动整体迁入新厂区。新落成的厂区总占地面积近 7 万平方米，总投资约 10 亿元。第一期投建的生产厂房及综合用房共 2 万平方米，厂房设有装配车间、调试车间、电控车间、测试区、试制车间等，共有生产线2条、生产设备12台套，具备年产2000辆新能源客车及2000套新能源客车动力系统的生产能力。然而，2014年11月，笔者到访恒通电动新工厂时，已看不到去年8月到访时的乔迁喜庆气氛，仅有两辆车在装配中的生产线更是显得萧条。据恒通电动内部人士透露，公司相关发展规划在重新调整中，未来如何规划还不清楚。

2014年11月21日，笔者再次见到邓平时，他对于公司当前状态颇有些无奈，但还是平静地说道："一直以来，我们希望更多的人来推广快充模式。现在，'快速充电理念'已经成为业内共识，这比卖车意义更大，也算是我们给行业做的贡献吧。"

大雾即将散尽。同样是"快充"模式的开创者，微宏动力在享用市场"领跑者"果实之际，恒通电动却不知未来路在何方。

这一时刻最终会成为结局，还是重生的起点呢？

笔者手记：恒通电动这样的故事在中国这个特殊经济体中早有上演，恒通电动的案例也绝不会是最后一例。无论最终幸与不幸，纯电动客车的产业人都应该记住恒通电动这一名字，它开创出的"快充"模式，给该产业在最迷茫的时刻提供了一个新方向、新选择。

B.13

乘时乘势　中通客车领航新能源客车

姚　蔚*

摘　要： 在中国新能源客车领域，总部位于山东聊城的中通客车是一家颇有特色的领先型企业。无论是其新能源客车产销量、技术储备、"863"创新成果、产学研结合程度、示范运行城市的数量还是对行业的影响力，中通客车都算得上是国内新能源客车市场的一个排头兵。

"审时度势""顺势而为""因势利导"，始终与"势"这一国家与政策的大环境和路线保持一致，是中通新能源客车快速发展的主要原因。本文以这个角度为切入点，重点分析了中通客车2004～2014年这十年来的发展轨迹，并为读者描述了中通客车未来的新能源发展蓝图与规划。

关键词： 中通客车　示范运行　"863"项目　纯电动客车

"时势造英雄"，用这句话来形容中通客车控股股份有限公司（以下简称中通客车或中通）的新能源客车并不为过。

2013年，中通客车全年净利润增幅达80.74%；2014年上半年，中通客车净利润增幅更是高达354.19%；最近一年多，中通客车股价增幅接近200%。在客车市场不景气的大背景下，中通客车的利润增幅还能一马当先，

---

* 姚蔚，经济学硕士，现任"方得网"总编辑，中国注册会计师协会和中国数量经济学会会员。

远高于同行业，其新能源产品的热销功不可没。

中通客车创造了很多节能与新能源客车的纪录：奥运会主要的新能源客车提供者；率先在国内实现10000辆天然气客车销售；新能源产品运营城市达90多个，运营数量7000余辆。

2014年以来，中通新能源客车销售更是创下纪录：2014年上半年销量突破1500辆。无论从技术创新（屡次获得国家“863”项目）、产品销量还是多个城市的示范运行情况来看，中通客车在新能源领域都是不折不扣的领先者。

事实上，中通在新能源客车市场地位的提高并非一蹴而就，梳理其发展历程就能发现，在2004~2014年的10年间，其新能源客车的诞生、成长和壮大，都离不开一个“势”字。

一 审时度势

中通新能源客车为何能取得现在的市场地位？为何它从新能源客车市场的起步阶段，就能一直走在行业前列呢？一个很重要的原因，就是中通客车始终能走在正确的新能源客车道路上。

企业要向哪里发展，这是任何一家企业在发展中要弄清楚，也是必须要弄清楚的一个问题。方向正确，则目标可达；方向错误，则全盘皆输。中通发展新能源客车之所以能有现在的成绩，并能依靠新能源客车的竞争力不断扩大竞争优势，就在于它认清了时代发展方向，能够明辨国家政策的引导方向，并且其发展方向能够始终紧跟国家的指导方向。

可以说，中通在发展新能源客车上，首先解决的是路线问题：中通客车始终能够对国家政策做出正确解读，判断出国家引导客车产业的发展方向，且按照正确方向前行。中通客车顺应了时代发展的潮流，才能始终立于技术发展潮头，在纷繁复杂的市场竞争中立于不败之地。

2004年，中通客车率先开启了新能源客车研发之路。中通在新能源客车上的先知先觉，并非异想天开或者超前思维。这一举动，完全出自于中通客车对国家政策的准确解读。进入21世纪，随着国家“十五规划”出台，中通客车注意到，该规划中谈到了“资源和环境”，其中第四章《优化工业结构，增强国际竞争力》中有这样的描述：“积极发展高效节能低排放车用发动机和混合动力系统。”

经过系统思考和对全球汽车发展前沿的研究，中通客车做出了研发“节能、环保”产品的战略规划。2004年起，中通就立项运作新能源客车项目，并先后多次邀请国内新能源领域顶级专家进行论证，系统了解及分析了该项目，在此基础上才确定了产品的发展思路。

俗话说：“识时务者为俊杰。”正是审时度势，在之后10年间，中通客车在新能源发展历程中始终紧扣时代主题，跟随时代步伐。

很多业内人士认为，在新能源客车的发展历程中，中通客车总能够“踩到点上”。比如，2009年国家推行的“十城千辆”新能源汽车示范推广工程、2012年对于天然气汽车的鼓励和2012年下半年推广混合动力客车5000辆，以及2013年底新一轮的示范城市公布。

实际上，中通能“踩到点上”的秘密在于，始终能走在国家鼓励的发展道路上。多数政策颁布之前，国家制定的前期大政方针就已给出明确方向。正是出于对国家政策导向的解读与理解，中通客车才能在具体政策到来时做好了充足准备。比如，2006年3月14日，国家发布“十一五”规划，规划中称，“可持续发展的资源和环境压力日益加剧”，同时称“可持续发展”为“我国未来经济发展面临的最为突出的矛盾”。这一规划，被看作对新能源产业的重大利好。可以说，“十一五”规划坚定了中通走新能源客车之路的决心，中通客车在2004年起步的基础上，继续加大了对新能源客车的投入。

2007年，中通客车斥资5600万元建立了新能源客车工程中心。同时，在中通科研人员及众多科研院所的共同努力下，中通客车当年研发出了奥运专用的纯电动客车和混合动力客车，并在北京进行示范运行，此后突破了规模化生产工艺核心技术，实现了新能源客车的规模化生产。

2011年3月，国家“十二五”规划发布。“十二五”规划新增了非化石能源占一次能源消费比重、单位国内生产总值二氧化碳排放量等多个节能减排约束性指标。为确保实现“十二五”节能减排约束性目标，缓解资源环境约束，应对全球气候变化，国家根据“十二五”规划纲要又制定了《“十二五”节能减排综合性工作方案》和《节能减排“十二五”规划》。

受“十二五”规划的鼓舞，中通客车更加坚定了要走新能源客车之路，并坚定不移地认为，新能源客车一定是未来汽车产业的重要发展方向。自2011年开始，中通围绕“十二五”规划，进一步优化资源配置，实施市场结构和产品结构调整，转变增长方式，加大新能源客车研发及产业化力度。

2011年4月16日，中通客车在山东聊城启动了“中通3万辆新能源客车生产基地”项目。而在前一年的规划中，这个基地的产能还只是2万辆。可以说，正是“十二五”规划对新能源汽车明确的鼓励，让中通客车在新能源客车发展上吃了定心丸，并且比原来的决心更大，投入也更大。3万辆新能源客车生产基地的建设，也是中通客车发展历程中的又一个里程碑。该基地推动了中通新能源客车的产业化，推动了中通持续领跑中国新能源客车行业。

“企业要顺政策而为，不能逆政策而动。”中通客车总经理孙庆民这样总结中通在新能源客车道路上走得较顺利的原因，“中通就是顺应了国家的政策导向”。

二　借势而动

新能源汽车业，属于高科技含量产业。但中国汽车工业起步晚，起点低，经验少。在这样的基础上，面对具有如此高科技含量的新能源汽车产业，中通客车又是如何“玩转自如”的呢？

借势。这是中通客车解决高科技难题的策略——“一个好汉三个帮”，它集合了众人之力，来解决新能源客车发展的这一世界性难题。

为了在资源不足、没有经验的情况下研发出新能源客车，中通客车联合了国内科研院所，走出了一条自主创新与产、学、研相结合的科研之路，建立起一个开放式的技术创新体系。可以说，在中国新能源客车发展历程中，中通客车紧紧地把高校、研究所等科研机构团结在身边，在科研条件异常艰苦的情况下走出了一条“借势”发展之路。

自2004年启动新能源客车项目起，中通客车与清华大学、中国客车技术中心、南车电力机车研究所、春兰研究所等科研机构合作开展了混合动力客车研究，与北京理工大学、北京交通大学、中科院、中信国安盟固利等开展了奥运用纯电动客车研究，与同济大学、长安大学、吉林大学、武汉理工大学等建立了长期合作关系，共同致力于控制优化分析技术、客车结构分析技术等方面的研发。

中通客车始终能在研发阶段获得最新技术资讯，为产品的不断升级提供强大的技术指导和支持。这正是得益于与国内知名高校、科研院所的开放型合作，与技术最前沿的院士、专家进行定期交流合作的结果。比如，中通新能源客车项目启动后，借助各大高校和研究机构的科研力量，中通客车成功研发了高技术含量的串联式、并联式混合动力公交客车；中通与清华大学合作创建的混合动力项目，以及与北京理工大学、北京交通大学合作开发的奥运用纯电动客车项目，最终均以优异成绩通过了验收，且产品达到世界先进水平。

可以说，中通客车的新能源客车体系一开始就是个开放式体系，一直借助于各大院校和研究机构的最新成果和科研力量，博采众长，为我所用，其科研成果才能层出不穷，紧跟最新的技术潮流。

中通客车不但重视新能源客车研发领域的高科技技术，对于新能源客车制造的人才，同样借助高等院校着力培养。2010年6月10日，中通客车与山东工程技师学院签订合作协议，通过校企合作开办了新能源汽车专业。这是国内技工类院校中首个设立的新能源汽车专业，主要培养新能源汽车装配、调试、检测、销售、维修等新能源汽车一体化人才；2011年6月3日，中通客车与山东工程技师学院合作共建了高技能技工实训基地项目，建立起“新能源客车模拟生产线”实训基地，培养新能源产品生产线相关工人；2011年11月11日，中通客车与哈尔滨工业大学进行校企合作，双方在材料、自动化焊接生产线、焊接质量保证体系和新能源等方面进行合作。

2012 年底，国家四部委鉴于中通混合动力客车的市场表现和企业实力，给予中通新能源汽车产业技术创新工程项目 8000 万元的奖励资金。借此机会，中通客车与聊城大学成立了聊大中通新能源客车研究院，主要整合聊城大学机械与汽车工程学院，为中通新能源客车工程部提供技术力量。该院以新能源汽车中的电池、电机、电控及整车开发的关键技术为主要攻关对象，以新能源汽车安全与节能为重点研究方向，力争攻克一批关键核心技术，推出一批具有自主知识产权和自主产业化的产品，培养造就一批新能源汽车专门研发人才和学术带头人，切实解决中通客车发展中缺乏高层次研发人才的难题。

中通客车董事长李树朋曾表示，只有与各大学院携手并进，进一步整合多方资源，创造出产品新优势，才能适应新能源汽车大规模商业化生产的市场需求，不断提升新能源产品研发及创新能力，推动新能源客车产业快速发展。

众人拾柴火焰高。正是由于联合科研院所、高校、技校以及公交公司等，建立了新能源客车广泛的“统一战线”，中通新能源客车才能成果不断，始终站在行业制高点。

三　因势利导

在新能源客车发展道路上，国家对于新能源汽车产业的鼓励政策层出不穷，中通新能源客车每次在政策出台后，都能抓住机会，因势利导，在政策之风的吹动下，扬起节能减排的风帆，达到一个又一个发展新高度。

2006 年 3 月 14 日，“十二五规划”第一次提出了节能减排的战略目标，同年 6 月，国家“863”计划节能与新能源汽车重大项目通过论证；11 月，国家“863”计划节能与新能源汽车重大项目总体专家组正式成立。一路领先的中通客车，在新能源客车领域的一个发展契机，便是“十一五”期间国家“863”计划节能与新能源汽车项目（以下简称“863”项目）的设立。

中通客车凭借其在新能源客车方面取得的科研成果，以及已有的实际运行案例，向国家提出了“863”项目的申请。

国家当然支持已经在新能源汽车产业中有所作为的企业。作为已有新能源客车下线，且有车辆在各地实际运行的中通客车，毫无悬念地获得了批准。经过专家组考察，最终在2006年12月，科技部把两项“863项目”，即“串联混合动力客车产品开发”及“奥运用纯电动客车整车研发”课题交予中通客车进行开发。中通客车成为“863项目”中唯一一家客车企业。

此前，中通客车的新能源项目已获得地方政府支持。2005年，其“混合动力客车研发及产业化”是聊城市的科技攻关计划；2006年，其“混合动力客车研制及示范运营”成为山东省自主创新工程重大专项；2006年12月，中通又申请到“863项目”两个课题，正式进入“国家队”行列。2008年12月30日，中通客车完成的“纯电动豪华旅游客车”与“中通串联混合动力客车产品开发”两项“863项目”通过鉴定，收获更多技术成果。

实际上，进入“国家队”后，中通客车获得的开发资源自然不同于昔日。无论是开发高度，还是资金支持和示范运行范围，这些都非“地方队”可比。可以说，以“863项目”获批为标志，中通新能源客车自此走上了一条康庄大道。

在多年的发展道路上，中通新能源客车依靠地方政府和国家的政策引导以及项目和资金支持，收获了丰硕“果实”（见下表）。

2005年以来中通客车获得的重大课题及专项成果

日期	课题项目	项目类别
2005年、2006年	混合动力客车研发及产业化	聊城市科技攻关计划
2006年3月	混合动力客车研制及示范运营	山东省自主创新工程重大专项
2006年11月	中通串联混合动力客车产品开发	“863”计划“节能与新能源汽车”重大专项
2006年11月	奥运用纯电动客车整车开发	“863”计划“节能与新能源汽车”重大专项
2007年3月	纯电动客车研发及产业化	聊城市科技攻关计划
2007年11月	奥运用纯电动客车研发及中试	山东省自主创新工程项目

续表

日期	课题项目	项目类别
2008年9月	可充电混合动力客车整车研发	“863”计划“节能与新能源汽车”重大专项
2008年10月	纯电动客车研发及中试	山东省重大科技成果转化项目
2009年7月	可充电混合动力客车开发及产业化	山东省自主创新工程重大专项
2011年7月	6000台套混合动力机电耦合驱动系统	国家发改委
2012年12月	国家新能源汽车技术创新工程	财政部、工信部、科技部

四　顺势而为

“顺势者昌”。中通客车把发展节能与新能源客车作为企业发展的战略重点，不仅为契合国家政策导向，最重要的是，节能减排是中国经济发展的必由之路，也是中通客车企业发展的唯一选择。

在中通客车看来，发展节能与新能源客车不但是发展低碳经济的必然选择，还是中国客车产业继续发展壮大的转型之路。这是因为，交通运输业是现阶段中能源消耗量最大的行业之一，其石油消耗总量占全社会石油消耗总量的30%以上，同时也是碳排放“大户”，正面临较大的节能减排压力。

从发展趋势来看，在交通运输行业推广节能与新能源汽车、发展绿色交通，可实现节能减排，具有重要的现实意义及战略意义。因此，中通客车认为，新能源客车不仅要在科技上领先，最重要的是能够实现产业化运作。也就是说，新能源客车不但要得到国家相关部委认可，更重要的是得到市场认可，帮助客户提高运营效益，方能持续发展。

正是始终秉承着产品开发最终为客户服务，使用效果是产品成功唯一判断标准的理念，中通客车在新能源客车发展之初，就没有让产品停留在“研发”领域。自2006年首批新能源客车下线后，中通客车就一直坚持进行实地运行，让产品经受实践考验。首批下线的中通新能源客车，一直就在聊城运营，后来发展到北京、天津和山东等地示范运行。

在2008年北京奥运会中的亮相，是中通新能源客车发展史上里程碑式的事件。北京奥运会前夕，按照中国对“绿色奥运”的承诺，北京城区的所有客车要达到清洁能源客车要求，且奥运中心区的车辆必须为零排放。为此，北京公交集团2007年面向全国公开招标，中通客车以小组最高分从众多客车企业中脱颖而出，中标了部分混合动力客车及奥运专用纯电动客车。中通纯电动客车直接服务于奥运会中心区，既体现了中国客车产业发展的高水平，也塑造了中国高新技术产品的国际形象。对此，科技部部长万钢给予高度评价，他说：“中通新能源客车的节能、环保作用非常明显，无论在国内还是国外市场，都有着广阔前景。”

紧接着，2009年，在山东济南召开的全运会上，中通新能源客车顺利完成了运动员和教练员的接送任务，向公众传达了节能、环保的全新客车运行理念。

“好风凭借力，送我上青天”。可以说，借助奥运会、全运会的中标和运行，中通新能源客车有了极好的练兵和展示机会，其产品在不断的探索与实践中持续改进完善。在2009年新能源客车还未引起很多企业的重视时，中通新能源客车就已经在这一领域中取得了丰硕成果。

五　乘势而上

《孟子·公孙丑上》云：“虽有智能，不如乘势，虽有镃基，不如待时。”

纵观中通新能源客车发展史可以发现，中通客车不但能够在政策颁布前，根据国家的大政方针未雨绸缪，提前做好准备，而且能够在政策颁布后，抓住政策，乘势而上。

在国内新能源客车产业萌芽阶段，中通乘势先人一步。2009年，国家启动“十城千辆”示范工程，给中国新能源客车带来了春天。

2010年，中通新能源客车全面走出山东，不但服务于上海世博会，还在天津、浙江和海南等地形成批量销售，通过诸多外省大订单来证实其技术实力。2011~2012年，中通新能源客车在国内大规模推广常规混合动力客车，累计推广1280辆，节能效果显著。也就是在这一年，中通新能源客车步入了快车道，开始其新能源客车产业化发展的新阶段。

新能源客车产业大发展阶段，中通同样一马当先。

2012年8月，国家下发了《关于扩大混合动力城市公交客车示范推广范围有关工作的通知》，将混合动力公交客车（包括插电式混合动力客车）推广范围从“十城千辆”示范工程的25个城市扩大到全国，推广目标为3000~5000辆，至2013年5月31日结束。此时，中通的普通混合动力客车技术成熟度已大幅提高，在政策利好刺激之下，中通客车迅速抓住机会，四面开花，在新一轮混合动力客车推广中取得不俗业绩。

当新能源客车产业进入调整阶段，中通客车也做到了处变不惊。2013年9月，国家公布了《关于继续开展新能源汽车推广应用工作的通知》，取消之前对常规混合动力客车的补贴，仅对插电式混合动力客车和纯电动客车进行补贴。

面对政策调整，很多刚刚掌握混合动力技术的客车企业又开始“手忙脚乱”地进行插电式技术研发，此前产品的销售一度停滞。但中通客车没有丝毫慌乱，它早在2010年就开展了插电式技术研发，新一轮政策出台后，便立即将新产品推向市场，再次赢得了市场先机。

在天然气客车领域，中通同样未雨绸缪。2011年，财政部、交通运输部发出《交通运输节能减排专项资金管理暂行办法》通知，用专项资金支持公路水路交通运输节能减排。第一批支持项目的1.5亿元专项资金中，就有0.44亿元资金与客车节能减排项目有关。2012年10月31日，国家发改委公布的《天然气利用政策》中明确提出，“优先发展天然气汽车（尤其是双燃料及液化天然气汽车），包括城市公交车、出租车、物流配送车、载客汽车、环卫车和载货汽车等以天然气为燃料的运输车辆”。可以说，上述两个政策都极大地促进了天然气客车的发展。

实际上，在天然气扶持政策推出前，中通在天然气客车领域就已经崭露头角。2011年，中通天然气客车全年销售2498辆，超过宇通和“三龙”，排名第二。2013年7月6日，中通第10000辆燃气客车交付用户使用，这意味着中通客车率先在国内实现万辆燃气客车的销售。

从中国客车年销20多万辆的数据来看，这一万辆的数字似乎微不足道，但对于当时燃气客车市场保有量未足10万辆的现状来说，中通客车能率先在这一细分领域中完成万辆销售，其行业意义非凡。

中通客车能在天然气客车市场一马当先，原因就在于中通在天然气客车研发和生产上起步较早。自2004年起，中通开始对燃气客车进行研发投入；2007年，中通的第一辆燃气客车下线。中通客车在天然气客车方面的开发平台较多，既有LNG也有CNG，既有公交版也有客运版，可以全面满足客车用户的需要。

假如把国家的补贴和支持政策比作阳光雨露，那么企业自身的实力和之前的努力就是播种和耕耘。没有企业自身的努力，即使阳光再明媚，雨水再充足，也不可能结出硕果。

六　明辨时势

2013年9月新能源客车补贴新政出台后，为什么很多企业都没有插电式混合动力客车方面的技术储备，而中通客车却有呢？这源于中通对形势的清醒认知和理解。

2009年后，中国新能源客车的研发、制造和试运行形成了一股高潮，同时也形成了不同技术路线和技术主张。对于新能源客车技术，究竟应该走混合动力、纯电动之路还是燃料电池之路？混合动力技术，应该走串联、并联之路还是混联之路？电控、电机等关键零部件，应该采用国外可靠性更高的产品，还是采用国内自主研发的产品？这些问题摆在了每一家新能源客车制造企业面前。

对于这一系列问题，众多机构和专家各执一词。每种技术路线都有自己的优势和劣势，企业应当如何抉择？这极大地考验着企业管理者的智慧。

对于各种意见与路线，中通客车明辨时势，结合国家政策、国际新能源发展潮流、国内新能源客车使用现状以及企业自身资源等因素，做出了深刻的分析与探索。中通客车一方面继续开展纯电动客车的研发；另一方面，中通又清楚地看到受制于设施建设、电池等难题，纯电动客车技术到 2015 年仍可能不够成熟，难以实现大规模商业化运作。因此，中通客车未将纯电动放在首要研发地位。

中通客车认为，相比纯电动客车，混合动力客车能更快地实现商业化运作。不过，分析混合动力客车的各种技术路线以及优劣势后，中通客车判断混合动力客车未来发展方向应该是插电式。因此，其从 2010 年开始研发插电式混合动力客车技术。

走上插电式技术研发道路后，中通客车又承接了科技部关于插电式混合动力技术的课题，开始研发并推出插电式混合动力客车。2012 年，中通客车的插电式混动技术保障到位，中通开始销售插电式混合动力客车。

2013 年 9 月，当新补贴政策明确提出，只有插电式混合动力客车才可获得补贴资格时，当很多客车企业开始转向插电式混合动力客车研发时，中通客车已经具备了插电式混合动力客车的实际运行经验。

根据政策导向，中通客车先后形成了纯电动客车、插电式混合动力客车优先研发，并联混合动力技术路线为主、混联为辅的产品策略；它研发的同轴并联插电式混合动力客车在标准城市工况下，节油率居于 30% ~36.2%，减排达到 40% 以上，插电工况下综合节油率达到 60% 以上。

从 2004 年到现在，中通客车先后推出十代混合动力客车、五代纯电动客车，率先推出了同轴并联插电式混合动力客车。可以说，正是出于对形势的清醒认知与理解，中通客车总是能在新能源客车发展之路上不迷失方向，紧随政策导向推出市场需求的产品。

七　累积成势

荀子《劝学篇》云：“不积跬步，无以至千里；不积小流，无以成江海。”中通能达到今天的高度，也是多年持续不断的努力与积累使然。正因为有了如此积累，中通在新能源客车领域才能站得更高，具有“势能”。

中通新能源客车的势能，可以说是经过了多年的磨炼和积累，经过了多地的示范和运行，经过了诸多的技术失败和技术更新，才慢慢建立起来的。从2004年起步开始，中通客车在人才、硬件和产品三个维度上不断积累和提升，最终站在了国内新能源客车产业的制高点。

通过10年打拼，中通客车积累了大量人才，造就了一支能打硬仗的新能源研发队伍，以“软实力”来提升技术实力。从2004年开始，中通客车坚持自主研发，以“产、学、研”为依托构建起科学的新能源研发团队；经过多年磨砺与锻炼，中通新能源客车研发队伍逐步壮大，培养了一大批掌握核心技术的专业人员。截至目前，中通客车技术中心有12名博士、74名硕士和280多名技术研发人员，其中专攻新能源客车技术的研发人员就有80名。

中通客车在打造新能源客车软实力的同时，对硬件建设也进行持续投入，“硬实力”也在不断提升。从2004年起，中通客车对新能源客车研发累计投入近8亿元，建立了电控系统、动力电池和动力系统三大核心实验室，实验室具有整车控制策略开发、整车电器开发和测试、动力系统开发和测试、动力电池测试标定等核心能力。2013年底，中通客车节能与新能源客车新基地投产，该基地总占地面积1450亩，预计年产能3万辆，是国内一次性定位生产新能源客车最大的项目，为其进行内涵式转型升级奠定根基。

通过不断加强人才队伍建设和逐渐完善硬件设施，中通建立了新能源研发的一整套技术体系，形成了系统的研发能力，收获了大量科研成果和专利。在科研成果方面，中通共获得1项中国汽车科技进步二等奖、2项省科技进步二等奖和1项奥运会突出贡献奖；形成了30余项专利技术，其中有7项发明专利、2项国外发明专利。2013年，中通客车被国家四部委评为“新能源行业技术领先企业”。

随着新能源客车技术的不断积累和成熟，中通客车的新能源成果也源源不断涌现出来，并开发出一代又一代产品，产品技术实力持续提升。经过多年的研发和优化改进，中通共研发出17款混合动力客车和6款纯电动客车，产品涵盖并联混合动力、混联混合动力、插电式、增程式、纯电动以及油电混合、气电混合等多种形式，车长覆盖6.6～12米，目前有22款车型登陆国家公告和补贴目录，形成了完整的产品系列。

另外，中通双源无轨电车也同样赢得了行业的高度认可。2014年5月，中通双源无轨电车在国家四部委举行的车辆评估中荣获第二名的成绩，并获得四部委1000万元的补贴。

八　势不可挡

在最新一轮新能源客车的示范运行中，中通客车再一次占据优势，呈现出“势不可挡”的态势。比如，2012年，中通销售新能源客车480辆，实现销售收入4.2亿元；2013年，中通新能源客车销量为1108辆，在细分市场中排名第二，销售收入6.7亿元；2014年，中通在新能源客车市场的业绩更加突出，前8个月订单累计2500辆，同比增长200%。如聊城、潍坊、太原等省内外地区数量达百辆以上的订单源源不断，预计2014年中通新能源客车销量有望实现3000辆。

从保有量来看，中通新能源客车在全国的运营规模也首屈一指。截至目前，中通新能源客车累计运营数量已近5000辆，总里程超过6亿公里，分布在山东、河南、河北、内蒙古、辽宁、黑龙江、山西、陕西、天津、浙江、福建、广东、海南和广西以及新加坡、菲律宾等70余个海内外地区。在国家倡导的“节能减排”大背景下，中通客车一如既往地坚持把节能与新能源客车作为企业发展战略重点，以“科技领先、节能高效、便捷交通、绿色发展”为产品研发理念，坚持不懈地走节能与环保发展路线，以领跑者姿态为中国节能与新能源客车的发展引领方向。

九　时势造英雄

中通在新能源客车推广道路上成绩卓越，可以说是“时势造英雄”。

中国在工业化、城市化进程中面临着多重问题，一方面，能源缺口已经成为经济发展的制约因素，另一方面，经济发展与环境恶化的矛盾亟待解决，全社会必须开始正视持续发展和节能减排问题。正是顺应了国家发展形势，中通客车在新能源客车领域才能紧跟时代步伐，顺应时代要求，一路领先，始终以行业领跑者姿态出现，不断引领着行业前行，其不但成为新能源客车行业的风向标，也成为这一特殊时代的"英雄"。

展望未来，可持续发展仍然是中国经济和社会发展中必须要坚持的理念，节能减排之路依然任重道远，中通客车"创新科技，领航绿色交通新时代"的企业使命仍然要履行。中通客车总经理孙庆民指出，中通在新能源客车方面有三个远大目标：一是领航国内新能源客车发展，突破国际技术路线，打造具有自主知识产权的新能源客车产品；二是成为亚洲最大的新能源客车制造基地；三是把中通新能源客车销往全世界。

对于细分目标，中通客车早在 2013 年就发布了"2345"战略规划——即从节能型客车和新能源客车两方面着手，利用三年时间，使市场占有率达到 40%，节能与新能源客车的销售收入与传统客车持平，各占 50%。

在产品销量方面，2014 ~ 2015 年，中通在节能与新能源客车新基地投产后，将实现智能化与专业化的批量生产模式，并在全国新能源示范城市近 6 万辆的市场需求中占据 30% 的份额。在产品研发方面，中通客车产品的节能率每年要持续提高 10% 以上，到 2016 年插电式混合动力车型的节能率超过 70%，实现混合动力客车大众化；到 2020 年，以零排放为目标，完成纯电动客车产品的全覆盖，实现纯电动客车市场化。

新的历史时期，中通客车将依托国家级技术中心、实验室和博士后工作站，全面采用高科技研发手段，充分发挥技术创新优势，与交通运输业伙伴携手合作，共同开创并引领崭新的绿色交通新纪元。作为已进入国内客车行业第一梯队的中通客车，未来将继续以节能与新能源客车为抓手，优化结构，提升效益，打造成品牌特色鲜明、核心竞争力突出、企业效益居于前列，在国内竞争优势明显，在全球有一定影响力的全新品牌。

B.14

福田欧辉与新能源客车的“一生一世”

孙艳黎*

摘　要：　2014年，北京公交集团700辆纯电动公交车大单花落福田欧辉，让这个仅有11年历史却将新能源发展贯穿始终的客车品牌再次成为业界焦点。继国内第一个实现混合动力客车产业化运作后，迄今为止福田欧辉新能源客车已投放5000多辆，其中在北京超过2000辆，并远销海外，成为中国名副其实的新能源客车领跑者。

纵观福田欧辉新能源客车的发展历程，犹如一部精彩的电影呈现在眼前。本文详细梳理了福田欧辉在每个关键阶段的目标、意义、规划、决策，分析了福田欧辉在新能源领域的成长轨迹和最新技术应用及其对中国新能源未来发展方向所发挥的重要示范作用。

关键词：　福田欧辉　新能源客车　智蓝　快充　混合动力　创新

福田欧辉，一个成立11年的客车品牌，也是一个在新能源客车领域耕耘11年的客车品牌，还是中国第一个实现混合动力客车产业化运作的客车品牌，更是新能源客车保有量达到5000余辆的客车品牌。可以说，福田欧

---

* 孙艳黎，新闻学硕士，方得网编辑，从事商用车行业新闻报道5年，曾参与编写《中国客车产业发展报告（2013）》。

辉的“一生一世”，也是新能源客车的“一生一世”。

这个客车行业的晚到者，新能源客车的领跑者，有着怎样的故事和现实？

一　黄金时代——福田欧辉新能源客车的2014

2014 年，既是中国新能源汽车的“小时代”，也是新能源客车领跑者福田欧辉的“黄金时代”。

2014 年，福田欧辉一次性交付北京公交集团 3012 辆 LNG 大型客车，为北京的大气治理发挥了重要作用。同年 11 月 2 日，北京公交集团与福田汽车集团在北京市怀柔区举行了“700 辆纯电动公交车签约暨首批交车仪式”，并交付首批 30 辆福田欧辉新能源快充纯电动客车。这 30 辆福田欧辉纯电动公交车，成为 2014 年 APEC 峰会期间北京街头的一道靓丽风景，也为“APEC 蓝”增添了一个注脚。

福田欧辉新能源客车迄今已投放市场 5000 多辆，其中在北京超过 2000 辆，并远销海外。在中国新能源客车风起云涌的时代，福田欧辉勇立潮头，成为中国新能源客车行业的“弄潮儿”。

现在，作为国内最早实现新能源客车商业化运作的品牌，福田欧辉已经成为新能源客车实际运营累计里程全球最长的企业，新能源产品覆盖北京、上海、广州、天津、济南、昆明、杭州、长沙及台湾等 20 多个地区，并且在美国、墨西哥、俄罗斯、埃及等海外市场也取得了良好的示范运行效果，已经接到世界各国包括英国、西班牙等发达国家的订单。

如今，福田欧辉在新能源客车界的领跑地位已然奠定，细数其前世今生，不难发现，其今天的表现并非偶然，而是经过 11 年的历练和蜕变，在深思熟虑之下，一步步走出了“福田特色”的新能源之路。

二　匆匆那年——从造客车起就开始造新能源客车

对于中国客车业来说，福田欧辉也许只是“后来者”，不过正是这个客车行业的“后来者”，却成为新能源客车领域的“领跑者”。其原因在于，福田欧辉从成立开始，就踏上了新能源客车开发之旅。

2003年福田欧辉才刚刚成立，并没有采取追随战略，而是把目光投向了国内还没有开垦的新能源客车市场，成为中国新能源客车市场第一批垦荒的企业。

据福田欧辉客车副总经理刘国强介绍，公司之所以在成立之初就将新能源客车作为重点发展的技术创新思路，主要出于两方面的考虑。其一，2003年福田欧辉客车成立，当时的客车市场竞争已经白热化，要在以“一通三龙”为代表的客车市场格局基本稳定的情况下迅速崛起，就需要有自己的特色，走差异化道路才能撬动市场，有自己的立足之地；其二，国家“863”燃料电池项目的推动，福田作为整车牵头单位承担了该项目，为欧辉纯电动驱动平台奠定了良好基础。

从2003年福田欧辉客车（成立时叫作欧V客车，下同）成立起，就确定了发展新能源客车的思路，福田欧辉的新能源客车规划很明确，就是以混合动力率先实现产业化，纯电动后继推广，燃料电池作为高新科技研发的三部曲。

作为国内最早投入新能源研发，最早实现新能源客车商业化运营的客车品牌，福田欧辉在新能源技术方面始终走在客车行业前列。11年来，福田欧辉依托福田汽车国家级企业技术中心的工程研究总院和投资超过12亿元的重点试验室，借助新能源汽车产业联盟各方优势资源，陆续开发了最先进的混合动力、快充、快换、即充纯电动、插电式增程等新能源技术，形成智蓝EV、SHEV、PHEV、CHEV四大新能源系列产品。

经过11年发展，福田欧辉客车现有资产总额近27.1亿元，占地面积72.36万平方米，员工4000余人，形成了以北京为中心，北京、山东两个工厂，年产客车2万辆的中高端客车生产基地。在新能源方面，福田欧辉新能源研发成本占总研发成本的40%左右，累计投入资金10亿余元，其自主研发的智能电控系统、动力电池管理系统（BMS）、电机控制器等关键零部件核心技术处于行业领先水平。

只有掌握先机才有利于制胜未来。正是由于2003年福田欧辉客车初创时，国际上新能源汽车技术刚刚起步，福田欧辉凭借出色的战略眼光把握住了世界汽车技术发展的趋势，将新能源客车确定为企业未来发展的方向之一，开始了新能源征程的第一步，才有了2014年欧辉新能源客车大卖的“黄金时代”。

三　等风来——混合动力客车批量试水

2007年，福田汽车成立了新能源汽车技术中心，开展纯电动、混合动力等整车项目及相关零部件的开发研制工作。至此，福田新能源客车步入快车道。在此基础上，福田欧辉将混合动力研发作为切入新能源客车领域的突破口，采用引进技术再创造的方式，以可靠、节能的突出优势，迅速占领了国内混合动力市场的制高点。

2008年1月，福田欧辉30辆混合动力公交车批量投放广州，成为“十城千辆”政策前就开始产业化运营的客车企业，也成为新能源客车批量化运行的“尝鲜者”。可以说，福田欧辉是国内最早开始混合动力客车批量商业化运营的客车品牌，开了国内新能源客车商业化运行的先河。

广州第一巴士作为珠三角地区公路客运的王牌企业，对于福田欧辉这个客车新人奉上的新产品，显然有着无比宝贵的信任。不过，新车上线总有磨合期，第一个“吃螃蟹”的广州第一巴士，对于新能源客车的使用效果，在心理上做足了准备。不过，一段时间后，通过详细的数据追踪，福田欧辉新能源客车的试运行取得了意外惊喜，节油效果十分显著，不仅单车单月运营成本下降了30%，还达到了欧Ⅳ的排放要求。其采购的30辆福田混合动力客车在3条公交线路上运营，经过使用后测算，这30辆车出勤率达到99%，节油率在25%以上，预计在8年的使用年限内每辆车可以节约成本40万元。

“早期的新能源是一个未知的事物，很多人对其可靠性、电池安全性等方面表示怀疑，认为新能源客车无法商业化应用，而当时的技术路线五花八门，还不具备产业化的条件。我们的新能源产品推出以后，打破了大家对新能源的认知。因为，对于新能源客车，我们始终将可靠性放在第一位，节能放在第二位。我们认为，一款产品不管有多先进、多节能、多环保，如果可靠性不行，无法保证出勤率，那么所谓的新能源就只能是空话。”刘国强表示，“首批新能源客车投放市场后，比我们预期的效果要好很多，我们当初策划了许多售后服务的方案，竟然都没有用上”。

在首批新能源客车运行状况良好的情况下，很快广州第一巴士又向福田欧辉采购了60辆福田欧辉混合动力客车。

6年多时间过去了，中国的第一批混合动力客车依旧以99%的超高出勤率，稳定穿梭于广州的大街小巷之间，在这个多雨、高温、路况复杂的特大城市，福田欧辉新能源客车凭借出色而稳定的表现，赢得了客户真挚的赞誉。“在这批车中，单车运营里程最长的已超过60万公里，故障时间仅为传统动力车的三分之一，经济效益和社会效益显著。”广州第一巴士总工程师李国敏曾这样评价福田欧辉混合动力客车。

可以说，福田欧辉不仅自己取得了阶段性的成果，尝到了提前布局、技术积累的甜头，更在行业内发挥了先锋带头作用，将新能源客车从实验室和展厅驶到市场前沿，驶到老百姓的眼前，让人们感知到科技的魅力。

随着头炮的打响，福田欧辉的新能源客车逐渐被大江南北的大型公交客运公司所认可。2008年奥运会期间，福田欧辉氢燃料电池客车承担了马拉松比赛工作用车等任务，以出色的服务和绿色理念，积累了纯电驱动开发运用的经验，为日后纯电动车的开发与推广打下坚实基础。同年12月28日，国家科技部和北京市政府联合向福田汽车授予“北京新能源汽车设计制造产业基地”牌匾，北京市公交集团当天还与福田汽车签订了850辆混合动力、纯电动城市客车的采购协议，创造了国内最大的新能源汽车采购纪录，为整个新能源客车市场注入一支强心剂，从此也正式拉开北京公交集团与福田欧辉客车的合作序幕。随后，宝岛台湾订购了75辆福田欧辉混合动力客车。

一直把“新能源的研发与应用”作为企业发展核心战略的福田欧辉，

在国家新能源汽车补贴政策出台之前就取得了巨大突破，用数据和事实征服了市场，即使在“等风来”的日子里，福田欧辉新能源客车依然能够“在太阳下低头，流着汗水默默辛苦地工作”。

四 速度与激情——在政策春风下茁壮成长

2009年，在新能源客车市场上早已扬帆起航的福田欧辉，终于等到了政策的东风。

2009年1月，由科技部联合财政部、发改委、工信部等部委联合启动了“十城千辆节能与新能源汽车示范推广应用工程”（以下简称“十城千辆”），通过提供财政补贴，计划用3年左右的时间，每年发展10个城市，每个城市推出1000辆新能源汽车开展示范运行。首次确定参与“十城千辆”工程的13个城市分别为：北京、上海、重庆、长春、大连、杭州、济南、武汉、深圳、合肥、长沙、昆明、南昌。同年2月，财政部和科技部联合发布《节能与新能源汽车示范推广财政补助资金管理暂行办法》，根据规定，被纳入《节能与新能源汽车示范推广应用工程推荐车型目录》的长度10米以上的混合动力客车每辆补贴5万~42万元，纯电动客车和燃料电池客车每辆分别补贴50万元和60万元。

面对政策如期而至，福田欧辉立刻拉满了帆，乘着政策的东风，在新能源客车市场急速前行，上演了一段“速度与激情”。

“十城千辆”出台后，福田欧辉的目标很明确，依然以并联式混合动力作为主打技术。继撬动广州和北京市场后，福田欧辉陆续接到多个“十城千辆”示范城市的新能源车订单，成为“十城千辆”城市公交的首选。2010年4月19日，长沙市人民政府与福田欧辉签订了50辆欧辉混合动力客车的采购协议。在签约当日，福田欧辉还向长沙市捐赠了价值260万元的两辆新能源客车，用于长沙市公交系统的先期试运营。2011年6月，福田欧辉向北京公交集团交付50辆福田欧辉纯电动客车，助力北京完成“十城千辆”目标。除此之外，上海、广州、天津、济南、昆明、杭州等其他“十城千辆”示范城市的街头也相继出现福田欧辉新能源客车的身影。

福田欧辉之所以在新能源方面取得如此好的业绩，并不是一个人在战斗。福田新能源客车的战果，与其“组团”作战密不可分。

五 中国合伙人——福田欧辉不是一个人在战斗

在新能源客车的激烈市场竞争中，福田欧辉有着志同道合的合作伙伴，正是这些“中国合伙人”，才让福田欧辉在新能源客车领域立于不败之地。

2009 年 3 月 13 日，作为国内首个新能源汽车产业联盟，北京新能源汽车产业联盟在福田汽车正式宣告成立。该联盟整合了国内新能源领域的优势资源，包括整车企业、零部件企业、科研院所以及终端用户等，加强产、学、研、用的有效衔接，切实降低新能源的研发成本，提升中国汽车行业在新能源领域的国际竞争力。作为发起者，福田汽车与伊顿、西门子、清华大学、北京理工大学等联盟成员共同合作，开发出众多新能源车型，使其在新能源的研发和市场推广方面走在中国汽车行业的最前列。

2010 年 8 月，“可持续新能源国际联盟”在福田汽车公司揭牌成立。加入国际联盟的企业除了福田汽车，还包括 IBM 公司、AECOM 公司、伊顿公司和中信国安盟固利公司以及大洋电机有限公司等国际知名企业。这一联盟致力于集聚联盟成员各方面的产品和资源，进而为世界范围内的用户提供可持续的新交通系统解决方案。

此外，北京公交集团对于福田欧辉来说，不仅是最重要的 VIP 客户，更是通力合作的最佳拍档。福田欧辉能取得如今的成就，与这个合作伙伴密切相关。北京是全国新能源客车保有量最高的城市，反过来，北京亦为福田欧辉新能源客车提供了广阔的市场空间、丰富的运营经验和广泛的运营示范作用。

汇集众家之长为己所用的福田欧辉，不仅在国内遍地开花，更从国内逐步走向海外市场，完成了一场漂亮的“星际穿越”。

六 星际穿越——福田欧辉新能源客车走向国际舞台

早在新能源车刚刚实现商业化，福田欧辉新能源客车的品牌影响力就远传至宝岛台湾。2009 年 6 月 20 日，台湾成运汽车公司与福田汽车正式签订了采购 75 辆欧辉混合动力新能源客车的购买合同，欧辉新能源客车首次登陆台湾，这也是大陆汽车企业首次向台湾地区出售新能源汽车。对此，北汽福田党委副书记赵景光表示，福田欧辉混合动力客车之所以能够得到台湾成运汽车的青睐，是因为这款车在节能减排、可靠性、经济性和实用性各方面都经受了前期市场的考验，福田节能与新能源汽车的国际化发展战略，在新能源领域已经奠定了领先优势。

先进的技术和高质量的产品，给了福田欧辉新能源客车“向外走”的底气。2010 年 6 月 24 日，北京市向莫斯科市赠送福田欧辉新能源客车，开启中国新能源客车走向世界的征程。之后，福田欧辉陆续在美国、西班牙、墨西哥、埃及等国家开始了示范运营之路。此外，福田欧辉新能源客车还在国际车展上惊艳亮相，引起海外市场高度关注。

2014 年 7 月 14 日，福田汽车与北京市交通委员会以及内罗毕市政府在肯尼亚联合签署了“内罗毕公交系统改善项目”战略合作协议，这意味着福田欧辉客车继服务国内城市公交系统取得成果之后，凭借领先的品牌优势和先进的技术和公交解决方案，开始走出国门走向非洲，为内罗毕公交系统改善贡献自己的力量。

2014 年 11 月 20 日，印度尼西亚公交主管部门—雅加达公交运营方—福田汽车三方就《雅加达市新能源公交车解决方案合作协议》在印度尼西亚雅加达举行了签字仪式。福田欧辉为雅加达市提供新能源公交解决方案，意味着其在为全球范围的汽车排放改善道路上又迈出坚实一步，福田欧辉国际“深度合作”的序幕已经拉开。福田欧辉新能源客车不仅在中国各大城市广泛应用，还在为全球各国城市献力。福田欧辉作为中国先进的新能源技术代表，将接受全世界的瞩目和审视。而它能得到国内各大城市以及世界各国公交集团伸出橄榄枝，很大程度上取决于福田欧辉的“智蓝”系统。

七　心花路放——“智蓝”方案打造节能减排美好时代

对新能源客车来说，什么是核心？显然，控制技术是核心。福田欧辉在多年发展新能源客车的历程中认识到控制系统的重要性，并且针对控制系统开发出其独特的“智蓝”系统。

2013 年 3 月 28 日，福田欧辉于 2013 南京国际客车及零部件展览会上，启动了“安行天下　智蓝未来”福田欧辉客车“智蓝”品牌暨新能源 EV 系列产品发布仪式，展现了福田欧辉在新能源领域继续探索和创新的强大信心与雄厚实力。

2014 年 10 月 15 日，在中国土木工程学会城市公共交通学会九届三次年会暨“平安公交·绿色公交”专题学术研讨会上，福田欧辉重磅推出“智蓝”新能源一体化解决方案，引起行业及用户的广泛关注。

据悉，福田欧辉“智蓝”新能源一体化解决方案由产品解决方案、运营支持方案、商务金融方案以及服务保障方案组成。在产品解决方案方面，福田欧辉自主研发的 e-AIR 发动机智能冷却系统、4D 防护车身技术、整车阴极电泳等核心领先技术，可大大提升驾驶安全性、可靠性和运营经济性，并可根据产品应用路况，匹配最优产品解决方案，满足用户个性化需求。在运营支持方案方面，“智蓝”深入客户一线，在综合分析客户运营需求、运营线路、资源及能力后，可提供专业的一体化运营支持方案，助力客户实现车队高效、有序运营与管理。在商务金融方案方面，通过国家、地方多级补贴以及融资租赁、银行按揭两大企业金融政策，“智蓝”切实帮助公交用户解决采购难题，使一线公交运营企业的资金压力真正得到降低，实现用户利益最大化。

值得一提的是，在服务保障方案方面，福田欧辉“智蓝”新能源一体化解决方案首创客车行业一站式嵌入服务，通过组建专业新能源服务团队，采用专业团队驻点的一站式嵌入服务，帮助客户迅速解决车辆故障与运营问题，保障车辆运营畅通无忧。

新能源产品线日益丰富的福田欧辉，把握住机遇，乘胜追击，制订节能环保“一揽子”解决方案，进一步奠定领先优势，创造减排美好时代，使得用户真正“心花路放”。在此基础上，“私人定制”的运用，让福田欧辉与客户更加紧密地联系起来。

八　私人定制——京城的公交治霾方案

作为东道主企业，福田欧辉对于北京的节能减排和减少雾霾，责无旁贷。

数据显示，在北京市520万辆的汽车保有量中，公交客车、营运客车等商用车的总量约为30万辆，而这30万辆商用车的总计排放污染物却占全市汽车尾气排放总量的50%。由此可见，大型公交等商用车尾气排放是城市空气污染的重要源头。

在此背景下，作为有强烈社会责任感的企业，作为北京地属企业，福田欧辉响应国家政策，针对引起雾霾天气的PM2.5排放进行有效治理，为北京地区“私人定制”了一整套系统解决方案。

福田欧辉针对PM2.5治理的系统解决方案，主要从产品创新、技术创新、运营管理、服务政策、实践案例以及推广计划这六个层面出发，全面保障北京公交客运领域的减排效果。在产品方面，福田欧辉研发和推广新能源客车和清洁能源客车，并提高此系列客车在北京整体客车中的占比。目前，福田欧辉所有客车都已经实现了低PM2.5排放和零PM2.5排放。其零PM2.5排放系列产品包括纯电动系列城市客车、纯电动系列城际客车、即充式纯电动系列城市客车等车型，低PM2.5排放系列产品则包括插电式混合动力系列城市客车、新一代混合动力系列城市客车、低排放NG系列（LNG/CNG）等车型，全面带动了客车产品的结构调整和优化升级。

在技术方面，福田欧辉加快节能相关技术研发，转化应用，造福公众。

除了“智蓝”技术，福田欧辉还拥有安全技术、4D 车身与轻量化设计、第三代客车能量管理系统 e-AIR 等多项节能与新能源技术，将最先进的技术武装到自己的新能源客车上，环保性能卓越。据福田欧辉相关技术人员介绍，福田欧辉自主创新的4D 车身与轻量化设计比国内同类客车产品减重 5% ~ 10%，节油 3% ~5%；结构强度、刚度同比提升 10% 以上；欧辉的第三代客车能量管理系统 e-AIR 历经 8 年严苛验证与应用，可使整车能耗进一步降低5% ~8%。

在服务政策方面，福田欧辉为了能与北京公交一起携手共赢，提供了涵盖定制开发、金融支持、无忧售后及二手车增值等在内的 360 度“绿色无忧”服务解决方案。首先，在定制开发方面，欧辉针对客户需求，依据北京城市路况、客流量使用环境等要素制定车辆配置优化方案。其次，在金融支持方面，欧辉可以提供包括按揭贷款、融资租赁在内的多种类金融服务支持。再次，在售后服务上，快充纯电动电池保修长达 8 年，强电部件保修 4 年，插电增程强电部分则保修 6 年，加上 24 小时免费外援支持、假日高峰“现场服务”等，让用户一路无忧，引领行业服务升级。此外，欧辉还拥有中国汽车行业最大的呼叫服务中心，确保了客户全程无忧，可谓关怀备至。最后，欧辉还将独家提供全方位“二手车业务支持包”，协助客户二手车增值交易，并以戴姆勒品质客车全面提升客车残值，让全生命周期成本一降到底。

在实践案例和推广计划方面，福田欧辉除了北京以外，已经在天津、山东、河北等多个省市有了成功的实践，并推出了解决方案推广路线图，受到多方好评。

在福田欧辉发挥各方面优势，积极致力于北京 PM2.5 治理的系统解决方案之时，新能源推广再出利好新政。2014 年 10 月 22 日，工信部、发改委、财政部等七部委联合发布《京津冀公交等公共服务领域新能源汽车推广工作方案（2014 ~2015 年）》，方案要求，2014 ~2015 年，京津冀地区公共交通服务领域将共推广 20222 辆新能源汽车。巨大的市场空间展现在各客车制造企业面前，作为在新能源领域深耕多年、拥有全系列新能源客车产品的福田欧辉，在此背景下，成功再下一城，携手北京公交集团，签下全球纯电动客车第一大单。

2014年11月2日，北京公交集团与福田欧辉客车在北京怀柔举行了700辆纯电动客车的签约仪式，进一步助力京津冀实现蓝天梦。在这次的交付车辆中，仅快充产品就达到了312辆，涵盖纯电动商务班车及城郊版纯电动客车。不难看出，审时度势的福田欧辉在技术路线上，选择了以纯电动快充模式作为市场推广重点。刘国强对此表示，与慢充电池相比，新型快速充电电池的能量密度虽然稍低，但使用寿命大大延长，使用成本明显下降，目前看来，快充是最可行的纯电动客车充电模式，特别是在6~8米车型以及单程10公里以下的公交线路上非常适用。

针对北京充电站用地困难，利用原有的无轨电车线路，发展双源无轨电车是又一个降低公交车排放的有效措施。因此，福田欧辉对于双源无轨电车也寄予了厚望。有业内人士表示，双源无轨电车2015年或将进入工信部的新能源车目录，享受国家和地方补贴。根据北京市的规划，到2017年，全市双源无轨电车保有量将从目前的不足600辆增加到约3000辆。其中，2015年底有望达到1000辆。为了推动双源无轨电车的快速发展，福田欧辉与北京公交等合作开发的新型双源无轨电车大量采用纯电动客车的技术和配置，如先进的永磁同步电机、全面升级的强电平台、能量回收装置、可快速充电的锂电池等，动力、舒适等性能可以达到纯电动客车水平。同时，国际先进的集电装置不仅能够自动升降，更加灵活，而且寿命更长、效率更高。双源无轨电车的大范围应用，势必成为福田欧辉客车新的增长点。

九　一步之遥——新能源客车爆发前夜

新能源汽车产业化政策已经实施了6年，福田欧辉的新能源客车发展之路也走过了11年。未来，中国新能源汽车之路会怎样发展？福田欧辉新能源客车又会有着怎样的发展机遇呢？

按照2012年6月国务院公布的《节能与新能源汽车产业发展规划(2012~2020年)》，“到2015年，纯电动汽车和插电式混合动力汽车累计产销量力争达到50万辆；到2020年，纯电动汽车和插电式混合动力汽车生产能力达200万辆、累计产销量超过500万辆，燃料电池汽车、车用氢能源产业与国际同步发展”。除了在政策上进一步为新能源汽车明确方向，扩大新能源公交的示范运营范围外，国家还启动了新能源汽车产业技术创新工程，这成为新能源客车发展新的利好因素。2014年1~10月，我国新能源汽车累计生产4.70万辆，同比增长近5倍。其中纯电动乘用车生产2.22万辆，同比增长7倍，插电式混合动力乘用车生产1.11万辆，同比增长20倍，燃料电池乘用车生产4辆；纯电动商用车生产5723辆，同比增长133%，插电式混合动力商用车生产7972辆，同比增长181%。

业内人士预测，2015年新能源公交的保有量有望增长到8.3万辆。巨大的市场空间和增长趋势，为广大新能源客车厂商释放了利好信号，但竞争也将更为激烈。据了解，福田欧辉2014年1500辆新能源客车的目标已经达到，2015年的销售目标设定为3500辆，对于这一目标的完成，刘国强表示出很强的自信。他认为：“新能源车的购买将越来越趋于理性，制造企业优胜劣汰的趋势日益明显。福田欧辉在新能源方面之所以能保持领先，就是因为选择了正确的技术路线，没有走弯路和反复，在可靠性和节能性等方面表现优异，增加了用户对产品的信任感。”

从外部来说，2015年新能源客车将迎来爆发性增长的原因有三方面。首先，新一轮新能源汽车补贴政策的出台以及两批新能源汽车推广应用城市名单的出炉，撬动了新能源这个前景广阔又远未饱和的“梦想市场”。其次，建立在目前新能源客车技术成熟和进步的基础上，中国第一批插电增程式混合动力客车已经上路运营，该类车型动力强劲，油耗超低，性能可靠，总成本费用也比以前有大幅度降低。通过统计，其故障率仅为传统动力客车的三分之一，已经具备了大面积推广的条件。最后，除了车辆的补贴外，国家对示范城市基础设施奖励政策的出台也极大地鼓舞了地方政府的积极性，因此，中央及地方政府和运输单位2015年对新能源客车推广应用的积极性将空前高涨。

为了迎接即将到来的黄金增长期，福田欧辉除了保证提供最环保的车型外，还推出了“欧辉节油奖励公益计划”，并搭建了“千名节油能手培训及奖励计划”平台，通过特色的增值服务，帮助公交集团进一步节能减排。按照福田欧辉的初步规划，从2014年开始，预计5年时间里在全国范围内培训1000名司机，每年培训200名，培训工作分别定在每年的上半年和下半年分两期展开。

深耕才能结硕果，福田欧辉面对喜人的发展趋势所表现的信心，并非一蹴而就，而是长期积累而成。依托福田汽车集团2020年战略，福田欧辉未来的发展目标不止局限于国内市场，更将目光投向了更广阔的世界舞台。

随着全球性能源危机、温室效应使人类赖以生存的环境日益恶化，各国政府提出了“节能减排”的低碳经济发展目标，而新能源汽车则成为全球城市公共交通节能减排的重要出路。作为中国新能源客车领军人物，福田欧辉正逐步从“产品出口”全面走向具有战略意义的国际“深度合作”。在福田欧辉客车业务战略图中，2015～2017年，福田欧辉力求实现海外市场从贸易销售向经营市场的转变；2018～2023年，进入欧洲、北美等一类海外市场，海外销量达到1.6万辆。新能源客车作为福田欧辉最重要的板块，是进一步撬动海外市场的“撒手锏”。

未来五年，福田汽车将以“提能力、调结构、拓海外”为业务发展方针，具体表现在：2014～2015年建立海外运营中心，南美、中南亚（印度）产权KD工厂投资建设；2016～2019年积极主导行业整合，中巴车产品进入市场，海外运营中心顺利运营；到2020年欧辉客车将成为客车行业市场领导者，年产销客车50000辆，进入世界客车行业第一阵营。

2014年的中国新能源客车市场正处在全面爆发的前夜，可以说，距离新能源客车的大规模普及只有一步之遥，而福田欧辉正在新能源客车的发展道路上奋力奔跑。

附 录

Appendix

B.15

中国节能与新能源客车大事记（1977～2014年）

1977年

5月 重庆市客车总厂（重庆恒通客车有限公司的前身）制造出中国第一辆压缩天然气客车。

1999年

郑州宇通客车开发出国内第一款纯电动客车产品，车辆类型为8米纯电动公交。

苏州金龙启动新能源客车的试制工作，与清华大学机械学院建立纯电动客车产学研联合体，双方合作制造的第一批12辆纯电动中巴车，于当年底成为当时清华大学的校车。

2000年

4月 第九届全国人大常务委员会第十五次会议通过的《大气污染防

治法》第三十四条规定：“国家鼓励生产和消费使用清洁能源的机动车船。”

2001年

厦门金龙开发出首款基于铅酸电池的混合动力客车。

2002年

苏州金龙与上海交通大学等单位合作试制的首辆混合动力客车下线，并于当年荣获“江苏省高新技术产品”称号。

2003年

安凯客车开始研发新能源客车，该公司是国内首家采用全承载技术生产新能源客车和首家上《电动客车国家公告》的企业。

2004年

厦门金龙推出XMQ6115G、XMQ6125GB两款混合动力公交车。

8月 国家发改委发布的《汽车产业发展政策》中第九条提出，“国家支持研究开发醇燃料、天然气、混合燃料、氢燃料等新型车用燃料，鼓励汽车生产企业开发生产新型燃料汽车”。

11月 国家发改委印发《节能中长期专项规划》，要求实施节约和替代石油工程，交通运输行业在“十一五”期间实施清洁汽车行动计划，发展混合动力汽车，在城市公交客车、出租车等行业推广燃气汽车，加快醇类燃料推广和煤炭液化工程实施的进度，发展替代燃料。

2005年

宇通客车完成其第一款混合动力客车的研制开发。

2006年

苏州金龙与上海交通大学等单位联合开发的国内第一辆氢燃料电池电动

公交车下线。

厦门金旅首创无变速箱混联系统模式，取得《混联式混合动力汽车》实用新型专利，完成系统自主研发和样车开发，并完成车型公告，在上海投入试运行。

8 月 6 日 《国务院关于加强节能工作的决定》发布，要求“鼓励发展节能环保型交通工具，开发和推广车用代用燃料和清洁燃料汽车”。

9 月 厦门金龙发布 XMQ6116G8 混合动力公交车，并在武汉批量示范运行。

12 月 科技部把两项“863 项目”——即“串联混合动力客车产品开发”和“奥运用纯电动客车整车研发”课题，交予中通客车开发。

2007年

中通客车斥资 5600 万元建立新能源客车工程中心。

中通研发出奥运专用的纯电动客车和混合动力客车并在北京示范运行。

厦门金龙研制完成混合动力公交车 XMQ6115GH，包括油电混合和气电混合两个动力版本。

1 月 国家发改委、科技部印发的《中国节能技术政策大纲（2006 年版）》中提出，“发展以天然气为燃料的公交车辆。因地制宜推广汽车利用醇类燃料、合成燃料和生物柴油，开发研究电动汽车、氢气汽车等新型动力及替代燃料技术”。

7 月 湖南南车时代电动汽车股份有限公司注册成立，该公司由中国南车集团株洲电力机车研究所、清华大学和三一集团等联合组建。10 月 19 日，由南车时代电动研制的首批 4 辆混合动力电动客车在湖南株洲下线并投入市场。

10 月 国家发改委发布《新能源汽车生产准入管理规则》，对新能源汽车做了明确定义：“本规则所称新能源汽车系指采用非常规的车用燃料作为动力来源（或使用常规车用燃料、采用新型车载动力装置），综合车辆的动力控制和驱动方面的先进技术，形成的技术原理先进、具有新技术、新结构的汽车。新能源汽车包括混合动力汽车、纯电动汽车（BEV，包括太阳能汽车）、燃料电池电动汽车（FCEV）、氢发动机汽车、其他新能源（如高效储能器、二甲醚）汽车等。”

12 月 18 日 国家发改委发布《产业结构调整指导目录（2007 年本）》，新能源汽车正式进入国家发改委的鼓励产业目录。

2008年

北京奥运会、残奥会期间共投入使用 500 辆新能源汽车，包括 50 辆北京京华锂离子电池纯电动公交车、5 辆中通纯电动豪华旅游客车、25 辆由东风汽车公司和一汽集团研发生产的混合动力公交车，3 辆北汽福田燃料电池客车，75 辆混合动力轿车，20 辆燃料电池轿车以及 320 多辆各类纯电动场地车。

苏州金龙与清华大学共同承担国家“863”氢燃料电池动力平台项目建设，研制出第三代氢燃料电池城市客车，并获国际氢能组织 CIBC 颁发的“新能源绿色客车奖”。

1 月 30 辆福田混合动力客车被广州第一巴士公司采购，陆续投放在广州的三条公交线路上进行商业运营，开辟了中国混合动力客车产业化先河。

8 月 宇通客车完成并联式低地板混合动力城市客车开发。

2008 年底，北京公交集团与福田汽车签署 800 辆混合动力客车和底盘的采购订单，这是当年国内最大的新能源汽车订单。

2009年

中通新能源客车进入产业化阶段，80 辆中通混合动力公交车在济南全运会上示范运行。

1 月 科技部、财政部、国家发改委和工信部共同启动“十城千辆节能与新能源汽车示范推广应用工程”，其主要内容为：通过提供财政补贴，计划用 3 年左右的时间，每年发展 10 个城市，每个城市推出 1000 辆新能源汽车开展示范运行，涉及这些大中城市的公交、出租、公务、市政、邮政等领域，到2012年，力争使全国新能源汽车的运营规模占到汽车市场份额的10%。

1月6日 30辆厦门金龙XMQ6125混合动力公交作为“十城千辆”电动汽车启动仪式示范车辆，投入武汉示范运行。

1月14日 国务院审议并原则通过汽车产业和钢铁产业调整振兴规划，首次提出“要实施新能源汽车战略。推动电动汽车及其关键零部件产业化。中央财政安排补贴资金，支持节能和新能源汽车在大中城市示范推广”。

2月11日 财政部、科技部联合下发《关于开展节能与新能源汽车示范推广试点工作的通知》，确定北京、上海、重庆、长春、大连、杭州、济南、武汉、深圳、合肥、长沙、昆明和南昌13个城市作为新能源汽车示范试点城市，将在公共服务领域推广使用节能与新能源汽车。同时，相关部门还制定了《节能与新能源汽车示范推广财政补助资金管理暂行办法》。

2月17日 财政部和科技部联合召开“节能与新能源汽车示范推广试点工作会议”，安排部署节能与新能源汽车示范推广试点的相关工作，并举行13个试点城市的启动仪式。

3月20日 国务院办公厅出台《汽车产业调整和振兴规划》（2009～2011），提出“实施新能源汽车战略。推动纯电动汽车、充电式混合动力汽车及其关键零部件的产业化”。“形成50万辆纯电动、充电式混合动力和普通型混合动力等新能源汽车产能，新能源汽车销量占乘用车销售总量的5%左右。”

4月30日 长株潭（长沙、株洲、湘潭）国家两型社会试验区节能与新能源汽车示范推广试点工程首批车辆交付运营启动仪式在湖南长沙举行。由湖南南车时代电动生产的30辆混合动力公交车正式交付长株潭三市公交公司。

5月6日 国务院决定以贷款贴息方式安排200亿元资金支持技术改革，包括“发展新能源汽车，支持关键技术开发，发展填补国内空白的关键总成”。

6 月 17 日 工信部发布《新能源汽车生产企业及产品准入管理规则》，要求新能源汽车企业必须至少掌握新能源汽车车载能源系统、驱动系统及控制系统三者之一的核心技术。

6 月 23 日 厦门金龙首辆 XMQ6121G Hybrid 混合动力公交车出口新加坡的交车仪式在厦门金龙厂区内举行，实现中国自主品牌混合动力客车首次出口海外。

7 月 苏州金龙在奥运纯电动客车的基础上推出新一代 KLQ6129GEV 纯电动客车，动力电池采用复合锂离子材料。该车于 2013 年年初获江苏省科学技术厅颁发的高新技术产品认证证书。

2010年

共有 1125 辆新能源汽车为上海世博会服务。其中包括超级电容公交车 61 辆，纯电动客车 120 辆，混合动力客车 150 辆，燃料电池客车 6 辆，燃料电池轿车 68 辆，纯电动场地车 270 辆，燃料电池观光车 100 辆，混合动力出租车 350 辆。纯电动公交及超级电容公交成为园区运送游客的主要交通工具。

宇通客车推出自主研发的第一代纯电驱动系统。

1 月 合肥公交集团采购了 30 辆安凯纯电动公交车用于 18 路公交线路运营，该线路也成为我国第一条全部采用纯电动客车的线路。

5 月 31 日 国家发改委印发《关于提高国产陆上天然气出厂基准价格的通知》，要求“各地要按照与 90 号汽油最高零售价格不低于 0. 75∶1 的比价关系，理顺车用天然气价格”。

6 月 10 日 中通客车与山东工程技师学院签订合作协议，校企共建新能源汽车专业。这是国内技工类院校中首个新能源汽车专业，主要培养新能源汽车装配、维修、调试、检测、销售等新能源汽车一体化人才。

6 月 20 日 台湾成云汽车公司与福田汽车签订了采购 75 辆福田混合动力客车的意向合同。这批车于 2011 年 2 月在台湾台北市作为公交旅游班车正式运营。这是国内生产的新能源整车出口台湾市场的第一单。

9月30日 比亚迪纯电动客车K9在比亚迪长沙基地下线。K9的下线，意味着比亚迪新能源汽车业务正式由家轿领域扩展到客车领域。

11月12~27日 广州亚运会期间，共投入使用新能源汽车360辆。其中，广汽集团投入174辆混合动力公交车、26辆纯电动公交车和100辆混合动力公务车；上汽集团投入60辆燃料电池观光车。

12月 重庆恒通客车有限公司联合微宏动力（湖州）有限公司成功研发制造出国内首辆10分钟快速充电纯电动客车，整车长12米，采用新型快充长寿命钛酸锂电池，充电只需10分钟。

2011年

2月 交通运输部印发《建设低碳交通运输体系指导意见》和《公路水路交通运输节能减排“十二五”规划》，把“推广使用NGV（天然气汽车）”列入“节能与新能源车辆示范推广工程”，要求“在有条件的地区鼓励道路运输企业使用天然气、混合动力等燃料类型的营运车辆”，“逐步提高城市公交、出租汽车中天然气车辆的比重，在城市物流配送、城际客货运输车辆中积极开展试点推广工作，以新购置天然气车辆代替淘汰的老旧车辆”。

4月 重庆公交集团购入6辆恒通快速充电纯电动客车，投入609公交线路上示范运行。这是世界上第一条快速充电纯电动客车示范运行线路。

4月16日 中通客车3万辆新能源及节能型客车基地奠基仪式在山东聊城举行。新厂区的建设将成为中通客车发展历程中的又一个里程碑。

5月 财政部和交通运输部联合发布《交通运输节能减排专项资金管理暂行办法》，采取以奖代补的办法，鼓励支持天然气汽车的应用，对采用替代燃料的按被替代燃料每吨标准油不超过2000元给予奖励；对全国推广应用公路燃气客车和部分地区推广应用公交车和出租车给予财政补贴。第一批支持项目的1.5亿元专项资金中，就有0.44亿元左右资金与客车节能减排项目有关。

6月 宇通插电式混合动力城市客车产业化技术攻关项目（PHEB）被列入国家“十二五”“863”计划重大项目，这是我国目前最高级别的科研资助类型，宇通新能源项目也由此成为国家“十二五”规划中第一个获批的新能源“863”计划重大项目。

7月 宇通客车投资38.6亿元建设的国内规模最大的节能与新能源汽车基地在郑州新区奠基，规划产能3万辆。

8月初 深圳大运会2011辆新能源汽车全部交付使用。服务于2011年深圳第26届大学生夏季运动会的2011辆新能源汽车全部由深圳本地企业五洲龙和比亚迪生产，其中，五洲龙提供1511辆，包括1370辆单层混合动力大型公交、20辆双层混合动力大型公交、53辆纯电动大型公交、26辆纯电动中型公交、60辆燃料电池场地车和2辆燃料电池大型公交；比亚迪提供500辆，包括200辆K9纯电动大型公交和300辆e6纯电动出租车。

8月 苏州金龙与清华大学共同研制的第四代燃料电池客车成功服务于在新加坡举行的“世界青奥会”，这也是我国首次出口燃料电池汽车。

9月 湖南株洲市宣布实现“城市公交车电动化三年行动计划”，株洲市城区的627辆公交车全部被置换成南车时代混合动力公交车，株洲也由此成为国内第一个电动化公交城。

9月28日 福田汽车欧辉客车事业部广东工厂在佛山投产，福田欧辉以北京为中心，北京和广东为基地的“一个中心两个基地”的新能源客车生产基地布局正式形成。

11月 重庆恒通客车有限公司与微宏动力（湖州）有限公司合资成立“重庆恒通电动客车动力系统有限公司”，恒通客车持股34%，微宏动力持股66%，主要致力于新能源客车在经济性与可商业化方面的研究，并专业从事新能源客车研发和生产。

11月10日 财政部、科技部、工信部和发改委联合发布《关于进一步做好节能与新能源汽车示范推广试点工作的通知》，意味着国家四部委在加大推广力度的同时，也开始全面考核实施效果。

2012年

2012年开始，交通运输部在全国开展创建“公交都市”活动，批准北京、南京、天津、上海等37个城市为公交都市创建城市，要求推广应用NG等清洁能源公交车辆，并明确将其纳入交通运输部节能减排专项资金支持范围。

3月27日 国家科学技术部印发《电动汽车科技发展“十二五”专项规划》，确立了“纯电驱动”的技术转型战略，提出要面向“纯电驱动”实施汽车产业技术转型战略，加快发展“纯电驱动”电动汽车产品。

5月22日 江苏常隆客车有限公司在位于江阴的生产工厂总装车间举行了欧盟认证授证和首辆纯电动客车出口意大利仪式。

6月28日 国务院发布《节能与新能源汽车产业发展规划（2012~2020)》，提出中国新能源汽车产业发展的技术路线是“以纯电驱动为新能源汽车发展和汽车工业转型的主要战略取向，当前重点推进纯电动汽车和插电式混合动力汽车产业化，推广普及非插电式混合动力汽车、节能内燃机汽车，提升我国汽车产业整体技术水平”。主要目标是“到2015年，纯电动汽车和插电式混合动力汽车累计产销量力争达到50万辆；到2020年，纯电动汽车和插电式混合动力汽车生产能力达200万辆、累计产销量超过500万辆，燃料电池汽车、车用氢能源产业与国际同步发展”。

7月 重庆公交集团在重庆空港地区再投入25辆恒通快速充电纯电动客车进行商业化运营，电池装载为80kwh，每天连续运行170~200公里，充电4~5次。

8月6日 财政部、科技部、工信部和发改委联合发布《关于扩大混合动力城市公交客车示范推广范围有关工作的通知》，将混合动力公交客车（包括插电式混合动力客车）推广范围从目前的25个节能与新能源汽车示范推广城市扩大到全国所有城市。通知中确定的推广目标为3000~5000辆，四部委将根据市场推广情况明确截止时间。

8月 国务院印发《节能减排“十二五”规划》，要求进行交通运输节油技术改造，鼓励以洁净煤、石油焦、天然气替代燃料油；在有条件的城市公交客车、出租车、城际客货运输车辆等车型上推广使用天然气和煤层气。

9月 国务院印发《重点区域大气污染防治“十二五”规划》，要求

"强化机动车污染防治，有效控制移动源排放"。"鼓励选用节能环保车型，推广使用天然气汽车和新能源汽车，并逐步完善相关基础配套设施；积极推广电动公交车和出租车。"

9月4日 安凯新能源汽车新基地项目在合肥市包河工业园区举行开工奠基仪式，安徽省首个新能源客车及核心动力总成生产基地正式动工建设，预计2015年上半年正式投产。基地建成后，可形成年产6000辆新能源客车整车、12000套客车关键动力总成、150000套新能源汽车关键核心动力总成的生产能力，实现产值81亿元。

12月 国家发改委发布《天然气发展"十二五"规划》，提出实施"天然气替代工程"，要求在经济相对发达地区和天然气产区，按照科学规划、因地制宜原则，稳步实施以气替油工程，如以气替代油发电，以气替代车用和船用燃料等。

12月 国家发改委修订2007年8月发布的《天然气利用政策》，把天然气汽车（尤其是双燃料及液化天然气汽车），包括城市公交车、出租车、物流配送车、载客汽车、环卫车和载货汽车等以天然气为燃料的运输车辆，列入天然气利用第一类用户（优先利用类）予以保证气源供应。

12月 科技部等四部委组织专家对25个示范城市（包括6个开展私人购买新能源汽车试点城市）验收的结果显示，截至2012年底，25个示范城市共推广各类新能源示范车辆27432辆（其中公共服务领域车辆为23032辆，私人购买新能源汽车4400辆），仅占全国汽车保有量的万分之二，与"十城千辆"示范工程的"力争使全国新能源汽车的运营规模占到汽车市场份额的10%"目标相差甚远。

2013年

1月25日 天津公交集团与比亚迪公司合资组建天津比亚迪汽车有限公司在天津公交集团举行合同签字仪式，比亚迪将重组天津公交集团旗下天津客车装配厂。在此之后，天津公交集团纯电动客车采购基本由比亚迪独揽。

2月 《国务院办公厅关于加强内燃机工业节能减排的意见》发布，将

“替代燃料内燃机产品研发”作为重点任务之一，要求积极发展车船用柴油/天然气双燃料内燃机、生物柴油内燃机，并实施“替代燃料内燃机应用示范工程”，开展天然气单一燃料及天然气/柴油双燃料燃烧技术在车船用发动机上的推广应用。

5月 交通运输部印发《加快推进绿色循环低碳交通运输发展指导意见》，要求加快推广节能与清洁能源装备，推进以天然气等清洁能源为燃料的运输装备和机械设备的应用，加强加气、供电等配套设施建设。

6月 福田汽车与北京公交集团及其下属子公司北京八方达客运有限责任公司签订了共计3012辆福田欧辉LNG（液化天然气）公交车产品的销售合同。8月底，北京公交采购的首批福田欧辉LNG公交车正式上线运营。

7月6日 第10000辆中通燃气客车交付用户。这意味着中通客车在国内率先实现10000辆燃气客车的销售。

9月10日 国务院办公厅印发的《大气污染防治行动计划》中提出要大力推广新能源汽车，提倡公交、环卫等行业和政府机关率先使用新能源汽车，采取直接上牌、财政补贴等措施鼓励个人购买；北京、上海、广州等城市每年新增或更新的公交车中新能源和清洁燃料车的比例要达到60%以上。

9月13日 财政部、科技部、工信部、发改委四部委联合出台的《关于继续开展新能源汽车推广应用工作的通知》中规定了新一轮推广政策的补贴标准，其中，纯电动客车、插电式混合动力（含增程式）客车推广应用补助以车长L（米）为标准，纯电动客车$6 \leqslant L < 8$每车补贴30万元、$8 \leqslant L < 10$每车补贴40万元、$L \geqslant 10$每车补贴50万元。插电式混合动力客车（含增程式）$L \geqslant 10$每车补贴25万元。超级电容、钛酸锂快充纯电动客车定额补贴15万元。

11月 宇通客车正式推出新能源核心技术——睿控技术平台。睿控系统是由“电动四化”和“智能四化”组成的汽车科技平台，可广泛应用于混合动力、插电式等节能与新能源客车。

11月26日 财政部、工信部、科技部、国家发改委联合发布了《四部委确定第一批新能源汽车推广应用城市或区域名》，确认北京市、天津市、上海市、长株潭地区、广州市、深圳市等28个城市或区域为第一批新能源汽车推广应用城市。推广城市名单确立，也意味着新能源汽车的推广在经过小段时间停滞后，再次进入实质性阶段。

12月 中通客车3万辆节能与新能源客车生产基地投产，为其迈入内涵式转型升级奠定基础。新基地占地1500亩，一期投资11.38亿元，建设具有国际先进水平的生产线，采用整车电泳工艺、机器人自动涂装工艺、机器人焊装工艺等先进技术，自动化水平高，具备年产3万辆节能及新能源客车的生产能力。

2014年

1月11日 国务院副总理马凯在合肥调研新能源汽车发展情况时强调：国家发展新能源汽车战略不变；以纯电驱动为新能源汽车发展和汽车工业转型的战略取向不变；确定的节能与新能源汽车的规划目标不变；政府政策扶植的政策取向不变。

1月27日 四部委增加沈阳市、长春市、潍坊市、临沂市、泸州市等12个城市或区域为第二批新能源汽车推广应用城市。

4月 浙江金华青年汽车集团与香港九龙巴士签订8辆纳米碳锂电池纯电动公交车的订购协议，青年汽车首次独家中标香港九龙巴士纯电动公交车订单。

6月 交通运输部印发《关于交通运输行业贯彻落实〈2014 ~2015年节能减排低碳发展行动方案〉的实施意见》，要求推广应用绿色交通运输装备，继续推进天然气汽车在道路运输和城市公交中的应用。贯彻落实国家关于新能源汽车推广应用的战略部署，研究制定在城市公交、出租汽车、城市配送等领域推广应用新能源汽车的指导意见。

7月 扬州亚星1辆12米锂电池纯电动公交车成功出口美国。

7月 一辆装载北京佩特来电机驱动技术有限公司电驱动系统的珠海广通18m纯电动客车（直充式低地板）正式下线，并于7月25日发往德国不来梅，交付德国客户进行线路运营。

7月9日 国务院常务会议决定自2014年9月1日至2017年底，对获得许可在中国境内销售（包括进口）的纯电动以及符合条件的插电式（含增程式）混合动力、燃料电池三类新能源汽车，免征车辆购置税。

7月13日 国管局、财政部、工信部、科技部和国家发改委联合发布的《政府机关及公共机构购买新能源汽车实施方案》中要求，“2014～2016年，中央国家机关以及纳入财政部、科技部、工业和信息化部、发展改革委备案范围的新能源汽车推广应用城市的政府机关及公共机构购买的新能源汽车占当年配备更新总量的比例不低于30%，以后逐年提高”。

7月14日 国务院办公厅发布《关于加快新能源汽车推广应用的指导意见》，从“加快充电设施建设”“引导企业创新商业模式”“推动公共服务领域率先推广应用”“完善政策体系”“破除地方保护”“加强技术创新和产品质量监管”“进一步加强组织领导”等各个方面对新能源汽车发展提出了系统性和综合性的指导意见。

8月 南京公交集团2530辆青奥会定制节能与新能源空调客车采购大单陆续交付完毕，其中1058辆为纯电动客车，剩下的都是天然气客车。1058辆纯电动车被地处南京市溧水经济开发区的比亚迪溧水新能源车生产基地和南京金龙溧水新能源车生产基地拿下，其中比亚迪分得650辆K9纯电动公交车，南京金龙分得408辆纯电动公交车。

8月1日 财政部、国税总局和工信部联合发布的《关于免征新能源汽车车辆购置税的公告》中规定，“自2014年9月1日至2017年12月31日，对购置的新能源汽车免征车辆购置税。对免征车辆购置税的新能源汽车，由工业和信息化部、国家税务总局通过发布《免征车辆购置税的新能源汽车车型目录》实施管理”。

8月27日 工信部和国家税务总局联合发布“免征车辆购置税的新能源汽车车型目录（第一批）”，自2014年9月1日起开始实施。首批免征车辆购置税的新能源客车分为纯电动和插电式混合动力两种车型，其中，纯电动客车有75款，插电式混合动力客车有10款。

9月3日 广汽集团和比亚迪汽车合资成立的广州广汽比亚迪新能源客

车有限公司在广州市从化明珠工业园正式奠基，成为华南地区首家规模化的在建新能源客车项目。该项目预计到2015年9月建成投产。

9月 交通运输部发布的《关于加快新能源汽车推广应用的实施意见（征求意见稿）》中提出，到2020年，公交都市创建城市新增或更新城市公交车、出租汽车和城市物流配送车辆中，新能源汽车比例不低于30%；京津冀地区新增或更新城市公交车、出租汽车和城市物流配送车辆中，新能源汽车比例不低于35%。到2020年，新能源城市公交车达到20万辆，新能源出租汽车达到5万辆，新能源城市物流配送车辆达到5万辆。

10月 深圳五洲龙获广州珍宝（白马）巴士有限公司2014年度179辆新能源客车招标采购合同，合同总金额高达1.7亿元。

10月22日 工信部、国家发改委、科技部等七部门联合印发的《京津冀公交等公共服务领域新能源汽车推广工作方案》中要求，2014 ~2015年，京津冀地区公共交通服务领域将共推广20222辆新能源汽车。

10月24日 国家发改委、环保部、财政部、交通部、质检总局等十二部委联合出台《加强“车、油、路”统筹，加快推进机动车污染综合防治方案》，强调“大力推广新能源汽车。2015年起，在公交车、出租车等城市客运以及环卫、物流、机场通勤、公安巡逻等领域加大新能源汽车推广应用力度，新能源汽车推广应用城市公共服务领域新增或更新车辆中的新能源汽车比例不低于30%；2014至2016年，中央国家机关以及新能源汽车推广应用城市的政府机关及公共机构购买的新能源汽车占当年配备更新汽车总量的比例不低于30%，以后逐年扩大规模”。

10月27日 河北承德市政府与比亚迪汽车在省会石家庄签署投资协议书，双方将建设比亚迪承德新能源汽车及零部件生产基地，并逐步建成北方最大的新能源汽车研发生产基地。项目分三期建设，计划总投资20亿元，未来两年到三年时间全部建成。项目投产后预计年产5000辆纯电动客车，实现年产值100亿元。

10月29日 工信部和国家税务总局联合发布“免征车辆购置税的新能源汽车车型目录（第二批）”，入选的纯电动客车有57款，插电式混合动力客车有13款。

11月 总投资3.3亿元的国家电动客车电控与安全工程技术研究中心落户宇通客车，该中心将重点研究电动客车的电控技术与安全技术，用于提高电动客车经济性、可靠性和安全性，从技术层面解决新能源客车推而不广难题。

11月2日 福田汽车与北京公交集团签订692辆纯电动客车销售合同，并首批交付30辆快充纯电动客车。这是继2013年3012辆LNG（液化天然气）客车签约、2009年800辆混合动力客车签约后，又一全球最大的新能源客车订单。

11月 国内首辆用于出口的全铝车身纯电动公交车XML6125J58C在厦门金旅公司下线，装船发往荷兰。

11月 比亚迪新能源山东总部、出口基地和电动车及储能技术研发中心项目签约并落户山东青岛城阳区。该项目总投资30亿元，预计到2017年全部建成，将分三期建设，项目正式投产后，预计第一阶段年产1000辆纯电动大巴，主要用于公交车辆，第二阶段达到年产能3000辆，第三阶段达到年产能5000辆。

11月21日 工信部发布《新能源汽车推广应用示范城市（群）新能源汽车推广情况公示》。按照新能源汽车推广应用城市（群）申报计划，2013~2015年39个推广应用城市（群）将累计推广新能源汽车33.6万辆。但据工信部统计，从2013年1月至2014年9月底，39个推广应用城市（群）实际累计推广新能源汽车3.86万辆，只完成了目标数量的11.5%，其中，长春、哈尔滨、晋城、兰州、聊城、海口六个城市的推广进度为0；完成率最高的是合肥（72%），其次分别是浙江（52%）、上海（40%），北京市仅完成14%。另据工信部统计，截至2014年10月底，有30个城市（群）65个城市出台了新能源汽车推广应用配套政策措施。

11月28日 为进一步扩大电动客车的推广范围，宇通客车正式发布国内首个“纯电动客车整体解决方案”。该方案从产品、配套、服务、金融四方面，提出解决新能源客车商业化推广的系统操作思路，尤其突出解决了纯电动客车采购方在配套服务、购买资金方面的问题。

11 月 30 日　中国南车旗下的湖南南车时代电动汽车股份有限公司第二期新能源公交车产业化基地正式竣工投产，新基地具备年产纯电动、增程式、插电式混合动力等各类新能源公交车超过 1 万辆，关键系统零部件 2 万台（套）的能力。该公司由此晋级“新能源公交车万辆产能俱乐部”。

12 月 11 日　工信部发布《锂离子电池行业规范条件》（征求意见稿），拟对锂离子电池生产实行准入，严格控制新上单纯扩大产能、技术水平低的锂离子电池行业项目，并通过规定企业电池年产能不低于 1 亿瓦时等条件，避免行业“散、小、乱”发展趋势，引导锂离子电池行业健康发展。《锂离子电池行业规范条件》拟于 2015 年开始实施，管理的范围适用于锂离子电池行业上下游企业，包括电池、正极材料、负极材料、隔膜、电解液（含电解质）等企业，不符合要求的项目不得设立。

12 月 19 日　工信部和国家税务总局联合发布“免征车辆购置税的新能源汽车车型目录（第三批）”，其中包括 14 款插电式混合动力客车和 92 款纯电动客车。

皮书起源

“皮书”起源于十七、十八世纪的英国，主要指官方或社会组织正式发表的重要文件或报告，多以“白皮书”命名。在中国，“皮书”这一概念被社会广泛接受，并被成功运作、发展成为一种全新的出版型态，则源于中国社会科学院社会科学文献出版社。

皮书定义

皮书是对中国与世界发展状况和热点问题进行年度监测，以专业的角度、专家的视野和实证研究方法，针对某一领域或区域现状与发展态势展开分析和预测，具备权威性、前沿性、原创性、实证性、时效性等特点的连续性公开出版物，由一系列权威研究报告组成。皮书系列是社会科学文献出版社编辑出版的蓝皮书、绿皮书、黄皮书等的统称。

皮书作者

皮书系列的作者以中国社会科学院、著名高校、地方社会科学院的研究人员为主，多为国内一流研究机构的权威专家学者，他们的看法和观点代表了学界对中国与世界的现实和未来最高水平的解读与分析。

皮书荣誉

皮书系列已成为社会科学文献出版社的著名图书品牌和中国社会科学院的知名学术品牌。2011 年，皮书系列正式列入“十二五”国家重点图书出版规划项目；2012~2014 年，重点皮书列入中国社会科学院承担的国家哲学社会科学创新工程项目；2015 年，41 种院外皮书使用“中国社会科学院创新工程学术出版项目”标识。

中国皮书网

www.pishu.cn

发布皮书研创资讯，传播皮书精彩内容

引领皮书出版潮流，打造皮书服务平台

栏目设置：

- □ 资讯：皮书动态、皮书观点、皮书数据、皮书报道、皮书发布、电子期刊
- □ 标准：皮书评价、皮书研究、皮书规范
- □ 服务：最新皮书、皮书书目、重点推荐、在线购书
- □ 链接：皮书数据库、皮书博客、皮书微博、在线书城
- □ 搜索：资讯、图书、研究动态、皮书专家、研创团队

中国皮书网依托皮书系列“权威、前沿、原创”的优质内容资源，通过文字、图片、音频、视频等多种元素，在皮书研创者、使用者之间搭建了一个成果展示、资源共享的互动平台。

自 2005 年 12 月正式上线以来，中国皮书网的 IP 访问量、PV 浏览量与日俱增，受到海内外研究者、公务人员、商务人士以及专业读者的广泛关注。

2008 年、2011 年中国皮书网均在全国新闻出版业网站荣誉评选中获得“最具商业价值网站”称号；2012 年，获得“出版业网站百强”称号。

2014 年，中国皮书网与皮书数据库实现资源共享，端口合一，将提供更丰富的内容，更全面的服务。

法律声明

权威报告 · 热点资讯 · 特色资源

皮书数据库

ANNUAL REPORT(YEARBOOK) DATABASE

当代中国与世界发展高端智库平台

WWW.PISHU.COM.CN

皮书俱乐部会员服务指南

1. 谁能成为皮书俱乐部成员？

- 皮书作者自动成为俱乐部会员
- 购买了皮书产品（纸质书/电子书）的个人用户

2. 会员可以享受的增值服务

- 免费获赠皮书数据库100元充值卡
- 加入皮书俱乐部，免费获赠该纸质图书的电子书
- 免费定期获赠皮书电子期刊
- 优先参与各类皮书学术活动
- 优先享受皮书产品的最新优惠

3. 如何享受增值服务？

（1）免费获赠100元皮书数据库体验卡

第1步 刮开附赠充值的涂层（右下）；

第2步 登录皮书数据库网站（www.pishu.com.cn），注册账号；

第3步 登录并进入“会员中心”—“在线充值”—“充值卡充值”，充值成功后即可使用。

（2）加入皮书俱乐部，凭数据库体验卡获赠该书的电子书

第1步 登录社会科学文献出版社官网（www.ssap.com.cn），注册账号；

第2步 登录并进入“会员中心”—“皮书俱乐部”，提交加入皮书俱乐部申请；

第3步 审核通过后，再次进入皮书俱乐部，填写页面所需图书、体验卡信息即可自动兑换相应电子书。

4. 声明

解释权归社会科学文献出版社所有

皮书俱乐部会员可享受社会科学文献出版社其他相关免费增值服务，有任何疑问，均可与我们联系。

图书销售热线：010-59367070/7028
图书服务QQ：800045692
图书服务邮箱：duzhe@ssap.cn

数据库服务热线：400-008-6695
数据库服务QQ：2475522410
数据库服务邮箱：database@ssap.cn

欢迎登录社会科学文献出版社官网（www.ssap.com.cn）和中国皮书网（www.pishu.cn）了解更多信息

社会科学文献出版社 SOCIAL SCIENCES ACADEMIC PRESS (CHINA) 皮书系列

卡号：735331919120

密码：

子库介绍
Sub-Database Introduction

中国经济发展数据库

涵盖宏观经济、农业经济、工业经济、产业经济、财政金融、交通旅游、商业贸易、劳动经济、企业经济、房地产经济、城市经济、区域经济等领域，为用户实时了解经济运行态势、把握经济发展规律、洞察经济形势、做出经济决策提供参考和依据。

中国社会发展数据库

全面整合国内外有关中国社会发展的统计数据、深度分析报告、专家解读和热点资讯构建而成的专业学术数据库。涉及宗教、社会、人口、政治、外交、法律、文化、教育、体育、文学艺术、医药卫生、资源环境等多个领域。

中国行业发展数据库

以中国国民经济行业分类为依据，跟踪分析国民经济各行业市场运行状况和政策导向，提供行业发展最前沿的资讯，为用户投资、从业及各种经济决策提供理论基础和实践指导。内容涵盖农业，能源与矿产业，交通运输业，制造业，金融业，房地产业，租赁和商务服务业，科学研究，环境和公共设施管理，居民服务业，教育，卫生和社会保障，文化、体育和娱乐业等 100 余个行业。

中国区域发展数据库

以特定区域内的经济、社会、文化、法治、资源环境等领域的现状与发展情况进行分析和预测。涵盖中部、西部、东北、西北等地区，长三角、珠三角、黄三角、京津冀、环渤海、合肥经济圈、长株潭城市群、关中—天水经济区、海峡经济区等区域经济体和城市圈，北京、上海、浙江、河南、陕西等 34 个省份及中国台湾地区。

中国文化传媒数据库

包括文化事业、文化产业、宗教、群众文化、图书馆事业、博物馆事业、档案事业、语言文字、文学、历史地理、新闻传播、广播电视、出版事业、艺术、电影、娱乐等多个子库。

世界经济与国际政治数据库

以皮书系列中涉及世界经济与国际政治的研究成果为基础，全面整合国内外有关世界经济与国际政治的统计数据、深度分析报告、专家解读和热点资讯构建而成的专业学术数据库。包括世界经济、世界政治、世界文化、国际社会、国际关系、国际组织、区域发展、国别发展等多个子库。